红山密码

尹国兴 著

齊魯書社
·济南·

图书在版编目(CIP)数据

红山密码/尹国兴著. —济南：齐鲁书社，2014. 6
(2025. 6 重印)
ISBN 978-7-5333-3166-5

Ⅰ. ①红… Ⅱ. ①尹… Ⅲ. ①红山文化—文化遗址—研究—赤峰市 Ⅳ. ①K878. 04

中国版本图书馆 CIP 数据核字(2014)第 104173 号

责任编辑：班文冲
封面设计：公冶繁省
版式设计：李 生
扉页题签：郝建旭

红 山 密 码
HONGSHAN MIMA
尹国兴 著

主管单位	山东出版传媒股份有限公司
出版发行	齊魯書社
社　　址	济南市市中区舜耕路 517 号
邮　　编	250003
网　　址	www. qlss. cn
电子邮箱	qilupress@ 126. com
营销中心	(0531)82098521 82098519 82098517
印　　刷	山东新华印务有限公司
开　　本	720mm×1020mm 1/16
印　　张	20. 75
插　　页	3
字　　数	372 千
版　　次	2014 年 6 月第 1 版
印　　次	2025 年 6 月第 2 次印刷
标准书号	ISBN 978-7-5333-3166-5
定　　价	**89. 00** 元

前　言

1981年，辽宁省文物工作者在文物普查时于建平县和凌源市交界的牛河梁发现了红山文化遗址。之后进行的发掘,确认了多处红山文化(含夏家店下层文化)积石冢,并且发现了女神庙(即蚕神庙)和祭坛。自此,以坛、庙、冢为特征的牛河梁红山文化广为世人所知。牛河梁大遗址是史前红山文化(含夏家店下层文化)的遗址群,是牛河梁红山文化的延伸。大遗址整体处于辽宁省、河北省、内蒙古自治区交界处的努鲁儿虎山麓,涵盖了辽宁省西部的建平县、喀左县、凌源市、朝阳县、阜新县,河北省北部的滦平县、承德县、平泉县、宽城县,以及内蒙古自治区东部赤峰市的红山区、松山区、宁城县、敖汉旗、翁牛特旗等多个县市区。其核心区面积约20000平方千米,约占中国国土面积的千分之二,兆域极其广阔。

《山海经》是一部古代地理全书,记录了上古时期的山水、天文、地象、神祀、风物、宗教、民俗之类的众多史迹。对大地基本形态的认识,即所谓的“地象”观念,是有效解读《山海经》地理的密码。牛河梁大遗址以龙虎、龟蛇、神鸟、神树、鳖鱼、九头蛇、天狗、二龙戏珠、穷奇食人、夸父逐日、精卫填海、猩猩知人语、犀牛、驺吾、人手、人眼、鼻孔为形象的大地美图(即“地象”)在《山海经》中多有涉及。这些记载与牛河梁大地表面的自然形态相互对应,是牛河梁大遗址历史文化研究的基础文献。

“四象”是中国传统的地理观。牛河梁坐落于北方玄武的龟背之上,周边是龟蛇的地象。显然,牛河梁只是大遗址区的一个组成部分。

如果把牛河梁当作一个独立的遗址区，必然要造成传统“四象”地理的割裂。所以，以牛河梁为基准点，包括左青龙、右白虎、前朱雀、后玄武的牛河梁大遗址的地理观应时而出。因为书中记述的是大地表面的自然形态，《山海经》提到的史前地象在牛河梁大遗址相应的地表至今仍然存在，具有明显的可知性，这是远古历史与现实认知之间的切入点。西汉司马迁曾说：“至《禹本纪》《山海经》所有怪物，余不敢言之也。”[①]借助现代的卫星地图技术，牛河梁大遗址具体展现了古人眼中完整的“四象”大地观，司马迁“不敢言之”的“怪物”也得以清晰呈现。这些大地美图又与天象相对应，是古代天文的地理依据，反映了远古时期天人合一的科学观念。

① 《史记·大宛列传》。

牛河梁的大地美图，远古时期曾作为社稷宗庙的地理标志，因而牛河梁大遗址内出现了多处祭坛、神庙和积石冢。牛河梁的坛，是土石构筑的高台，古人凭此登高举行祭祀。坛的分类，依据出现的地理位置和用途，可分为天坛、地坛、日坛、月坛、先农坛（即社稷坛）、俊坛（即舜坛）、轩辕台（即太岁坛）、共工台、众帝之台、瑶台、神祇坛、琅琊台。天坛是祭天的场所；地坛是祭地的场所；日坛是祭祀太阳神的场所；月坛是祭祀月母的场所；先农坛，后世也称“社稷坛”，是祭祀农神后稷的场所；俊坛，是祭祀帝舜的场所；轩辕台是祭祀炎黄二帝的场所，也是祭祀太岁的场所，故也称“太岁坛”；共工之台应是祭祀天极和尧、舜、禹的场所；众帝之台，有多处，尧、舜、禹藏骨之处有众帝之台，山川望祭区也有众帝之台；瑶台，是祭祀火神瑶姬之所。这些坛台在古史中地位极高，牛河梁大遗址内已发现其遗存或者存在的线索。神庙是古代圣王的一种丧葬样式，牛河梁的神庙众多，依据设置的地点、埋葬的历史人物、供奉的神灵，已发现有蚕神庙、龙王庙、三官殿、火神庙、女娲洞、大庙（太庙）等。蚕神庙，民间也称“娘娘庙”，是祭祀桑麻之神的场所，主神是轩辕黄帝之妻嫘祖。龙王庙，是祭祀风雨之神的场所，主神应是轩辕黄帝之臣应龙。三官殿，是祭祀天官、地官、水官的场所，主神是上古时期的尧、舜、禹。火神庙，是祭祀火神和太阳神的场所，主神是祝融氏。女娲洞，主神是华夏部族的始祖母女娲。大庙，即太庙，相当于后世的国庙，主神应是中华初祖伏羲和女娲。牛河梁的远古积石冢，其年代从红山文化早、中、晚期到夏家店下层文化时期，时间跨度达两千年。牛河梁积石冢群与二十八宿的天文体系相对应，是华夏各部族祖先的埋骨之地。牛河梁大遗址的坛、庙、冢，是一个完整的知识体系，是珍贵的历史文化遗存。

红山文化是轩辕黄帝宣扬、主导的文化，本质是中国传统文化。本书将红山文化与中国传统文化有机结合，在中国传统科学和传统文化的大背景下，阐述牛河梁大遗址的重要意义。全书分为绪论、五个篇章和附录。绪论是对牛河梁大遗址及其坛、庙、冢的天文地理关系的整体介绍。五个篇章是牛河梁大遗址的分类介绍，包括牛河梁的星象、祭坛、神庙、积石冢群，牛河梁与《山海经》的关系，出土玉器以及传世的民俗典故。附录回答了与牛河梁有关的一些问题。《山海经》中与牛河梁直接有关的记载数十条，本书按照汉语拼音顺序将其排列成文。书中拣选了数十例起源于牛河梁的民俗典故，也按汉语拼音顺序排列，便于检索。

牛河梁的红山文化虽已成为遗址，但它在中国人的精神和文化里一直存在，而且这存在将永续。牛河梁是古代中国一处极其重要的园地，在人类历史中占有重要地位。

二〇一二年九月十九日

目　录

第五篇 牛河梁民俗典故 /223

绪论

内蒙古赤峰红山,《山海经》中称之为“大比赤阴”“赤国妻氏”“始州国”,后世也称为“赤县州”“赤县”“丹丘”,是中国最早的邦国所在地。《山海经·海内经》:“大比赤阴,是始为国。”大比赤阴,大比赤山的山阴。《山海经·大荒西经》:“有赤国妻氏。有双山。”双山,即红山前和红山后。《山海经·大荒北经》:“有始州之国,有丹山。”始州国,邦国开始的地方,即大比赤阴;丹山,即红山。屈原《远游》:“仍羽人于丹丘兮,留不死之旧乡。”丹丘,即丹山,今赤峰红山。赤峰红山后的历史文化遗存,1935 年被发现。1955 年,尹达通过对出土陶器纹饰的研究,在《新石器时代》一书里将赤峰及周边发现的与红山文化特征相同或相似的诸遗址统称为“红山文化”。

20 世纪 80 年代,苏秉琦研究红山文化后提出:“黄帝时代的活动中心,只有红山文化的时空框架与之相应。”从而把红山文化与轩辕黄帝的活动联系到了一起。1987 年 9 月, 他考察辽宁牛河梁时又指出:“红山文化坛、庙、冢,中华文明一象征。”从此,红山文化—轩辕黄帝—坛、庙、冢,就成了三个密切关联的主题词;进而言之,是轩辕黄帝创造了红山文化,并因此形成了牛河梁坛、庙、冢的远古建筑格局。目前,经过多位学者的研究与论证,牛河梁红山文化遗址已经确定了蚕神庙和轩辕黄帝遗骨、遗迹和遗物,说明了红山文化确实是轩辕黄帝宣扬和主导的史前文化。

牛河梁位于东经 119°30′、北纬 41°20′。其地形地貌,是天文与地象相互映射的反映。具体来说,是牵牛星在大地表面的投射点所在。

牵牛，为北方玄武之一。北方玄武为龟蛇的形象，包括斗、牛、女、须、危、室、壁七宿。牛，即牵牛；女，即须女，也称“织女”。魏晋时期的《春秋佐助期》说：“牵牛主关梁。”是说牵牛星处在乌龟的脊背之上，为冈梁，所以称为“梁”。牛河梁所处的山丘（即昆仑丘），恰似一只潜游于水中的巨龟，神态生动，呼之欲出。汉魏时期，曹操在此作《龟虽寿》诗，曹丕在其《燕歌行》诗中有“牵牛织女遥相望，尔独何辜限河梁”之句。燕，即燕地，牛河梁南方地象；河梁，应为牛河梁的简称。这是“牛河梁”的地名第一次在文献中出现。牛河梁的地理位置极佳，故而被远古祖先选为营丘之所，梁上出现了多处远古时期的坛、庙、冢。

一、牛河梁大遗址的概念

1979 年，辽宁省文物普查训练班在凌源发现并试发掘了城子山遗址，后来纳入牛河梁遗址，编号为第十六地点。同年，喀左县发现了东山嘴遗址。这是一处大型的史前祭祀遗址，有房址和方形、圆形的祭坛，出土了大量的石器、陶器和 2 件玉器。此后，在牛河梁又陆续发现了女神庙（蚕神庙）和积石冢群。1986 年 8 月，《人民画报》报道了牛河梁女神庙（蚕神庙）的挖掘。2010 年，凌源三家子乡田家沟遗址发掘。此处为红山文化晚期和夏家店下层文化遗址，发现了墓葬和祭坛。随着牛河梁的内涵外延不断加深扩大，牛河梁大遗址的地理观也应运而生。

天文学史的研究表明，中国至少在五千年以前就已经有了二十八宿的初步体系。二十八宿，即二十八位星神，东方苍龙、西方白虎、南方朱雀、北方玄武各七位星神，分守四方。二十八宿不仅存在于天上，其星座体系投射于大地表面，形成了二十八宿的地象，并且出现了以此为基础的地名系统，牛河梁即是其中之一。地象，为天文术语，指星宿在大地表面的投影。中国上古时代的天文学，就是天文与地象相互映射的信息系统。

牛河梁大遗址，古称“昆仑丘”，在玄武龟背之上，只是陵区面积的很少一部分，而完整的兆域包括青龙、白虎、朱雀和玄武。可见，牛河梁红山文化遗址的范围包括了更广泛的区域，不只是局限于牛河梁地区，而且，遗址区内还有诸多历史遗迹有待发现。因而，牛河梁大遗址的概念是基于对牛河梁的全面认识，是认知和保护的需要。

二、“四象”与坛、庙、冢

“四象”，是中国古代道家的地理学说，指大地表面青龙、白虎、朱雀、玄武（即龟蛇）四种瑞兽的形象，也称“四灵”。《礼记·礼运》：“麟、凤、龟、龙，谓之四灵。”《礼记·曲礼上》：“行，前朱鸟而后玄武，左青龙而右白虎。”唐孔颖达疏：“朱鸟、玄武、青龙、白虎，四方宿名也。”《尚书考灵曜》：“二十八宿，天元气，万物之精也。故东方角、亢、氐、房、心、尾、箕七宿，其形如龙，曰‘左青龙’；南方井、鬼、柳、星、张、翼、轸七宿，其形如鹑鸟，曰‘前朱雀’；西方奎、娄、胃、昴、毕、觜、参七宿，其形如虎，曰‘右白虎’；北方斗、牛、女、虚、危、室、壁七宿，其形如龟蛇，曰‘后玄武’。二十八宿，皆有龙虎鸟龟之象，随天左旋。”远古人类通过盘查地脉，掌握了认识大地形态的基本方法。“四象”的地理学说影响深远。后世在建造城池、修建陵墓之时，也采用“四象”的说法。牛河梁是“四象”之一龟蛇的所在，为大地奇观。

上古时期，人们“仰则观象于天，俯则观法于地”[1]，形成了天文与地理相互映射、相互统一的天地科学观。最早发现牛河梁存在“四象”的人，是上古时期的伏羲和女娲。那时人们的历史观十分特殊。上古人类不是把自己的名字和事业书写在金石简帛上，而是书写在大地表面，书写进浩渺的星空。这是近世的人们所不能具备的本领。在远古人眼中，死是一件很浪漫的事情：死并不是生命的终点，而是新生命、新生活的开始。牛河梁有上古山川望祭之所，《山海经》称之为“尸”，如“黄姖尸”“相顾之尸”等，意为人死后所化。牛河梁的地象，不仅形制巨大，占地空阔，而且各个神像和瑞兽神态活泼，动中得趣，充满了生命力。这也体现出了远古祖先的人生观和生死观。

①《周易·系辞传下》。

牛河梁大遗址中，南方朱雀有两只鸟，称“比翼鸟”。《山海经·海外南经》：“羽民国在其东南，其为人长头，身生羽。一曰在比翼鸟东南，其为人长颊。”河北省平泉县有“一目”地象，是地面上的一只人眼的模样。《山海经·海外北经》：“柔利国在一目东，为人一手一足，反厀，曲足居上。一云留利之国，人足反折。”《山海经》以“比翼鸟”标定羽民国的位置，又以“一目”标定柔利国的位置。可见，《山海经》中记载的史前怪兽有地理标志物的功能。

玉器文化是红山文化的重要特征。红山文化玉器中有地理用器，是早期的地图，称为“地象图”。玉器的形态是瑞兽的形态，如玉龟、玉蛇、玉龙、玉熊、玉鸟、玉璜(并封)，这些瑞兽的形态同时也是牛河梁大地表面丰富的自然形态的反映。因而，牛河梁的玉器具有地图的功能，人们佩戴这样的玉器，走在山里不会迷路。古人佩戴具有早期地图功能的玉饰件，表明了他们对这块土地和山岭的所有权，起着宣示主权的作用。

《左传·成公十三年》说：“国之大事，在祀与戎。”《礼记·王制》说：“天子祭天地，诸侯祭社稷。”红山文化时期的祭祀活动在各自的神庙和祭坛之处进行。《山海经》记载有“轩辕之台”“共工之台”“众帝之台”和“瑶台”，已在牛河梁被发现。牛河梁遗址有编号的红山文化积石冢共有16处，没有编号的数十座，除一些已经毁灭外，仍有一些积石冢湮没于草莽，未被发现。这些积石冢大都分布在较为平坦的山冈上，个别在悬崖之上，有单冢、双冢、多冢。冢内又有大、中、小型墓，都砌筑石棺。冢以石墙为界，多道石墙由外向内高起，形成台阶，上封土，积石所用石料一般为就近开采的硅质石灰岩。

牛河梁的坛、庙、冢及其地象按照左青龙、右白虎、前朱雀、后玄武的方位排布，分列如下。

左青龙

指角、亢、氐、房、心、尾、箕七宿，分置于龙头、房心、龙尾各处。牛河梁东部隆起的山脊如同片片的龙鳞。龙尾自建平县正南的山脊开始，向西南而行，自凌源市东几乎呈直角折向东南，一直到喀左县正南，再几乎呈直角折向东北，经喀左县东部形成龙头。龙的形态如同一个英文字母“C”。

龙王庙。主神为黄帝时期的应龙。在喀左县东山嘴遗址。

并封之神。靠近苍龙之尾之处的地象，是左右各有一首的神兽形象，称“并封”。

东极。牛河梁大遗址最东的地方。《山海经·大荒东经》：“大荒之中，有山名曰鞠陵于天，东极、离瞀，日月所出，名曰折丹——东方曰折，来风曰俊——处东极以出入风。”

九尾狐。为东方苍龙龙尾之处的地象。

日坛和月坛。东山嘴有祭祀太阳神和月母的日坛和月坛。

山神陆吾。为东方苍龙龙尾之处的地象,与九尾狐有重合。

房宿。龙宿第四星。

心宿。龙宿第五星。

商星。也称“心宿二”。

尾宿。龙宿第六星。

朝阳谷。苍龙之尾的山谷。

右白虎

指奎、娄、胃、昴、毕、觜、参七宿。牛河梁见到奔扑的虎爪和喷张的虎头,虎身隐藏不见。虎头在凌源市西部,虎尾在宁城县。

白民之国。黄帝时期武将的坟冢。

西方蓐收。白虎之神,为山神。

天大将军星。在白虎七宿第一星奎宿之内,处于白虎的尾部,地象在宁城县天义镇。

二龙戏珠。在宁城县二龙村,是两条龙争抢火珠的样子,应为夏启的陵园。

驺吾。在翁牛特旗,《山海经》中称“林氏国”。为两只神兽,状如虎,是牛河梁大遗址的第二只白虎。

臛疏。辟火神兽,地象在河北省滦平县。

不死国。不死树地象,在建平县万寿镇。

前朱雀

指井、鬼、柳、星、张、翼、轸七宿。牛河梁的朱雀为两只神鸟,《山海经·山海经》中称“比翼鸟”,神态生动自然,至今保存完好。位置在凌源市南部。

井宿。井宿是鸟嘴的部位,鸟在井中喝水之象。在凌源菩萨庙水库附近。

比翼鸟。也称“五采之鸟”“翳鸟”“凤鸟”等,在凌源市南部。《海内经》:“有五采之鸟,飞蔽一乡,名曰翳鸟。”地象在凌源南。

大蜂。比翼鸟第一只鸟,在凌源南。

天目。也作“一目”。在平泉县东,为“五帝”的山川望祭之所。

先农坛(社稷坛)。凌源三家子乡田家沟村的方形祭坛。祭祀神农的场所也称“先农坛”,为“三皇”祭祀区内的高大祭坛。

一手。也作“拘缨国”“一手拘缨”,地象在河北省承德县。

舆鬼。也作“穷鬼”,地象在天目东南。

平丘。在承德县上谷村,为两山夹两丘地貌。

嬴母之山。在上谷村西,属于轩辕黄帝的核心祭祀区。

三青兽。地象在上谷村东。

玄豹。地象在承德县上板城。

弇兹山。地象在凌源市前进乡东营子,是“三皇”时期祭祀区的核心。

瑶台。祭祀区有瑶台,在凌源市五道河村。

一鼻孔。地象在河北省宽城县。

众帝之台。平泉县境内祭祀“五帝”的祭坛,有多座。

日月山和吴姬山。在平泉县杨树岭镇。

欧丝之野。在平泉县西,地象是一跪坐吐丝的女子。

后玄武

指斗、牛、女、须、危、室、壁七宿。牛河梁玄武座神态生动,神蛇卷起神龟作攀升之状。玄武座保存了大量的上古遗迹,是牛河梁大遗址的核心地带。因历史上的地质灾害,蛇头之处的部分山脊已经崩塌。

北斗七星。牛河梁北部地象,积石冢以北斗七星排列,为尧、舜、禹时期的大臣之墓。

不死树。一说即天柱。

蚕神庙。牛河梁第一地点,也称“女神庙”“大人之堂”。

大鲠。也称“龙鱼陵居”,一座如同大虾一样的大山。与大蟹合称“鳖鱼”。

大庙。即太庙,远古时期祭祀伏羲、女娲的场所。

大蟹。即牛河梁的神龟。

地坛。祭祀地神的场所。牛河梁第二地点、第五地点各有一处。第五地点的地坛也称“轩辕台”。

日坛。祭祀太阳神的场所。第二地点五号冢为日坛。

定星。地象在牛河梁第十六地点。

东壁。牛河梁第十一地点。

火神庙。牛河梁第十六地点,祝融氏的葬所。

共工之台。牛河梁第十三地点。

夸父逐日。牛河梁北部地象,是一个人持杖奋力奔跑的状态。

穷奇食人。牛河梁北部地象,一只怪鸟正在吃人,已经吃掉头部的样子。穷奇,后世也称“饕餮”。

南天门。一说是牛河梁之南马鞍状的山脊。

牵牛织女。在龟背之上,牛河梁第五地点和蚕神庙。

女娲洞。南天门南坡断崖之下,也称“女子国”“月母洞”“西王母洞”。

三官殿。在天极之处,古称“众帝之台”“岳山”等。第十六地点7号房址所在。

三株树。赤峰市北部地象,是三棵大柏树的样子。

蛇山蛇水。牛河梁的神蛇和山下的水系。

天弁。应在牛河梁第六地点附近。

天狗。一说属于东方龙宿。也称“犬封”“环狗”“崮狗”“蜪犬”,牛河梁北部地象,大山呈一只大狗趴在地上的形态,旁边还有一只仰望苍天的小狗。

天坛。在牛河梁第二地点,中央的圆形祭坛。

天柱星。牛河梁第三地点,或在万寿。

犀牛。牛河梁北部地象,大山呈一只犀牛趴在地上的样子。

猩猩。也称“猩猩知人语”“阘非国”,牛河梁北部地象,占地空阔,呈一个猩猩以手拄地聆听人语的情景。在犀牛东南。

窫窳,在猩猩知人语之西,是龙的形象。

熊山。牛河梁对面的熊形大山。

轩辕之丘。即牛河梁,牛河梁的正式称谓,也称“昆仑之丘”。

轩辕台。第五地点的方形祭坛,也称“太岁坛”。

炎帝陵。在龟背之上,在黄帝冢之下。一说是龟背上的大冢。

营室。龟背上的星宿,应在牛河梁第四地点附近。

子星和孙星。牛河梁第二地点,是轩辕黄帝的子孙所葬。

众帝之台。为祝融、颛顼、帝喾、丹朱、尧、舜、禹的葬所和祭祀之所,有多处。墓葬区在牛河梁第十六地点,祭祀区在平泉县境。

三、牛河梁与中国上古文明

春秋时期,孔子曾向老子请教周礼。老子对孔子说:“子所言者,其人与骨皆已朽矣,独其言在耳。”[①]意思是说,孔子说的这些人(指黄

①《史记·老子列传》。

帝、尧、舜、禹、汤、文王、武王等古代圣王),他们的人早就死了,连骨头都腐烂没有了,只是他们的话还在罢了。老子所说的“其人与骨皆已朽矣”,是猜测之辞,他并没有对上古圣王的遗骨进行过实地的考察。在牛河梁可以看到,因为防护得当,虽然经历了漫长的年代,上古圣王的遗骨大部分仍保存完好, 并非像老子所说的那样连骨头都已经腐烂没有了。

牛河梁的时代,也就是孔子所说的“天下为公”的上古文明时代,人们有很高的觉悟水平。那时, 知识分子在社会生活中拥有崇高地位。“三皇”“五帝”之所以名垂后世,不是政治、军事上的威力,而是在社会生产、生活中有重大的发明创造,有卓越的贡献,而且有著作传于后世。轩辕黄帝统一了黄河中下游各部落, 奠定了中华民族的基础。他鼓励农桑,创制车船、水井,发明文字、音律、医术、算数,创立诸般产业,被后人奉为中华民族的人文初祖。在陕西、河南、河北、甘肃等省建有纪念性的陵墓, 最为著名的是在陕西省黄陵县北一千米的桥山。但是,这些慕名而设的坟冢不同于实冢。黄帝陵、炎帝陵、舜帝陵中并没有他们的遗骨,这些陵冢是后人建立的凭吊场所。

上古天下为公,不依法度,注重人品和德行。《老子》七章说:“以其不自生,故能长生。”又说:“圣人后其身而身先,外其身而身存。”《老子》十章说:“生而不有,为而不恃,长而不宰,是谓玄德。”玄德,即天德、祖先之德、圣王之德。《老子》记载的上古思想在牛河梁有具体的呈现。牛河梁大遗址的天坛分为三级台阶,反映了远古道家“三生万物”的思想。轩辕台呈四方形,为地坛的形制,建在轩辕黄帝冢旁边,反映了远古道家“人法地”的思想。

牛河梁大遗址的坛、庙、冢首创于伏羲、女娲,炎黄二帝给予发扬光大。后世的颛顼、帝喾并没有独立起陵,而是归葬于牛河梁祖茔,再其后的尧、舜、禹也最终归葬于牛河梁,这显示了中国古人深厚的民族意识和集体主义精神。《山海经》记载的远古华夏部族的归葬之所,地望均在牛河梁大遗址之内。《山海经》中的“国”,是“坟”的意思,通“域”,即茔域,指坟茔而言,也就是牛河梁上一座座的远古积石冢。这里也是远古时期华夏部族宗庙社稷的所在地。宗庙社稷的形成,是国家产生的先决条件,这标志着国家开始出现。《山海经》记录了上古时期古代圣王的墓葬位置及其地理标志,最早的作者应为轩辕黄帝,后历代添改，到夏代集结而成《山海经》。其中包含了佚失久矣的上古文献《三坟》，是传说中的“三皇”“五帝”之书，记载了上古圣王坟茔的位置。

上古时期，伏羲氏驯服了牛马，人类活动的时空距离日渐变小。出于放牧、田猎和征战的需要，上古帝王经常四方迁徙游走。到了轩辕黄帝、颛顼乃至于尧、舜、禹之时，仍然保持着迁徙游走的传统，如黄帝“迁徙往来无常处，以师兵为营卫”[①]。中国多地产生的文明与轩辕黄帝的活动有密切关系，他走到哪里，文明之火就燃烧到哪里。大量的资料表明，中华文明是多点起源的，但是，这种多元化的文明都起源于上古。

①《史记·五帝本纪》。

中国人对古代圣王的崇拜和祭祀历代不绝。牛河梁不仅有墓葬区，也有山川望祭的场所。在牛河梁大遗址的南方朱雀内，有上古时期的“三皇”祭祀区，也有“五帝”的祭祀区。《周易·系辞传上》曰：“在天成象，在地成形。”牛河梁群山连绵，地走兽象，势吞宇宙，这是只有中国远古祖先才有的胸襟和气概，故为《河梁颂》。其文曰：

肇立神州兮嫘祖娲皇，
行仁施惠兮冶铜植桑。
平和宇内兮抟土成像，
言行身教兮不慢不枉。
德垂后辈兮永恒蕃昌，
终乘灵龟兮且威且光。
吞云吐露兮胸胆开张，
扶摇欲坠兮其乐无央。
麒麟凤凰兮仍袭情状，
寤寐求之兮赴彼河梁。
改替天地兮总览八荒，
举世何敢兮唯我炎黄！

第一篇　牛河梁的星象

001 龙头上的祭坛

牛河梁的东方青龙曲折蜿蜒，如同一个英文字母“C”。龙尾自建平县正南的山脊开始，向西南而行，自凌源市东几乎呈直角折向东南，一直到喀左县正南，再几乎成直角折向东北，经喀左县东部形成龙头。龙头的所在，也就是牛河梁大遗址开始的地方，是东方七宿角宿的所在。这个地点正是红山文化东山嘴遗址的所在地。

东山嘴遗址位于喀左县兴隆庄乡东山嘴村南大凌河西岸的一个山梁台地上，为龙脉之始。遗址地南北长约 60 米，东西宽约 40 米，内有一大型方形祭坛基址，在遗址的中心部位，东西长 11.8 米，南北宽 9.5 米，四边砌石墙。基址南部有用一层石头砌出来的圆圈形坛址，共两组。靠南一组为三个相连的圆形基址，略呈椭圆形，直径 3 米左右。其北 4 米处又有一独立的圆形坛，直径约 2.5 米，圈内铺一层大小相近的小河卵石，边缘砌薄石片，是一座非常明确的祭坛。石砌建筑基址的年代应在红山文化晚期。碳-14 测年年代为 4895±70 年，树轮校正为 5485±110 年。

遗址内遍布泥质红陶钵、盆、饰压印“之”字纹夹砂灰褐罐等红山文化陶器。东山嘴遗址出土陶塑人像 20 余件，为泥质红陶，多为人体的四肢。其中 2 件小型孕妇塑像，均为裸体，形象逼真。一残高 9 厘米，一残高 5.8 厘米，头部均已残缺。

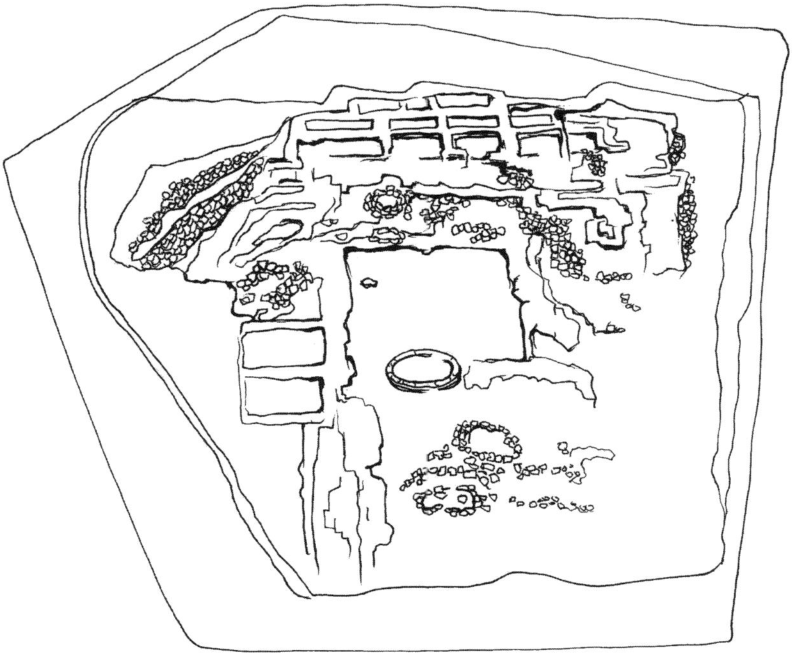

喀左县东山嘴遗址复原图

东山嘴古称“东口之山”，记载于《山海经》中。其祭坛遗址是伏羲、女娲建立的祭祀天地的场所，年代要早于牛河梁第二地点的祭坛。这一地点处在整个牛河梁大遗址的龙头之处，是整个大遗址区“四象”的起始点，故而伏羲、女娲和轩辕黄帝在此设祭，祭祀天地。但是，因为这与牛河梁核心区相距太远，故而祭祀天地的活动到颛顼的时候就改在牛河梁龟背上的祭坛进行了。这里后来是祭祀伏羲、女娲的场所，设立了圆形的日坛和月坛。祭祀龙王的龙王庙也设在这里，所以还有一座祭祀龙王的祭坛，称“神祇坛”。故而，东山嘴遗址呈现出 4 座圆形祭坛和 1 座方形地坛的遗迹。此为一说。

东山嘴发现了 1 件双龙首玉璜和 1 件绿松石鸟形饰，是远古的祭祀用品，同时也是两个远古文字——“虹”字和“燕”字。《山海经·西山经》：“其祠之礼，用一吉玉瘗，糈用稷米。”说明埋瘗吉玉是远古祭祀山神的一种手段。龙王庙处在东方青龙的龙头之上，最初的性质应是一座山神庙。

002 织女星的山梁

牛河梁为牵牛星的地表投射点所在,山梁下的河因而称为“牤牛河”或“牛耳河”,山梁因此称为“牛河梁”。牛河梁第三道山梁是南北向的主梁,是一处平缓的山坡,是须女地象。①魏晋时期的《二十八宿山经》说:“牛山与女山相连,各法其星形,牵牛须女星神常居其上。”说明牵牛星与须女距离不远。②须女是古时一位纺织女神,也称“织女”,在天界从事桑麻之事。

这个山坡的位置也就是女神庙的所在,恰好是北方玄武七宿之须女在大地表面的投射点,这说明女神庙的地象为须女。这种天文与地理信息的契合,说明女神庙的位置是一位通晓天文的人精心选定的,是为了纪念桑麻之神而专门设置的庙宇。唐《开元占经·北方七宿占二·须女占三》引《石氏赞》说:“须女主布帛,裁置之。”是说须女是主布帛做衣裳的女神。《开元占经·石氏中官·织女占十二》:“石氏曰:‘织女主经纬丝帛之事。’”是说织女是一位掌管蚕丝和织造的女神。

须女,也称“织女”,主管蚕桑纺织,最早的历史人物原型为上古时期的嫘祖,为轩辕黄帝之妻。历史上,嫘祖发明了养蚕和蚕丝之法,制作了衣服,民间奉其为蚕神,后世也称之为“先蚕”或“先蚕

①地象,天文术语,星宿在大地表面的投影,是与星宿相对应的大地表面的形态。地,古时一作“墬”,意为星宿下凡;象,打比方,形容。《周易·系辞传上》:“圣人有以,见天下之赜,而拟诸其形容,象其物宜,是故谓之象。”“易有太极,是生两仪,两仪生四象,四象生八卦,八卦定吉凶,吉凶生大业。”

②二十八宿之山,上古名山,今河北省平泉县道虎沟乡和松树台乡境内,对应着二十八位星神。《二十八宿山经》应是记述二十八个星神位置关系的古籍,部分保存于《开元占经》。此处应为孙星地象,神主应是轩辕黄帝的子孙。山中有“八排”一村,或许为“八排连送”之简。八排连送,是孙星的地理标志点。

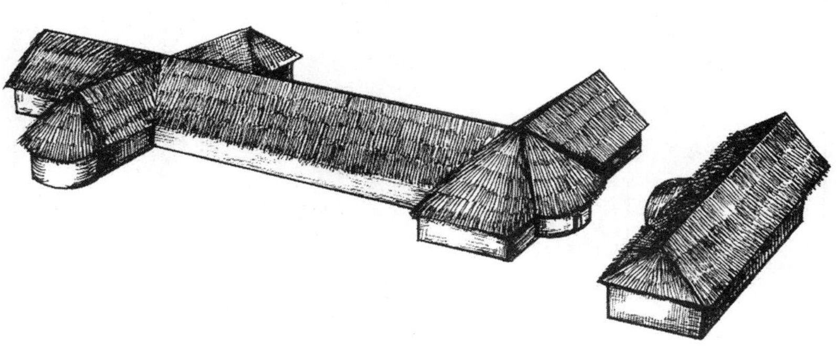

女神庙(蚕神庙)复原图

祖师”。由此可见，女神庙的性质是一座蚕神庙，供奉的女神是蚕神嫘祖。出土物经碳-14 测年，年代距今为 5570±80 年，属新石器时代晚期。女神庙和女神泥塑的年代也因此确定在 5570±80 年之间。此与嫘祖所处的年代相符。

003 轩辕黄帝：位在牵牛

牛河梁处在北方玄武神龟之上，上有牛、女二宿。女神庙位在须女，为蚕神庙，第五地点积石冢则位在牵牛，与天象相对应。这种天文与地象相对应的关系，表明远古祖先是以星宿在天空中的位置作为建墓依据的。牛河梁处于北方玄武的龟背之上，地理条件得天独厚，举世无双，所以远古祖先选择这里作为自己的永眠之所。

第五地点一号冢 1 号墓出土 1 具完整的男性骨架，年龄 50 余岁，头部两侧枕有大玉环，胸前佩戴着 1 件硕大的“勾云形班次佩”，胸前有玉箍，腕部有镯，双手各握 1 件玉龟。墓主考为中华初祖轩辕黄帝。

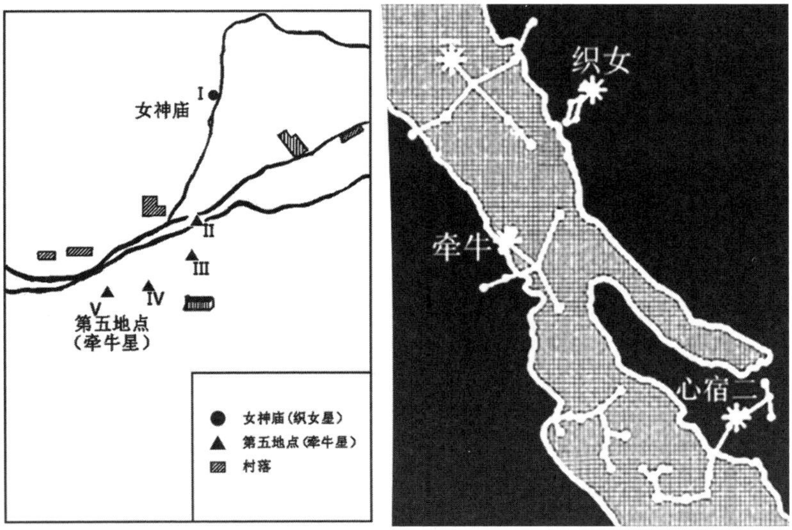

第五地点积石冢、蚕神庙、牛郎星（牵牛）、织女星相互映射的对比关系图

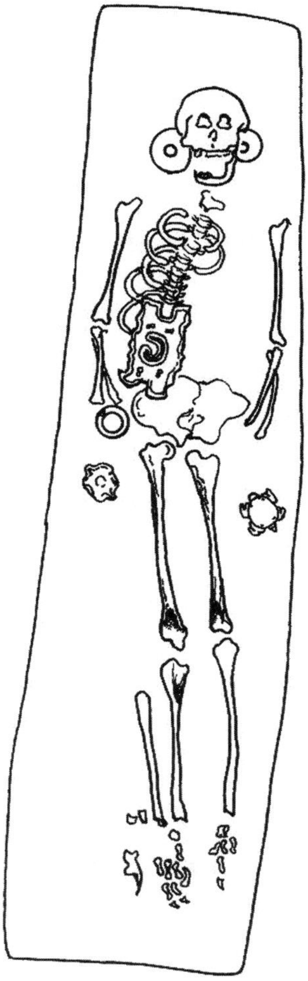
轩辕黄帝遗骨及其遗物复原图

确定第五地点一号冢1号墓墓主为轩辕黄帝，理由主述如下：

第一，该墓地象位在牵牛，墓主与蚕神庙女主嫘祖为夫妻关系。故此男性遗骨为嫘祖之夫，即轩辕黄帝。牵牛与织女，正好诠释了轩辕黄帝与嫘祖之间的关系。牵牛星，六朝以后称"牛郎星"。牵牛与织女，见《诗经·小雅·大东》："维天有汉，监亦有光。跂彼织女，终日七襄。虽则七襄，不成报章。睆彼牵牛，不以服箱。"

第二，出土玉佩形体硕大，为黄帝的象征。牵牛星，又称"天皇大帝星"，有帝王身份。《开元占经·甘氏中官·天皇大帝占一》："甘氏曰：'天皇大帝一星，在钩陈口中。'《黄帝占》曰：'天皇大帝，名耀魄宝，主天女，象下出命符。'"墓主所佩戴的勾云形班次佩，为《黄帝占》所说的"象下出命符"，是号令天下之神器，是远古的兵符。"主天女"，也就是织女的丈夫，天女，即织女。故知墓主在天界的名号为"天皇大帝"，为织女嫘祖之夫，即轩辕黄帝。

玉器上勾云纹的来历，《史记·五帝本纪》称："(黄帝)官名皆以云命，为云师。"这是说黄帝时期的官员是用"云"字来命名的，因此这些官员被称为"云师"。墓中出土的勾云纹班次佩，形体硕大，可说明墓主与轩辕黄帝有直接关系。云，即"魂"的古字。

轩辕黄帝很重视玉器的使用，《山海经》中记述了他投玉于钟山之阳。钟山，即祝融山、巫山，今牛河梁第十六地点。《山海经·西山经》："(峚山)是有玉膏，其原沸沸汤汤，黄帝是食是飨。是生玄玉。……黄帝乃取峚山之玉荣，而投之钟山之阳。瑾瑜之玉为良，坚粟精密，浊泽而光。五色发作，以和柔刚。天地鬼神，是食是飨；君子服之，以御不祥。”玉，石也；膏，油也；食，音嗣，供奉、服侍；飨，享受供奉和服侍。轩辕黄帝墓中出土的玉器，证实了黄帝服玉之事。

第三，墓主手持两个玉龟，玉龟的神态与牛河梁的神龟相同。《礼记·礼器》：“诸侯以龟为宝，以圭为瑞。”手持玉龟，象征控制着神龟的航向，主宰着民族的未来。这是神权的标志，表明墓主是牛河梁遗址区的核心人物，地位在嫘祖之上，只能为轩辕黄帝。墓主头枕两个大玉环，象征着日月光明，表明墓主有很高的神格等级，此也与轩辕黄帝的身份相符。

第四，大型祭坛和陪葬的积石冢显示墓主崇高地位。《开元占经·北方七宿占二·牵牛占二》：“《天官书》曰：‘牵牛为牺牲。’……《百二十占》曰：‘将有牺牲之事，占于牵牛。’”牺牲，祭祀之事。大型祭坛显示了牺牲之礼，与墓主牵牛星、天皇大帝星的身份吻合。

第五，轩辕之台和轩辕之丘，符合轩辕黄帝的身份。《山海经》记载有轩辕之丘与轩辕之台。积石冢旁边的方形祭坛为轩辕之台，周围平缓的山冈为轩辕之丘，也称为“昆仑丘”，所见地象与史书所言吻合。旁边为“牛郎织女天河配”地象，黄帝全身像高 2500 米，用于显示墓主身份。

第六，牛河梁北斗七星形状的积石冢分布，印证了《史记·五帝本纪》的相关记载，与轩辕黄帝的身份相符。

第七，在第二地点发现由多件筒形器组成的建筑装饰构件，为早期的墓志。这是黄帝长子玄器（玄嚣）的墓志，显示黄帝本人应离此不远。黄帝之子雄常、苗龙的墓，以及黄帝之孙蟜极的墓或其遗迹，也在附近被发现。

第八，轩辕台下出土了 4 具人骨，应为魑魅魍魉四鬼。墓主身下还有积石冢，石棺只葬一头骨，脸面朝下，应为蚩尤头骨。这也可证明黄帝的身份。《归藏启筮》称蚩尤“八肱八趾”，即八只胳膊八条腿，是四个人物的形象。墓主身下发掘出四个人物，与此传说相符。

第九，从地望看，该墓的南方和北方有庙前和庙后两个古村落。此处的庙，应是指祭祀轩辕黄帝的神庙，提示这里历史上曾有神庙。这也与黄帝的身份相符。

第十，检测方面，已采集了墓主的臼齿样本，进行了线粒体 DNA（mtDNA）高可变Ⅰ区（HVR－Ⅰ）和编码区的扩增产物长度多态性分析，获得了 HVR－Ⅰ16038~16391 的 354 个碱基序列，得知变异模式为 172－223－257A－261－311，同时用 APLP 法检测了编码区的 SNPs，类型为 10400C 和 5417A。根据 16257A－16261 和 SNP5417A 的变异模式，将墓主 mtDNA 归入单倍型类群 N9a。N9a 是属于 N 分支下的发现较晚的亚洲特异的单倍型，主要分布于南亚、中国汉族、南方苗族、瑶族以及日本人中，在阿尔泰人群中也有分布。

史传，黄帝的母亲叫“附宝”。《纲鉴易知录》卷一：“少典国君之妃曰附宝者，感电光绕斗而有娠，生帝于轩辕之台，因名轩辕，姓公孙。”因为 mtDNA 来自严格的母系遗传，所以单倍型 N9a 也就是附宝的母系遗传类群归属。相比之下，Y 染色体来自严格的父系遗传，因而 Y－DNA 遗传标记物的检测更为重要，此还有待进行深入研究。

004 子星和孙星

牛河梁第二地点为子星、孙星地象，也就是天皇大帝的后世子孙所在的位置。成书于唐代的《开元占经》也称此处星象为“太子星”，《山海经》称之为“轩辕之丘”“昆仑丘”，是轩辕黄帝的家族墓地。“天皇”“天皇大帝”是轩辕黄帝在天界的称谓。《史记·五帝本纪》：“黄帝二十五子，其得姓者十四人。”《开元占经·甘氏外官·孙星占三十六》：“甘氏曰：‘孙二星，在子星东。’《甘氏赞》曰：‘丈人杖行，子孙扶持。’”第二地点为轩辕黄帝子孙从葬之所。据传说，黄帝元妃嫘祖生育玄嚣（玄嚻）、昌意，次妃方雷氏生了青阳，彤鱼氏生了夷鼓，嫫母生苍林、禺阳。《山海经》还提及了黄帝生骆明、犬戎、北狄、重、黎、三身、禺虢、帝鸿、苗龙诸子，可补史籍之缺。

第二地点位于牛河梁第三道山梁的中梁梁顶，为一北高南低的山坡，经人工修整的平坦岗地，海拔高度约 625 米。东西长约 150 米、南北宽约 80 米的范围内，共布置了 6 个建筑单元。东西方向一行排列，总长 110 米。大冢均为石筑，三、四号冢为圆形，一、二号冢为方形，五号冢为“日”字形。在各冢周围均筑有内外两周石圈，有的石圈内还有排列密集的彩陶筒形器。在一号冢内侧发现小型墓葬 15 座，有规律地排列在一起。在二号冢中心还发现一座大型墓葬。这座墓是先用石块筑成一个较大的方形墓室。其规模最大，位置也最显赫。墓中的随葬品大都是玉器，种类有玉熊、玉环、玉璧、玉龟、玉棒、玉珠（离珠）、玉箍、勾云形玉佩、玉蚕、魁头三孔玉饰等。

一号冢，为孙星（一说为“子星”）地象，墓主即天帝之后世子孙，位于二号地点的最西端。该冢的第一层石阶只保存了东、北两边，北边存长 26.8 米，东边存长 19.5 米。北边与东边相交处的东北角保存最好，冢为正南北方向，呈形制规则的长方形。从北边砌石可知，该冢界为由外向内层层高起，起三层台阶，第二、三层台阶内侧各排列彩陶筒形器群。冢内共发掘 27 座墓。在冢的东西轴线上有两座并列的大型墓，均为墓壁南侧起台阶式。此东西轴线以南，为中、小石棺墓 25 座，东西排列，头尾相接，共四排。第四排以南还见零星墓葬分布，似有继续向南延伸的趋势。一号冢的具体墓葬情况如下：

1 号墓，位置在西，直肢葬，女性。遗体头向东，头顶一侧置大玉环。这是牛河梁第一座正式发掘的墓葬。

2 号墓破坏严重，发现少量人骨，为成年女性，发现玉环残件。

3 号墓为石匣墓，严重扰乱，约 1 平方米，仅存几块石板，上散乱放着一颅骨和少量肢骨，系捡骨二次葬。

4 号墓是一座较完整的石棺墓。墓口长 1.98 米，宽 0.4~0.5 米，墓顶以石块封堆，下搭有石盖板，棺壁为石板立置。尸身头向东，仰身直肢。随葬 3 件玉器，头下枕 1 件斜口筒形玉器，胸部置 2 件玉熊，两背相对。墓主两腿交叉，应为轩辕黄帝之孙蟜极。

5 号墓为长方形砌石墓，葬一成年男性，年龄 40 岁左右，填土内含有少量陶器残片，未见随葬品。

6 号墓为二次葬，男性，年龄 35~40 岁，未见随葬品。

7 号墓为三人二次葬，三堆人骨各置一角，并有规律地顺放成束东西，在人骨上各置玉璧或玉镯。此应为《山海经》中记载的“三身"冢,为黄帝子。一说为帝喾或帝舜之子。

8号墓为二次葬女性,年龄40岁左右,石匣墓。内葬成年女性一人,人骨架堆放在墓室中部,颅骨、盆骨等在下,肢骨在上,随葬玉环1件。

9号墓葬成年男性一人,年龄50岁左右,仰身直肢。出土遗物2件,1件石钺出在腹部,1件勾云纹玉器置于石钺之上。

10号墓为二次葬女性,年龄40~45岁,未见随葬品。

11号墓为单人二次葬,石匣墓。墓主男性,年龄25~30岁。随葬玉器3件,有钺形玉璧(方形玉璧)、玉蚕、玉环各1件。

13号墓为石匣墓,二次葬,墓主女性,年龄22~24岁,未见随葬品。

14号墓是一座石棺墓,葬成年女性一人,年龄45岁左右,仰身直肢。墓式与4号墓相同,只是头向朝西。随葬玉器3件,胸部竖置1件勾云形玉器,双手腕各套1件玉镯。

15号墓仰身直肢葬,女性,年龄40~45岁。随葬玉器5件,玉箍、玉臂、玉环各1件,玉镯2件。

16号墓为二次葬石匣墓,内葬一人,骨骼堆放在室内东端,未见随葬品。

17号墓为石匣墓,女性墓主,年龄50~55岁,只见颅骨与一只手的掌骨。颅骨下随葬三孔玉饰,墓口散见1件玉凤首。

19号墓为石匣墓,骨架凌乱,置于一角,为二次葬,未见随葬品。

20号墓为石棺墓,内葬一人,仰身直肢,未见随葬品。

21号墓是一座规模较大、随葬玉器较多的土圹墓。存深1.12米,穴底置石棺,四壁为平铺的石灰岩石板,共砌六层。无顶盖和底板。石棺口长2.1米,头宽0.48米,尾较窄,内葬1人,成年男性,年龄30岁左右,头向西。随葬玉器20件,是牛河梁发现的随葬玉器最多的墓,包括玉箍1件、玉龟壳1件、兽面玉牌1件、玉琮(离珠)1件、管形器(窥管)1件、双孔娲字佩2件、玉璧12件。玉箍置于头顶上方,玉龟壳置于胸部右侧,玉琮在腹部,兽面玉牌在腹部中央,右手腕套1玉镯,玉璧置于上臂左右两侧和小腿部位。

22号墓为石棺墓,大部分为冲沟所毁,内葬一人,仰身直肢,头向东，出土3件玉器，玉箍、勾云形器、玉镯各1件。

23号墓为石棺墓，墓主疑为男性，仰身直肢，随葬玉石器4件，玉鹗、钺形玉璧、玉镯、绿松石坠各1件。

24号墓为双室石棺墓，北室为成年女性，仰身直肢，随葬勾云纹玉器1件，置于下腹部，玉镯1件，戴在右腕；南室为成年男性，仰身直肢，右腕戴1件玉镯。其门齿缺失，是遗骨的典型特征，表明墓主为“凿齿”。

27号墓包括一座原葬墓和一座二次葬墓。原葬墓仰身直肢，女性，年龄30岁左右，棺内头部空出很大的空间，大腿以下砌在棺外，随葬勾云纹大玉佩1件、玉镯1件。二次葬为石匣墓，内葬一位女性墓主，年龄40岁左右，未见随葬品。

12号墓为石棺墓，内葬一人，仰身直肢，女性，年龄25~30岁，骨骼保存不完好。该墓的位置和层位及墓室结构、筑法、墓向，与同冢的其他墓葬区别明显，年代不明。

18号墓仰身直肢葬女性一人，破坏严重，仅存头骨等部分，未见随葬品。

二号冢位于祭坛正西，相距2米，近正方形，方向正南北。与一号冢并行排列，东距一号冢仅3.3米。该冢第一层石阶的东、西两边保存完好，分别长18.7米和15.8米。边界只保存东段，长17.5米，砌石台阶高度依山坡由北向南的斜度为一层到四层不等，南侧最高处为0.89米。冢的正中部位建置1座石椁石棺中心大墓。此大墓以南还有3座规模较小的墓。

三号冢，即中央的圆形祭坛，是天坛所在，并非墓冢。

四号冢，子星地象，墓主为天帝(轩辕黄帝)之子。位于祭坛东侧，平面呈前方后圆形，南北长36米，东西宽20米，内有多冢。此冢分为上层积石冢和下层积石冢，冢体和地层关系比较复杂。其中主体为北半部的两个圆冢，它们东西排列，且东部一冢的西北边缘被西部一冢所压。大冢的南部铺满碎石，其间有以石圈间筒形器圈为界，中央置石棺的若干小冢，未发现中心大墓和大型墓葬。从双冢相套的平面布局，到大冢内的多冢分布，可看出四号冢的结构较特殊。

下层积石冢位于冢的南部，共发现墓葬10座。冢界以内遍铺碎石,其间分布有墓葬。墓内有南北方向的土坑,墓外有砌石和堆石,最外排列一圈无底筒形器。土坑墓穴内有以立置的石板为墓壁,随葬品有玉器或陶器,数量甚少。成排的筒形陶器为因形设占,这是表示墓主身份的一种方法,意为“玄器”,为轩辕黄帝之子。四号冢的具体墓葬情况如下:

4 号墓,位于冢中心的墓葬,疑为迁出墓,墓主男性,年龄 22~24 岁。仅存少量肋骨和脊椎骨。墓周筒形器呈半周形,排列紧密,共清理处 29 个原位摆放的筒形器残件。筒形器呈半周形排列,意为“玄器”。

5 号墓,位于冢的中心,为长方形的土圹嵌石墓。方向 155 度,长 2.57 米,宽 0.8~1.2 米,深 0.5~0.6 米。以石块和立置石板砌成棺室,单人仰身直肢葬,墓主为一成年女性,头向南。腰椎以下的骨骼保持完整,头骨移位至左手之处,似乎是左手提着自己的头颅。在墓主人脚下随葬 1 件双耳彩陶罍。

6 号墓,位于 5 号墓东侧冢中心部位,为土坑墓,土坑呈外弧形,长 2.4 米,宽 0.95 米,深 0.33~0.45 米,立石板为墓壁。为迁出墓,墓内仅见少量胸椎骨。墓室南端随葬 1 件双耳彩陶瓮。

8 号墓,东距 7 号墓 2 米,其北约 2 米处原位直行摆放着 7 件陶筒形器的圈底。墓为长方形土坑墓,葬一男性,年龄 45~50 岁,随葬器物 3 件,玉箍 1 件,足下随葬双耳陶罐 1 件,罐口扣陶折腹盘 1 件。墓主应为黄帝之子玄器。

7 号墓,位于四号冢东南部,为土坑墓,仰身屈肢单人葬,成年男性。在墓主头顶两侧的填土中,又各出土两个头骨。随葬陶器 2 件,1 件为双耳彩陶瓮,1 件为陶钵。墓主一说为黄帝之子雄常。

16 号墓,位于四号冢中心,长方形土圹墓,葬一人,骨架腐朽严重,仅存下颌骨、肱骨、肩胛骨、椎骨等,疑为仰身直肢葬。胸口置玉箍 1 件。

9 号墓,位于四号冢中心,土圹墓,仰身直肢葬女性一人,年龄 20~25 岁,骨架保存基本完好,头顶左侧随葬玉箍 1 件。

1 号墓,位于四号冢中心,土圹墓,仰身直肢葬女性一人,年龄 40~45 岁,头朝南。女性墓主身份显赫,疑为黄帝众妻之一。

12 号墓,位于四号冢中心,土圹立石墓,被严重扰乱,人骨不存，未见随葬品。疑为迁出墓。

13 号墓，位于四号冢中心，土圹立石墓，被严重扰乱，填土内有少量人碎骨，疑为迁出墓。

2 号墓，土圹墓，仰身直肢葬女性一人，年龄 40~45 岁，骨架较完整。随葬品 5 件，玉箍 1 件、玉环 2 件、绿松石耳坠 2 件。女性墓主身份显赫，疑为黄帝四妻之一。

3 号墓，石匣墓，二次葬女性一人，年龄 14~15 岁。内有少量人骨，极碎，未见随葬品。

10 号墓，土圹砌石墓，为迁出墓，成年男性一人，墓中残存部分人骨。

11 号墓，土圹砌石墓，疑为迁出墓，填土中发现人骨碎块，未见随葬品。14 号墓，石匣墓，疑为迁出墓，墓底发现少量人骨碎块，出玉环 2 件。

15 号墓，无圹砌石墓，仰身直肢葬女性一人，年龄 35~40 岁。随葬玉器 5 件，玉环 2 件、玉箍 2 件、长条块状玉石 1 件。

此外，四号冢冢体表土中还清理出了 3 座墓葬，破坏严重。N2Z4-85M1，疑为小孩墓，未见随葬品。N2Z4-85M2，人骨性别难辨，成年，未见随葬品。N2Z4-85M3，骨架腐朽严重，头骨、盆骨保存稍好，疑为成年女性。在其头骨左侧近于颈部清理出铜耳饰 1 件、玉坠珠 1 件。

五号冢，位于第二地点的最东边，是面积最小的一座。此冢中部砌出一道东西向石墙，将冢分为南北两个部分，使整个冢呈“日”字形。冢北墙西段的内侧，距墙外侧 0.7 米处，还保存有一排原位摆放的陶筒形器 7 件。共发现灰坑 2 座。冢中发现保存完好的人骨架 3 具。均为头朝南，无墓坑，未见随葬品。3 具遗骨各具姿态。此处应是一处祭祀太阳神的日坛。

六号冢，位于圆形祭坛的北侧，扰动比较严重，一部分压在公路之下，形制结构不辨。发现墓葬 1 座，未见人骨和随葬品。疑为迁出墓。此处可能是与日坛相对应的月坛，是古时祭祀月神的场所。

005 神龟和螣蛇

在传统文化中,玄武在天穹之北,为镇守北方的大神,是龟蛇的形象。因其周身鳞甲,如同武士之状,所以被称为“玄武”。在神龟的旁边,是如长蛇一般蜿蜒起伏的山岭,称为“螣蛇”。神龟既是地象,也是天象,是上古时期人神沟通的媒介。因此,神龟和螣蛇之上出现了多处远古时期的坛、庙、冢。

古时“天”的观念与现代有很大不同。根据古籍的记载,上古时的“天”,是中国北方山里的一块大石头。古人只有站在这块石头上,才能回归到浩渺的天宇,成为天上的神仙。所以,这块大石头就

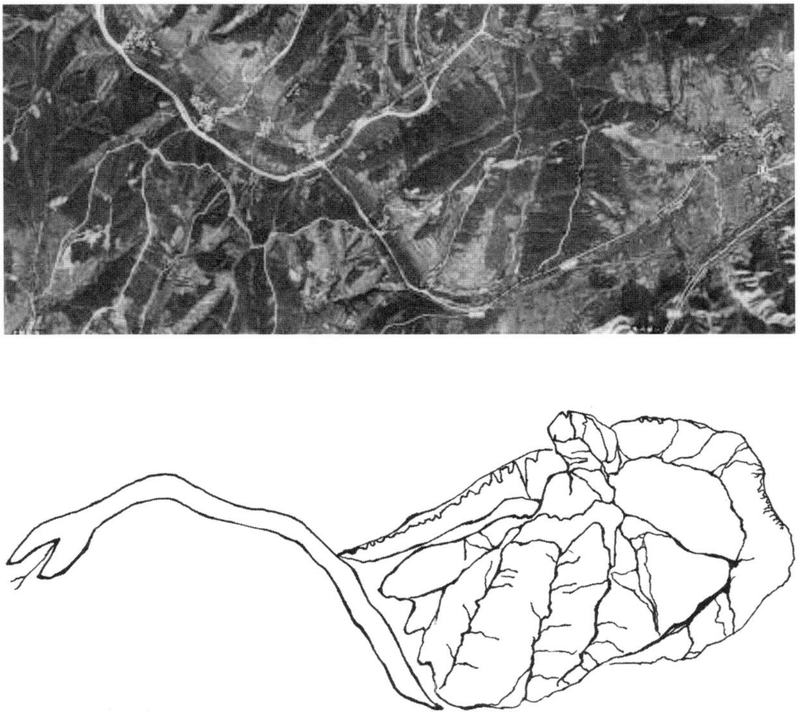

龟蛇地象及线描图

被古人简称为“天”。《论衡·谈天篇》:“天,乃玉石之类也。”“天,体,非气也。”在远古时期,“天”是一块大石头,用四根柱子撑住,这是远古祖先所秉持的一种信念。

牛河梁神龟地象图：第十六地点出土玉龟

如今,这块大石头已在牛河梁找到,也就是牛河梁北方玄武的神龟。神龟四肢隐没于地下,头和龟背浮于水面,仿佛在用力划动着四肢,形象十分生动。神龟的旁边,为螣蛇地象。神龟和螣蛇完整展示了古代的玄武地象。

牛河梁的玄武神龟起源古远,其最初的发现者为三皇时代的女娲。玄武神龟只有头和身,四足隐没于地下,人们因此形容女娲“断鳌足以立四极”①。在先民眼中,女娲发现的玄武神龟是末世的避难所,是理想的归途。天崩地裂之时,神龟从地下浮出,螣蛇卷起神龟一同飞向天宇,与祖先畅游于宇宙。这显示出先民对未来的美好想象。

①《淮南子·览冥训》。

006 高昂的蛇头

北方玄武的第一星为斗宿,在螣蛇的头部。蛇头处的山梁,高高挺起,上有远古积石冢群。墓主应是牛河梁“四象”的发现者,即上古圣王伏羲和女娲。传统文化中,伏羲为太昊,也称“太皞”,即太阳神,女娲为九天玄女,一说为月神,即月母,也称“西王母”,后世也称“王母娘娘”。

神龟和神蛇的现世,说明牛河梁就是六千年前伏羲和女娲无比崇敬和热爱的大山。在人生的最后时刻,伏羲和女娲必定会出现

蛇头上的远古积石冢

在这里，在神蛇的帮助下一跃飞仙，去完成他们的旷世神话。蛇头的位置，便是当初埋葬伏羲和女娲的地方。因为伏羲和女娲葬于大蛇的头部，所以在后世传为人首蛇身的形象。

但是，历史上的地质灾害导致了山上坟冢的崩塌，以致摧毁了神蛇精致的容颜——前脸塌去了半边，蛇眼不见了，毒牙也不见了。但它吞吐着蛇信子，奋力攀升，依旧显示着顽强的生命力，还可以看出当初的威武和骄傲。

历史上，这里发生了一次大地震。之后，暴雨接踵而至，导致山体滑坡和泥石流，土石大量流失。而伏羲和女娲的陵墓就建在此处山冈上。地质灾害伤及了山脊上的女娲陵，遗骨因此暴露在外。蛇头部分的山体已经崩塌流失，无法就地安葬，蛇头之后和蛇颈的位置已有从葬。女娲在山顶没有了位置，遗体于是只有转奉他处。2011 年 8 月，山西省吉县人祖山发掘整理的女娲遗骨，最初应该就是从这里迁出的。吉县发现的女娲遗骨，恰好弥补了牛河梁的历史断层，揭示了女娲遗骨的去向。

女娲陵的崩塌是国家政治生活的一件大事，古文献曾有涉及。造成崩塌的原因，是一次巨大的地震。这应是发生在西周的一次大地震。《国语·周语上》说："幽王二年(前 780)，西周三川皆震，伯阳父曰：'周将亡矣。夫天地之气，不失其序，若过其序，民之乱也。阳伏而不能出，阴迫而不能烝。于是有地震。今三川实震，阳失其所而镇阴也……'"《诗经·小雅·十月之交》："烨烨震电，不宁不令。百川

牛河梁崩塌的蛇头

沸腾,山冢崒崩。高岸为谷,深谷为陵。”周幽王二年(前780)的这次地震,震级高,规模大,破坏力强,波及全国,为三千年来所罕见。女娲陵的崩塌可能就是这次大地震造成的。

007 龟首上的离娄冢

《孟子·离娄上》:“离娄之明,公输子之巧,不以规矩,不成方员。”清焦循正义:“离娄,古之明目者,黄帝时人也。黄帝亡其玄珠,使离朱索之。离朱,即离娄也,能视于百步之外,见秋毫之末。”西晋嵇康《琴赋》:“乃使离子督墨。”唐李善注:“《淮南子》曰:‘离朱之明,察针末于百步之外。”《庄子·天地》说:“黄帝游乎赤水之北,登乎昆仑之丘而南望,还归,遗其玄珠。”玄珠,即离珠,束腰造型,如同“玄”字,故称;赤水,今在内蒙古赤峰;昆仑之丘,今牛河梁。

牛河梁神龟的头部,是离瑜的投射点。离俞,远古星神,也作“离瑜”,即离珠,其历史人物原型是黄帝的大臣离娄,后世也称“离子”。历史上，离娄负责登高望远，为天目，是黄帝的“千里眼”。离娄的墓冢应设在龟首之处，是神龟的眼睛。

008 龟背上的炎帝陵

《礼记·檀弓上》说：“古也墓而不坟。”东汉郑玄注：“土之高者曰坟。”这是说，远古时期的墓葬是没有高的封土的。但是，已发现的上古坟冢也有高大的封土堆，说明封土之事起源古远，《礼记》的说法并不正确。牛河梁上发现有一座封土巨大的远古陵寝，建在龟背之上，周边有陪葬的积石冢。墓主在古史中的地位极其显赫，一说是中华民族人文初祖炎帝，一说为炎帝与轩辕黄帝之父少典。《史记·五帝本纪》：“黄帝者，少典之子。”《国语·晋语四》三国韦昭引东汉贾逵注：“少典，黄帝、炎帝之先。”这座无名大冢，外观是高大的封土。大冢东侧面的斜坡直缓，显示墓葬可能在古代已经被挖掘，遗骨被转移他处。

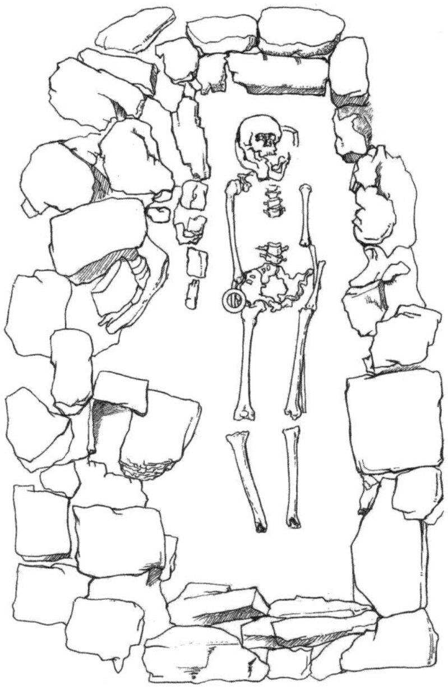

第五地点中层7号墓复原图

民俗中，轩辕黄帝牛首人身的形象。黄帝提倡稼穑农桑，发展农业生产，是农神。炎帝，也是牛首人身的形象。《列子》：“庖牺氏、女娲氏、神龙（农）氏、夏后氏，蛇身人面，牛首虎鼻。”此指战国时期民间艺术中“三皇”“五帝”的形象：伏羲、女娲人首蛇身，神农氏、夏后氏牛首人身。炎帝也为牛首人身。这说明炎帝也葬在了牛河梁。炎帝葬于牛河梁，与其牛首人身的民俗形象相对应。

炎帝陵的地象是牵牛星所在,在牛河梁第五地点。第五地点中层 7 号墓,是早期的红山文化积石冢,被轩辕黄帝墓叠压在下。墓内葬 1 人,头向西南,仰身直肢,骨骼保存一般,年龄 40~45 岁。墓主一说为炎帝。《史记·五帝本纪》:“(黄帝)与炎帝战于阪泉之野。三战,然后得其志。”黄帝将炎帝压于身下,有保护的作用,也是厌胜之意。炎帝墓的旁边,一座墓里只葬了头颅,面部朝下,未见任何随葬品,应为战神蚩尤,也为死神和地神。

009 东方七宿:黄帝的战将

牛河梁大遗址的青龙自东山嘴的龙头开始到叶柏寿的龙尾,呈英文字母“C”形,是一条巨龙的形象。东方龙宿蜿蜒而行,恰在牛河梁的南部,故牛河梁南部的大山是东方龙宿,而不是南方朱鸟。龙宿的山梁之上,发现有远古积石冢,墓主应有武将的身份。黄帝的著名战将有大鸿、常先、力牧等人。大鸿和常先,后世合称为“大常”,即太常,帝辅之谓。

1988~1989 年,在内蒙古自治区林西县白音长汗遗址西侧的山峰上,曾经发掘一处以玉器随葬的早期红山文化积石冢,共有 7 座,顺山脊错落排列。其中最大的 M5,是一座直径为 6~7 米的石圈墓。[①]林西县的大山应属于龙宿地象,7 座古墓应东方七宿排列,大墓处于房心之处,墓主也可能是黄帝时期的武将。

大鸿是黄帝的武将,地望在河北省平泉县道虎沟乡,即大鸿山。《史记·封禅书》:“鬼臾区号大鸿,死葬雍,故鸿冢是也。”鬼臾

①田广林:《论东山嘴遗址与中国古代的郊社之礼》,见杨伯达、郭大顺、雷广臻主编《古玉今韵——朝阳牛河梁红山玉文化国际论坛文集》,中国文史出版社 2008 年版,第 231~240 页。

大鸿山:大鸿的望祭之所

区，鬼宿之谓，与平泉的地象吻合。大鸿山形制巨大，且位于鬼宿的中央，显示出神主的崇高地位。大鸿山显示的应是一个深目高鼻、面带微笑的白人男子的形象。此皆与大鸿的身份相符。另，神主一说为蚩尤，是太岁之神，是远古的死神、地神和战神，主杀伐。

010 营室之官

营室，即北方玄武的室宿，为玄武座第六星。古时的建筑师和工匠在神仙世界中的位置就是营室，是级别很高的建筑官员，为后世的“司空”。牛河梁大遗址的建筑，以蚕神庙为代表，是一种半地穴式的建筑，是在北方长期流行的原始民居。这些建筑物都来自营室之官的设计和建造。

《礼记·曲礼下》：“君子将营宫室，宗庙为先，厩库为次，居室为后。”《尔雅·释天》曰：“营室，谓之定。”东晋郭璞曰：“定，正也。”《开元占经·北方七宿占二·营室占六》：“《黄帝》曰：‘营室二星主军粮，离宫六星主隐藏。营室，三军所立，外有羽林以卫帝。其星欲明，明则国昌，动摇则兵出。’”

牛河梁的营室地望可能在牛河梁第三地点，这里也是北斗七星第一星摇光的地望。①另一位置也可能在第九地点，或在其他地方。牛河梁地区有“南营”“张营”“霍营”“官营”的村名，“营”，即营室演变而来。

①摇光，一说为第七星。此说以天枢为第一星。中国最初以天枢为天极，后来地轴偏移，所指转移到北极星所在。

011 天地之中

中国古代天文有“宿次分野”之说。所谓“宿次”，是地表物象在天空中的位置，是天文名词；所谓“分野”，是天上的星座在地表的

倒塌的天柱

位置，是地理名词。因为古代天文和地理是统一为一体的，所以“宿次”“分野”放在一起并称。牛河梁的地名，是星宿的投影，后来在各地建立了分野，因而古代地名常常出现重复。天地之中，也就是天和地的中心。此处日中无影，是太阳直射的地方，也就是现在的赤道，其暑热无比。另一方面，此处也是黄道所在，是宇宙的中心。

天柱，是天地之中的宿次分野，在北方玄武的危宿之中，是天界的栋梁和顶梁柱。《开元占经·甘氏中官·天柱星占六》：“天柱立政，朔望悬书。”天柱星是柱下史的茔域，历史人物原型应是尧时的隐士许由。尧想把天下让给他，他不肯接受，就到箕山去隐居。天柱星，也称“柱下史星”，负责历史档案的保存和管理。

天柱星的投射点一说在牛河梁第四地点，是乌龟的四条腿之一。乌龟的腿挺起龟背，像柱子一样，故被称为“天柱”。神龟的四条腿(即天柱)隐没于地下，与上古女娲“断鳌足以立四极”①的史迹相对应。虽然龟腿隐藏不见，但其在地表之下大致的位置仍可推断出来，故而牛河梁有天柱之所。这里也是北斗七星第二星开阳(或称“开明”)的地望所在。

天柱的另一说法，是一根木柱，并且是一根弯柱，表示折断的天柱。天柱，也称“不死树”“不死草”“不死药”“不死之山”“寿麻”。寿麻，是一种仙草，在牛河梁小宇宙中对应的地点应在万寿。此处

①《淮南子·览冥训》。

的地象如同蓖麻的叶子,应是寿麻的地象所在。

天柱是中华民族的重要图腾,也称"图腾柱",约1万年前在一次小行星撞击引发的大地震中折断。自此,"天柱折,地维绝"[①],"洪水滔天"[②],"水浩洋而不息,猛兽食颛民,鸷鸟攫老弱"[③],百姓的生活极为苦困。天柱的原件立于"上三皇"祭祀区内(今山西省左权县桐峪镇),是古人战天斗地的精神支柱,代表着中华文明的起点,是一座柱形的高山。山峰自腰部折断,倒向一侧,坠地部分又断为三截。

①《淮南子·天文训》。
②《山海经·海内经》。
③《淮南子·览冥训》。

012 定之方中

定星,也叫"文昌星",是室宿二星和壁宿二星组成的长方形,类似农具的样子。定,古代的一种锄头。《诗经·鄘风·定之方中》:"定之方中,作于楚宫。揆之以日,作于楚室。"《史记·天官书》:"斗魁戴匡六星曰文昌星。"文昌星,早期叫"定星"。

定星的历史人物为仓颉,也作"苍颉",为黄帝的史官,汉字的发明创造者。但普遍认为,汉字由仓颉一人创造只是传说,他只是汉字的整理者。《荀子·解蔽篇》:"故好书者众矣,而仓颉独传者,一也。"牛河梁第十六地点应是定星的东北起始点。该处恰好也是北极星在大地表面的投射点。

古人对文字充满着敬畏之情。传说仓颉"仰观奎星圜曲之势,俯察龟文鸟迹之象","始作书契,以代结绳"。《淮南子·本经训》:"昔者仓颉作书,而天雨粟,鬼夜哭。"后来,为了有统一管理文事的神仙,天上设置了文昌星君。仓颉就是最早的文昌星,黄帝时期也称"定星",后世也称"文昌帝君"。

凌源凌北镇三官甸子遗址,编号为牛河梁第十六地点,是定星在大地表面的投射点。此处的积石冢有早晚之分。第十六地点9号墓为竖穴土坑墓,为二次葬成年男性,年龄50~55岁,骨骼不完整,自西向东可辨有腿骨、盆骨、脊椎骨、上肢骨、下颌骨、肋骨、趾骨等。依其所在的地层关系,墓主可能是移葬于此的汉字之祖仓颉。

013 农正稷星之所

凌源田家沟红山文化遗址位于大凌河支流渗津河左岸，北距牛河梁红山文化墓葬群约 51 千米，东北距东山嘴红山文化祭祀址约 34 千米。此处共发现 4 个墓地地点。2009 年 7~10 月，研究人员先期清理完成第一、二地点；2010 年 8~11 月，又对第三、四地点进行局部清理。2011 年 5 月 28 日，辽宁省文物考古研究所在田家沟第九地点发现重要墓葬 3 座，出土精美玉器 5 件。截至 2012 年 3 月，田家沟 4 处红山文化墓地共计发掘面积 2105 平方米，共发现红山文化晚期墓葬 42 座、人骨个体 46 具、祭祀坑 4 个、方形祭坛 1 座，出土红山文化玉器 19 件以及彩陶盖罐、夹砂红陶罐、陶塔形器(即陶腚)、石斧等大量文物。

田家沟在牛河梁大遗址南方朱雀之内，为稷星地象所在。稷星，为农神，主神为后稷和叔均，为农正之官，是周族的祖先。《山海经·大荒西经》："有西周之国，姬姓，食谷。有人方耕，名曰叔均。帝俊生后稷，稷降以百谷。稷之弟曰台玺，生叔均。叔均是代其父及稷，播百谷，始作耕。"《山海经·大荒北经》："叔均乃为田祖。"《山海经·海内经》："西南黑水之间，有都广野，后稷葬焉。爰有膏菽、膏稻、膏黍、膏稷，百谷自生，冬夏播琴。鸾鸟自歌，凤鸟自儛，灵寿实华，草木所聚。爰有百兽，相群爰处。此草也，冬夏不死。"都广之野，今成都平原，此云后稷的葬所，宿次在牛河梁之南，与田家沟地望相符。《山海经·海内经》："后稷是播百谷，稷之孙曰叔均，是始作牛耕。"意思是说，后稷播种谷物，他的孙子叔均，开始用牛耕地。《山海经·海内西经》："后稷之葬，山水环之。在氐(人)国西。"意思是说，后稷死后埋葬的地方，周围有山水环绕，在氐人国的西边。此与田家沟的地望相符。《山海经·大荒东经》："有五采之鸟，相乡(向)弃沙。惟帝俊下友。帝下两坛，采鸟是司。"东晋郭璞注："言山下有

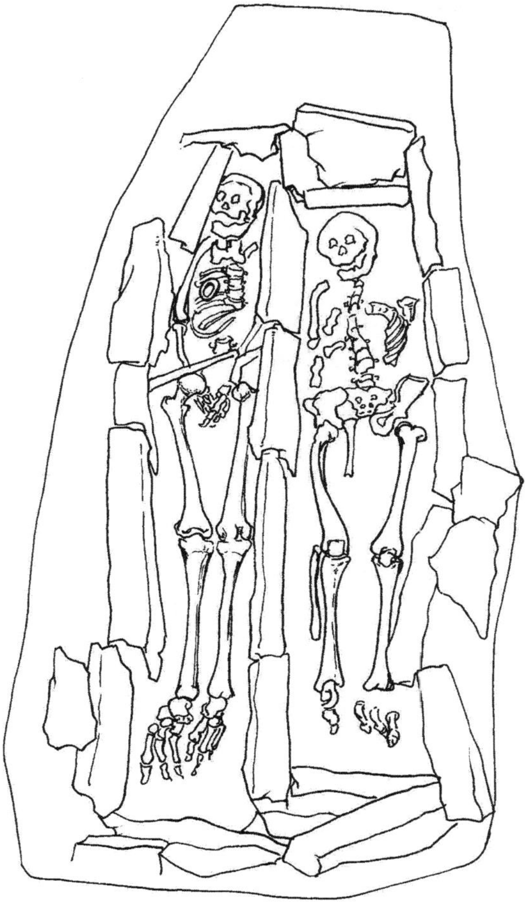
凌源田家沟后稷家族的夫妻合葬墓复原图

舜二坛，五采鸟主之。”五采鸟，在凌源之南，田家沟之北，朱雀地象所在；两坛，即社坛和稷坛，在稷星处已经找到一个方形的祭坛（先农坛），应为两坛之一。早期的社稷坛是两处祭坛，后来合并一处，也称“先农坛”。

稷星在南方朱雀的第三星柳宿之内，是柳宿的下级星官。《开元占经·南方七宿占四·柳占三》：“《石氏赞》曰：‘柳主上食和味滋，故置天稷以祭祀。柳主上食长养形，仁以行恩成其明。’”天稷，稷星，八谷之一。《开元占经·石氏外官·稷星占三十》：“石氏曰：‘稷五星，在七星南(注曰：西星入柳十四度少，去极百四十八度，在黄道外六十八度少也)。’祖暅曰：‘上稷，农正也。稷者，稷也，取乎百谷之长，以为长也。’《黄帝占》曰：‘稷星，主五谷丰耗，其星温温而明，岁大熟，五谷成；其星不明，若亡不见，岁不熟，天下饥荒，人民流亡，去其乡。’石氏曰：‘稷星不见，岁饥也。’《石氏赞》曰：‘稷在张南时报功。’”

根据《山海经》和《开元占经》的上述记载，凌源三家子乡田家沟村是农神稷星的茔域所在，是后稷及叔均的葬地。从地层学来看，田家沟遗址应是红山文化晚期和夏家店下层文化。夏家店下层文化是红山文化的延续,是与红山文化一脉相承的中国传统文化。叔均与后稷关系密切,一说叔均为后稷之侄,另一说为后稷之孙。后稷为玄嚣曾孙,帝喾之子,为农神。田家沟遗址为后稷及叔均葬地,理由主述如下:

第一,天文与地象的对应关系。

田家沟在朱雀的正南方。田家沟村往北大约10千米,是牛河梁大遗址的朱雀所在,是鸟头的位置的正南方。此处对应的星宿为稷星,主神为后稷。是确定身份的关键。此处为外官地象,与牛河梁核心地区的"三皇""五帝"相比,神格等级并不高。

第二,地名和地望相符。田家沟之名,与周族有密切关系。周,即"田畴"之义。叔均被后世称为"田祖"。田家沟的地名,与稷星所在吻合。

田家沟东部的大山(当地称"窟窿山"),是稷星的地表投射点,神主应是周族的始祖后稷。因而此山应为远古时期的"后稷之山",是后稷的山川望祭之所,也是后稷家族墓地的地理标志物。山下远古积石冢的墓主应与神主后稷有直接关系。

第三,出土器物与稷星的神格等级相符。出土的玉鸟与此地的朱雀地象相符。另外,出土的蛇形玉耳坠反映了《山海经》中"珥双蛇"的民俗。

后稷重视农业生产,对农业的重要性有深刻认识。他的重农思

后稷之山

想，在《老子》中有所保全。《老子》五十九章："治人事天，莫若啬。"意思是说，管理国家服侍苍天，没有比稼穑更重要的了。啬，通"穑"，即稼穑。后稷是周族的始祖，周族后来并入汉民族，故而后稷也被视作是汉民族的人文初祖之一。《史记·封禅书》："周公既相成王，郊祀后稷以配天，宗祀文王于明堂以配上帝。自禹兴而修社祀，后稷稼穑，故有稷祠，郊社所从来尚矣。"

014 帝舜的北斗七星

《史记·五帝本纪》记载："帝尧老，命舜摄行天子之政，以观天命。舜乃在璇玑玉衡，以齐七政。遂类于上帝，禋于六宗，望于山川，辩于群神。揖五瑞，择吉月日，见四岳诸牧，班瑞。"

这段文字讲述了帝舜时期一个重要的历史事件，就是帝尧年老的时候，帝舜安排尧及其七位重要大臣的丧葬之地的情景。他考察了选定的葬地，以北斗七星为标志，指定了七位大臣在摇光、开阳（开明）、玉衡、天权、天玑、天璇、天枢的次序和位置，明确了他们在天界的职责。北斗七星的排列，参照了天帝安排的葬制，也就是说，这七星与天帝的星座体系是重合的。在祭祀了祖先之后，又登高远望此地的山川地理，七位神仙的位置在天界诸神中清晰可辨。然后挑选了圭、璧、琮、璜、璋之类玉器，作为随葬的身份标识，选择了吉日，召见了四岳的官员，并班赐了玉器。这七个人的葬地和葬礼就此被固化在历史的天空。可见，古史之中，帝舜亲自选定了北斗七星在大地表面的投射点，并且登临牛河梁对面的山脊之上，眺望那里的山川，指点诸神的所在。此处的玉器，并不是日常的用器，而是作为标志身份等级的明器，是要埋瘗到墓葬中的物件。

七政，尧舜之时掌管政事的七位官员，上应北斗七星之神。①在舜帝执政前，被尧帝任用的有放齐、讙兜、共工、鲧、稷、契、皋陶。舜帝继位后，旧臣中稷、契、皋陶三人留用，讙兜、共工、鲧被定罪流放或是被杀，应不在七星之列。而后稷为稷星，为周之祖，葬于朱雀之

①七政，一说日、月、五星为七政。明程允升《幼学琼林》："日月五星，谓之七政。"

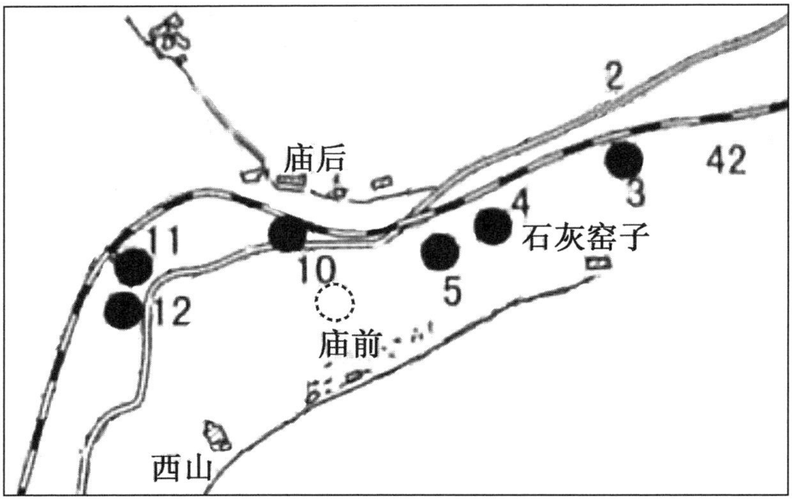

牛河梁北斗七星地象示意图

南;契为商星,为商之祖,葬于心宿二,也不在七星之列。新任命大臣禹、垂、益、伯夷、夔、龙。禹,后为帝,也不在七星之列。余六星,放齐、皋陶、垂、益、夔、龙六位。四岳氏,伯夷为西岳,为诸牧之首,位于首封,茔域在摇光,即牛河梁第三地点,后繁衍出齐、吕、申、许四姓,同时也是氐羌之祖。皋陶,尧臣,主管刑罚事务,他治狱和谐,画地为牢,深得帝尧赞许,后世民间奉为狱神,茔域在第五地点玉衡之位。垂,即倕,也称"巧倕",善于百巧,是远古时期的工程技术专家,或在天权之位。牛河梁第三地点、第四地点、第五地点、第十地点、第十一地点、第十二地点以及附近一处没有编号的积石冢,构成了北斗七星勺子和勺柄。远古时期, 人们在夜晚点起火把和篝火,与天上的星宿相对应,确定了星宿在地表投射点,由此建成了一座座远古积石冢。

内蒙古自治区赤峰市翁牛特旗白庙子山史前岩画, 上刻有七星图案,旧训为北斗七星,误。这一史前遗迹,是西方七宿。西方七宿为白虎之形,从虎尾到虎头、虎爪依次为奎、娄、胃、昴、毕、觜、参七宿。而这除了排列的样式不同,内涵也不同。西方七宿为武将,皆为煞星,而北斗七星为文官。西方七宿的岩画,在这里起着地理标志物的功能。昴,即山昴、山梁,是山梁的上一颗星宿,与胃宿和毕宿构成了三角形。图中可见昴是三角形的顶,由此可确定该

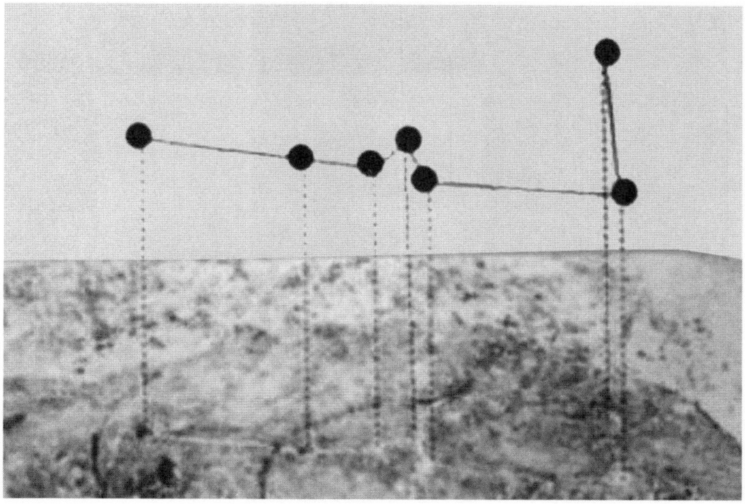

翁牛特旗白庙子山的西方七宿刻石

星图为西方白虎的星图。翁牛特旗北部的大山，清晰显示出了白虎的图案，包括虎尾、虎梁、虎爪以及虎头和双眼，地象表现得十分生动。[①]

①西方白虎的顺序一般为从虎尾到虎头依次为奎、娄、胃、昴、毕、觜、参七宿，分别对应虎尾、虎臀、虎身、虎梁、虎颈、虎嘴和虎牙、虎爪。白庙子山岩画显示的西方七宿与当地驺吾之兽地象恰好一致。此处地名为"白庙"，即白虎之庙，为山神庙，也为天神庙。此可复证刻石为白虎七宿。

015 天极系斗

北极星的所在古时称为“天极”，在天璇与天枢连线的五倍延长线上，在西方星宿体系中，是小熊座的尾巴。北极星是地轴所指，所以在地球上看，天空中所有的星宿都是围绕着北极星在旋转。因此，天极在中国古代天文中是天官之位。天官总览群神，即便是天帝也是在他的视野之下。陆思贤、李迪《天文考古通论》说：“北斗七星在中国古代天文学体系的建立中有着特殊的意义。北极星既为至上天帝，而北极又维系着北斗，北斗七星的斗勺又提携着整个星空旋转，由此分辨出四方四时四季，成为农业观象授时的基础。”[②]牛河梁第十六地点是北极星在大地表面的投射点是牛河梁的天极所在，是大遗址的核心地带，因此葬于此处的人在中国古代史中的

②陆思贤、李迪：《天文考古通论》，紫禁城出版社2000年版，第97页。

地位是极其显赫的。天极,即北辰,民间也称“天边”“天尽头”。《楚辞·天问》:“斡维焉系, 天极焉加? ”《论语·为政》:“子曰:‘为政以德,譬如北辰,居其所而众星共之。’”《尔雅·释天》:“北极谓之北辰。”

牛河梁第十六地点,在凌源三官甸子村东北的城子山上。三官甸子,应为“三官殿”之讹。三官,即天、地、水三官,是古代民俗的崇拜对象,历史人物原型为尧、舜、禹。城子山的俗名应为“城山”,“子”是方言习惯所加,无实质意义。“城山”,是“郕山”“钟山”“祝融山”之衍。历史上,其地名的演变按照“祝融山”—“烛龙山”—“钟山”—“郕山”—“城山”—“城子山”的顺序进行,“城子山”为现名。城子山上的神庙应为三官殿,庙内供奉的是天、地、水三官,是为尧、舜、禹的神庙,是夏代祭祀尧、舜、禹的场所,也是尧、舜、禹最终葬地所在。以神庙的形式安葬,是古代圣王的丧葬样式。尧、舜、禹安葬于三官殿中,符合古代的民俗和传统。

辽宁省文物考古研究所于 2002、2003 年先后对红山文化牛河梁遗址第十六地点进行全面发掘,发掘面积 1700 余平方米。发现夏家店下层文化房址 8 座、窖穴 3 个、灰坑 96 个、灰沟 7 条、砦墙 2 段,发现红山文化积石冢 1 座、墓葬 12 座。其中,红山文化时期的 4 号墓最引人注目,墓主是一个通神独占的“大巫”,应为古圣祝融。①

①一说为少皞挚。

第十六地点的红山文化地层显示分为三大阶段, 年代分别属于祝融、仓颉和尧、舜、禹时期。可分作五个部分。

第一部分为竖穴土坑墓遗存,包括 2 号墓、7 号墓、8 号墓。2 号墓仰身直肢葬一成年男性,年龄 40 岁左右,头向东南,骨骼保存较完整。未见随葬品。7 号墓仰身直肢葬一成年女性,年龄 45 岁左右,头向东南,人骨保存一般,表面有石化现象,未见随葬品。8 号墓骨骼仅存左臂尺骨、脚骨和头骨碎片,未见随葬品。

第二部分下层积石冢遗存有灰坑(H97)和房址(79F1)。

第三部分为 9 号墓及其相关遗存,包括 9 号墓、灰坑 H98、H99 以及上部的封土。9 号墓为竖穴土坑墓,为二次葬成年男性,年龄 50~55 岁,骨骼不完整,自西向东可辨有腿骨、盆骨、脊椎骨、上肢骨、下颌骨、肋骨、趾骨等。墓主可能是汉字之祖仓颉。

第四部分为10号墓及其相关遗存,包括1号墓、10号墓、11号墓和上部积石堆积。1号墓为竖穴土坑墓,内仰身直肢葬成年男性一人,年龄30~35岁,骨骼较完整,随葬玉器5件,玉璧、双孔娲字佩、三孔娲字佩各1件,玉环2件。[①]11号墓为竖穴土坑墓,内葬一人,骨骼保存极差,仅见股骨和肋骨,应为成年男性。随葬玉璧2件,移位至墓外。10号墓为长方形竖穴土坑墓,内葬一人,骨骼仅见2块腿骨、1块椎骨、1颗牙齿,年龄20~30岁,性别不详。随葬玉器有玉箍、玉环各1件。

①墓主一说为女性,可能为女神祝融,一说即瑶姬。

第五部分为上层积石冢8座墓葬, 有4号墓、79M1、79M2、79M3,以及12号墓、13号墓、14号墓、15号墓。4号墓,墓主成年男性,年龄40~45岁,人骨大部分保持完整,右侧股骨扰动移位,其下胫骨、腓骨已经不存,仅存趾骨。随葬玉鸟1件、玉箍1件、玉人1件、玉镯1件、玉环2件、绿松石坠2件,均保存完好。墓主应为古圣祝融。[②] 79M1为长方形竖穴土坑墓,仰身直肢葬一人,男性,头朝西北,骨骼保存不全,稍有石化,仅存盆骨和腿骨。随葬棒形玉器2件,扰土中发现三孔玉饰1件和较大的棒形玉器1件。79M2为长方形竖穴石圹,墓内葬一人,仅在前端淤土中发现1颗臼齿,墓尾端残留两段小腿骨,随葬品有头部勾云形玉佩1件、左胸部和左腰部方形玉璧各1件、右手臂处玉镯1件、胸部和右脚部玉环各1件、左手处离珠1件、右脚外侧玉鸟1件。79M3已遭破坏,骨骼已腐朽,仅发现几段碎骨和红陶片,未见随葬品。12号墓为石棺墓,墓内不见人骨,只在填土内发现两段腿骨,未见随葬品。13号墓为二次葬女性一人,年龄30岁左右,人骨集中在墓室中部,人骨保存较差,但各部位骨骼基本不缺。随葬玉器残件2件。14号墓为竖穴土坑墓,内葬女性一人,为二次葬,年龄30~35岁。随葬品8件,细石器石刀、玉璧、玉熊、玉镯、玉箍各1件,玉环3件。15号墓为竖穴土坑墓,内葬成年男性一人,骨骼保存较好,年龄45岁左右,头向西北,随葬品有玉玦1件、玉环1件、勾云形器1件。

②一说为少皞挚。

第十六地点是天极的投射点,为众帝之台,也称“瑶台”“三天子之都”“三天子山”“蛇巫山”“巫山”,是颛顼、帝喾和尧、舜、禹的葬所。《山海经·海内经》:“南方苍梧之丘,苍梧之渊,其中有九嶷山,舜之所葬,在长沙零陵界中。”长沙,星名,在南方朱雀之内。

《山海经·南山经》:“狄山,帝尧葬于阳,帝喾葬于阴。……吁咽、文王皆葬其所。”《山海经·海内南经》:“苍梧之山,帝舜葬于阳,帝丹朱葬于阴。”“狌狌知人名,其为兽如豕而人面,在舜葬西。”《礼记·檀弓上》:“舜葬于苍梧之野,盖三妃未之从也。”三妃,娥皇、女英、登比氏。登比,一作“登北”。舜山之旁有三妃之山。《山海经·大荒南经》:“赤水之东,有苍梧之野,舜与叔均之所葬也。”“帝尧、帝喾、帝舜葬于岳山。”葬,藏也,指帝尧之山、帝喾之山和舜山的所在。

《山海经》还记载了水神禺强也葬于北极,可知北极为水官之位。《山海经·海外北经》:“北方禺强,人面鸟身,珥两青蛇,践两青蛇。”禺强,东晋郭璞曰:“字玄冥,水神也。庄周曰:‘禺强立于北极。’一曰禺京。一本云:北方禺强,黑身手足,乘两龙。”禺强,应为禺阳之衍,轩辕黄帝之子,嫫母所生。此处所说的“人面鸟身,珥两青蛇, 践两赤蛇”, 为四蛇环绕的鸟, 是一个远古的象形文字“凤”字,说明禺强是一个崇拜凤凰的部族。人面鸟身,说明禺强的头像很高大,身体很矮小,如鸟一般,是山势使然。水神,也作海神。

016 玉衡之位的皋陶

皋陶,亦作“皋繇”,帝舜的司法官,传统文化中的狱神。《史记·秦本纪》记载:“秦之先,帝颛顼之苗裔,孙曰女脩。女脩织,玄鸟陨卵,女脩吞之,生子大业。”一说大业即皋陶,其封地以业为名,即后世的邺城。玉衡,是天秤,天界的称量工具,也是执法的标准。天权,为天界的秤砣。玉衡为北斗七星第三星,地象在牛河梁第五地点,与轩辕黄帝隔轩辕台而望。此积石冢在地层学上属于红山文化晚期或者夏家店下层文化,年代比第五地点轩辕黄帝的积石冢要晚。

第五地点二号冢毁坏较严重,仅东侧残存两道直墙,分别长 4 米、2.5 米, 由此推测二号冢是方形或长方形。冢内积石分布面积

第五地点二号冢 2 号墓复原图

20×20 米，基本上呈水平分布，积石厚度约 0.25~0.4 米。冢内没有发现中心大墓，可能已经毁损不存，只在南部发现了 4 座小型石棺墓。M1 室内扰土中出土零星人骨，未见随葬品。M2 墓葬表层尾端圹口部用石块围砌 1 个不规则的小石匣，内置 1 件彩陶罐。墓内葬 1 人，仰身直肢，随葬玉器 3 件，其中三镯 2 件、玉坠饰 1 件。M3 为二次葬，仅存 2 块下肢骨和 1 块顶骨，性别不详。墓内随葬 1 件玉镯，置于 2 块下肢骨之间。

民俗中，皋陶为狱神，负责审理案件。他画地为牢，建立了监管罪犯的场所。禹即位后，按禅让制举荐皋陶为继承人，但皋陶先于禹而亡故，后来禹又举荐益为继承人。唐玄宗以李氏始祖皋陶为荣，于天宝二年(743)追封其为“德明皇帝”。传说我国的第一部《狱典》就由皋陶制定，他把《狱典》刻在树皮上，呈给大禹，大禹看后认为很好，就让皋陶实施。《狱典》归纳了偷窃、抢劫、奸淫、杀人等多项犯罪，并给予不同的量刑。《论衡·是应篇》记载汉代衙门里供奉皋陶像，饰獬豸图。

017 天玑、天璇和天权

天玑为北斗七星第五星，是勺的底部。璇玑是古代的天文仪器,观天之用,分为璇和玑两部分。天玑的主神可能为益,是夏的祖先。传世的《山海经》一说也起自于益,由后世增改而成。在天玑的东北尚有天璇一星,地象应为牛河梁第十一地点。天璇的主神应为夔、龙或放齐之一。

牛河梁的北斗七星因为调查中遗失了天权一星，使得北斗七星的形态十分怪异。天权在勺柄的末端,与玉衡和天极在同一条直线上。天权在地表的投射点已发现有一座远古积石冢,暂时还没有编号,应是天权所在。①天权一星,复原了完整的北斗七星的结构,形成了北斗七星的完整地象。

①此处没有编号的积石冢，据牛河梁考古工作站朱达之说。

018 “转山子”与天枢

转山子,传统地名,编号为牛河梁第十三地点,一说是天枢的投射点。枢,即门轴,有旋转的属性,此处又在山上,所以该地称为“转山子”。这颗星宿围绕着北极星旋转，是离北极星最近的一颗星，是现代星系中小熊座尾巴上的第二颗亮星。我国有多处名为“转山子”的地方,显示古代天文知识的普及。“转山子”与第十六地点天极的投射点相对应,历史上是祭祀天极的场所,《山海经》中称为“共工之台”,为共工所葬之处。此处挖掘发现 1 具远古人骨,应为共工遗骨。

《山海经·大荒西经》:“大荒之中,有山名日月山,天枢也。吴姖

(姬)天门,日月所入。有神,人面无臂,两足反属于头上,名曰嘘。颛顼生老童,老童生重及黎。帝令重献上天,令黎邛下地。下地是生噎,处于西极,以行日月星辰之行次。"《山海经·大荒北经》:"大荒之中,有山名曰北极天柜,海水北注焉。"天柜,为天枢之讹。天枢,为北斗七星第七星。但据牛河梁实地考察,天枢与"转山子"并非一处。天枢为牛河梁第十二地点,"转山子"为第十三地点。中国地处于北半球,看不到南天极,所称的天极一般指北天极。"转山子"是北天极的地理标志点,到了"转山子",离天极在大地表面的投射点已经不远了。①

①一说"转山子"即天枢。地轴所指之处历史上并不是一个固定的点,而是不断在移动位置。伏羲、女娲时期,天极的投射点在第十三地点。后来,天极的位置移动到了第十六地点。可见,天极的投射点是一片区域,并不是某一个固定的地点。

019 辰星大火

心宿是东方苍龙七宿第五星,地表投射点在牛河梁龙宿之内。龙在心宿的旁边是商星,古称"大火""辰星",在现代星宿体系中称"心宿二"。牛河梁的龙宿在南,故而心宿和心宿二均在牛河梁第五地点南面的大山之上。

《左传·昭公元年》记载了一个历史故事:帝喾有两个儿子阏伯与实沈,兄弟俩互不相容,不断寻衅厮杀。于是帝喾派阏伯往商丘去主管大火,派实沈去大夏主管参星,他俩从此再也不能见面。《开元占经·西方七宿占三·参宿占七》引《传》曰:"迁阏伯于商丘,主辰。"注曰:"商丘,宋地,主祀辰星大火也。"《传》曰:"商人是因,辰为商星,迁实沈于大夏,主参。"实沈与阏伯死后为神仙,称为"参商二神",还是永远不能相见。参商在天空中恰好遥遥相对,一个升起,另一个就会落到地平线下。每当参宿落向地平线快看不见的时候,恰是大地回春之际,参去寒冬尽,农家备耕忙。到了农历七月,当大火越过子午线西天下沉的时候,天气转凉,妇女们就该赶制棉衣,准备冬装了。《诗经·豳风·七月》:"七月流火,九月授衣。"西晋张华《博物志》曰:"夏桀之时,费昌之河上,见二日:在东者烂烂将起;在西者沉沉将灭,若疾雷之声。昌问于冯夷曰:'何者为殷?何者为夏？’冯夷曰：‘西夏东殷。’于是费昌徙，疾归殷。”《尔雅·释天》曰：“大辰，房心尾也。大火，谓之大辰。”《史记·五帝本纪》：“帝禹为夏后而别氏，姓姒氏。契为商，姓子氏。弃为周，姓姬氏。”

商星，人物原型为契，尧帝旧臣，舜帝留用，位居三公之列，官居司徒，主管民政事务，商人先祖，本邦地望在今河南省商丘市。《礼记·月令》仲春之月说：“是月也，玄鸟至。至之日，以太牢祠于高禖，天子亲往，后妃帅九嫔御。”东汉郑玄注说：“高辛氏之出，玄鸟遗卵，娀简吞之而生契，后王以为媒官嘉祥而立其祠焉。”《诗经·商颂·玄鸟》毛公《传》曰：“春分，玄鸟降，汤之先祖有娀氏女简狄，配高辛氏帝，帝率与之祈于郊禖而生契。”

商星，是商族的祖先，俗说以贸易为务，故称“商”。参宿，与商星遥遥相对。《左传·襄公九年》：“古之火正，或食于心，或食于咮，以出内火。是故咮为鹑火，心为大火。”西晋杜预注：“谓火正之官，配食于火星。”咮，鸟嘴。《左传·襄公九年》还说，阏伯为陶唐氏火正，“祀大火，而火纪时焉”，“商主大火”。

商星投射点所在的大山，是契的山川望祭之所。契之山附近发现远古积石冢，墓主应该与契有直接的关系。

020 两只鸟的丛林

世界上许多国家和民族都有自己的星座系统，但中国的星座体系与众不同，就是天文与地象的对应关系，天上有一个星座，必定在大地表面有投射点，形成地象。中国传统天文学是天文与地理的统一。而且，中国传统天文学的星宿不单指明亮的星宿个体，而且包括其周围的广阔空间。这是中国传统天文学与西方现代天文学的本质差异所在。

上古伏羲、女娲发现了完整的牛河梁“四象”，既是天象，也是地象。快到夏代的时候，人们发现南方朱鸟其实并不是一只鸟，而是并立的两只鸟，即比翼鸟，在今凌源市南。

《左传·昭公十七年》:“秋,郯子来朝,公与之宴。昭子问焉,曰:‘少皞氏鸟官名,何故也?’郯子曰:‘吾祖也,我知之。……我高祖少皞挚之立也,凤鸟适至,故纪于鸟,为鸟师而鸟名。’”少皞是鲁国的先祖。因为郯子是少皞之后,而鲁又封于少皞之墟,所以此处昭子问少皞氏以鸟名官之故。这则史料表明,牛河梁南方朱雀第二只鸟到少皞挚的时候才被发现。少皞挚是帝尧之兄,年代已接近夏代。

周的始祖名弃,曾经被尧举为农师,被舜命为后稷。后稷为农神之名,凌源三家子乡田家沟遗址为周族始祖后稷之墓。但还有一种说法,田家沟遗址的墓主是帝喾之子挚,为少皞氏。这是一个以鸟为图腾的部族。《史记·五帝本纪》:“帝喾娶陈锋氏女,生放勋。娶娵訾氏女,生挚。帝喾崩,而挚代立。帝挚立,不善(崩),而弟放勋立,是为帝尧。”《开元占经·禽占·鸟休徵·凤凰鸾》引《尚书中候》曰:“尧即政,凤凰巢阿阁。”少皞挚墓一说为第十六地点4号墓。少皞之山在“五帝”祭祀区内,与帝喾之山和尧山相距不远。

比翼鸟是《山海经》中提及最多的史前地象,有“鸾鸟”“凤鸟”“凤凰”“五采鸟”“鸣鸟”“精卫鸟”“蛮蛮”“灌灌”等名称,与上古人类的活动有极为密切的关系。《山海经·海外南经》:“比翼鸟在其东,其为鸟青、赤,两鸟比翼。一曰在南山东。”南山,即南天之山,为南方朱雀地象。《山海经·海内经》:“有盐长之国。有人焉,鸟首,名曰鸟氏。”《山海经·大荒西经》:“五采之鸟仰天,名曰鸣鸟。”“有五采鸟三名:一曰皇鸟,一曰鸾鸟,一曰凤鸟。”“有五采之鸟,有冠,名曰狂鸟。”“沃之野,凤鸟之卵是食,甘露是饮。……鸾凤自歌,凤鸟自舞,爰有百兽,相群是处,是谓沃之野。”《山海经·海外东经》:“玄股之国在其北。其为人衣鱼食鳾,使两鸟夹之。一曰在雨师妾北。”两鸟,比翼鸟之简。

021 东壁:天帝的书橱

东壁,为北方玄武第七星,地表投射点在牛河梁第八地点。在升举之时,东壁的作用是负责把蛇身固定在龟背之上,防止滑脱。东壁,最初是指发明筑墙术的人,后来指天帝的书橱,也指代总管文书之事的官员。东壁,也称“东橱”,在天界是储存历史文献的场所。黄帝之时,文字已经出现,文字尚未系统地产生,书籍也未产生。文字的形成是文化活动的结果,与当时的生产生活直接相关。黄帝时期,仓颉总结了当时应用的文字,形成了中国的古文字体系。牛河梁东部的山梁是蛇尾地象,此处发现一处远古积石冢,编号为牛河梁第八地点,或为东壁所在。

《开元占经·北方七宿占二·东壁占七》引《甘氏占》曰:“东壁主土星,动则土功事兴。东壁星明大,王者明道,术学大兴,国有君子。”石氏曰:“东壁主文章图书府,故置壁垒以卫后。”《黄帝占》曰:“东壁失色,大小不同,则王者好武,经士不用,图书隐藏,天下咸愚。”东壁,也作“东厨”,是书橱。《开元占经·北方七宿占二·东壁占七》:“石氏曰:‘东壁二星,九度(注曰:古十五度)。度距南星先至,去极八十六度(注曰:在黄道内十二度半)。春夏为金,秋冬为水(注曰:巫咸曰:东壁,土星也)。东壁南九尺为中道(注曰:卫之分野)。’《佐助期》曰:‘东壁主文章,神名瞻工,姓刑孙王。’”

022 天弁:发明帽子的人

天弁,是天帝的帽子,在北方玄武座中,地表投射点为牛河梁第六地点。传说黄帝的大臣荀发明了帽子，为“帽正”，因而是天弁星的原型人物。荀，后世也作“孙”，二字古音相同，荀姓分衍出了孙姓。在中国传统天文学体系中，天帝以北有“天弁”“华盖”“杠”“天桴”“天鼓”等众星，这些星座的年代一般较晚，不会出现在牛河梁。但是个别的年代较早，有可能出现在此。天弁应是其中之一。

《开元占经·石氏中官·天弁星占二十四》：“石氏曰：‘天弁九星，在建星北。’石氏曰：‘天弁九星，在天市垣外，天下市官之长也，主市中列肆诸价，入在市籍者，商税还，方持物来，皆当贵其租税。其星明大，则市物盛兴；其星不明，则万物衰耗。’”

黄帝时，嫘祖发明了衣服，荀发明了帽子。那时，腰带和鞋也发明了。从东山嘴遗址的塑像可以看到早期的腰带的样子，牛河梁第五地点上层二号冢的地层中出土了1件女性的陶俑，穿着短靴，是早期的鞋子。东山嘴发现了1件人腰部装饰残片，出土于石圈台址的西南侧，为横长形残段，上下均残缺。高6厘米，宽12~14厘米，厚1~3.5厘米。一残边正中有缺口，两侧中部形成束腰。一面塑纹饰，间有黑彩痕。左右两侧各贴两条并在一起的条索。中部较两侧突起，突起部位也贴塑为条索状，为并列的三段，折曲相连，呈“S”形，三段中间又以短宽带相连，形成似束腰部的带状条索形象。背面平整，有贴痕，很可能是贴在人体塑像腰部的衣带类装饰。

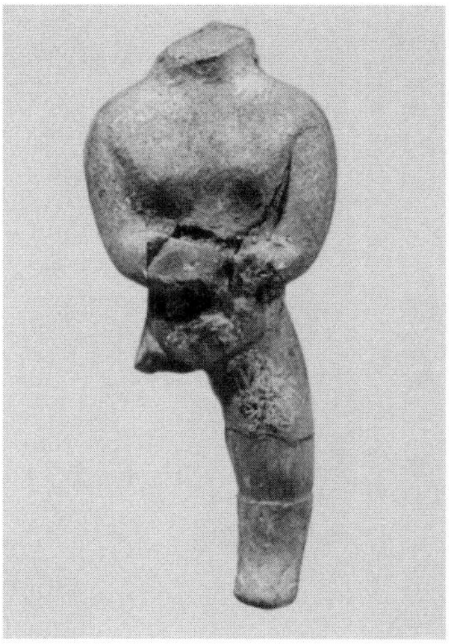
靴子：第五地点二号墓出土陶俑

023 天目司察

天目，俗称“千里眼”，在天界是司法之神。天目炯炯有神，明察

甲骨文中的“目”字

秋毫之末。牛河梁大遗址中，天目的地象在一目，是河北省平泉县东部的一座大山。大山的形态，也是古写的“目”字。将大山以从南向北的方向来看，与甲骨文中的“目”字恰好吻合。

《山海经·大荒北经》：“有人一目，当面中生。一曰是威姓，少昊之子，食黍。”意思是说，有人生活在一目那个地方，其地面的中央有一只人眼。一种说法是此地的人姓威，少昊之子，以黄黍为主食。面，地面，旧训为“人面”，误。一目，是人的一只左眼，地象在今河北省平泉县东。《山海经·海外北经》：“一目国在其(钟山)东，一目中其面而居。一曰有手足。”意思是说，一目国在钟山东，有一只眼睛位于地面的中央。一种说法认为，地面中央有一只手臂和眼睛的样子。《山海经·海外北经》：“深目国在其东，为人举一手一目，在共工台东。”《山海经·海外西经》：“一臂国在其北，一臂一目一鼻孔。有黄马虎文，一目而一手。”一手，为一只右手，作在空中飞舞之状；也作“一手把缨”，是一只手在抓帽缨，比“一手”对地象的描述更生动具体；地象在今河北省承德县。一臂国，应为一手国，二者同意。一

“一目”地象(今河北省平泉县)

目，是人的一只左眼，地象在今河北省平泉县东，成因可能是一颗小行星的撞击，是天目星在大地表面的投射点。一目，也作“纵目”。《淮南子·墬形训》：“西北方曰一目，曰沙所。”东汉高诱注：“国人一目，在面中央。沙所，盖流沙所出也。一曰泽名也。”此“面”旧训为人面，误，当为地面。沙所，即流沙，古地名，今辽宁省建平县沙海镇。屈原《楚辞·招魂》：“参目虎首，其身若牛些。”参目，即一目，与参宿近，故称。

先秦古籍《山海经》本来是一部严肃的地理学著作，但因为训诂的问题，内容被人曲解，变得玄奥离奇、匪夷所思、不知所云，以至于在相当长的时间内《山海经》的地理一直被称作“神话地理”，乃至“小说”或是“文学作品”，被斥为“怪诞不经”。河北省平泉县、承德县一目和一手（一臂）地象的存在，客观诠释了《山海经》所述史迹的真实性。

①“袜”，袁珂《山海经校注》本中作“袜”。

《山海经·海内北经》：“袜①，其为物人身黑首从目。”魅为蚩尤部族，与黄帝战而败。袜，即魅。四川广汉三星堆商代遗址出土了纵目人的青铜面具，所示为天目之神。面部呈长方形，额部正中有勾云纹和刀状纹饰，纵目。三星堆，顾名思义，是祭祀上古星神的场所。上古以天、地、水三官为三星，今人以福、禄、寿为三星。

024　幽都舆鬼之国

《山海经·大荒西经》：“大荒之中，有山名曰丰沮玉门，日月所入。”丰沮玉门，即丰际太阴，舆鬼之所在。舆鬼，二十八宿之一，为南方朱雀第二星，远古时期的地狱所在。牛河梁的舆鬼，在一目（今河北平泉）之南，为幽都所在。

舆鬼，也作“鬼臾区”“鬼容区”“鬼方”“穷鬼”“鬼国”“幽都”等，名字很多，是上古时期的重要方国。《山海经·西山经》：“北望诸毗，槐鬼离仑居之。”“东望恒山四成，有穷鬼居之。”今本《竹书纪年》：“（殷）高宗三十二祀伐鬼方。”“三十四祀王师克鬼方，氐羌来宾。”

《周易·既济》:“九三:(殷)高宗伐鬼方,三年克之。”《周易·未济》:“九四:贞吉,悔亡。震用伐鬼方,三年有赏于大国。”《诗经·大雅·荡之什》:“内奰于中国,覃及鬼方。”古本《竹书纪年》:“武乙三十五年,周王季伐西落鬼戎,俘二十翟王。”《山海经·海内经》:“北海之内,有山名曰幽都之山,黑水出焉。其上有玄鸟、玄蛇、玄豹、玄狐蓬尾。有大玄之山。有玄丘之民。有大幽之国。有赤胫之民。”东汉王逸注《楚辞章句》:“幽都,地下后土所治也。地下幽冥,故称幽都。”大幽之国,舆鬼的雅称。玄豹,指豹形的大山,地象在今河北承德上板城。[①]玄狐,狐狸之形的大山,在河北省和辽宁省交界处的凌源市三十家子镇。《论衡·订鬼篇》引古本《山海经》:“北方有鬼国,说螭者谓之龙物也。”《山海经·海内北经》:“袜,其为物人身黑首从目。”东晋郭璞注:“袜,即魅也。”魅,蚩尤所率也,与黄帝战于涿鹿。《山海经·海内北经》:“贰负之尸在大行伯东。”“鬼国在贰负之尸北,为物人面而一目。一曰贰负神在其东,为物人面蛇身。”鬼国,为牛河梁大遗址的舆鬼所在。贰负之神,人面蛇身,伏羲女娲后裔,风姓。《淮南子·墬形训》:“西北方曰不周之山,曰幽都之门。”幽都之门,即舆鬼的入口。《淮南子·墬形训》:“烛龙在雁门北,蔽于委羽之山,不见日。”东汉高诱注:“古之幽都在雁门以北,其畜宜牛羊马,出好筋角,可以为弓弩。”

①玄豹,当地称“狮子沟”,是说山形象狮子。一说玄豹在凌海市八角台。

《山海经》说,舆鬼的主神名叫“司幽”,是帝俊之孙。帝俊,一说是帝舜;一说是黄帝;一说是帝喾,名俊;夏代也有帝俊。这个部族以黄黍和肉为主食。《山海经·大荒东经》:“有司幽之国。帝俊生晏龙,晏龙生司幽,司幽生思士,不妻;思女,不夫。食黍,食兽,是使四鸟。”使四鸟,即虎、豹、熊、罴四种动物,本无翅膀,黄帝得道,一起飞升,故称鸟。《史记·五帝本纪》:“(黄帝)顺天地之纪,幽明之占,死生之说,存亡之难。”幽明之占,其中的“幽”,指舆鬼和幽州而言。

牛河梁的舆鬼还有另外的名字,称“流黄酆氏之国”“流黄”“流黄辛氏”。《山海经·海内西经》:“流黄酆氏之国,中方三百里,有涂四方,中有山,在后稷葬西。”流黄酆氏之国在后稷葬的西边,后稷葬在凌源三家子乡田家沟,平泉在此之西,地望相符。《山海经·南山经》:“(柜山)西临流黄,北望诸毗,东望长右。”《山海经·海内经》:“有国,名曰流黄辛氏,其域中方三百里,其出是尘土。”

承德上板城的玄豹地象

在鬼宿的旁边，为牛河梁大遗址的柳宿，《山海经》中称“高柳”，《山海经·海内西经》：“高柳在代北。”高柳的地象应在板城，现分为上板城和下板城。上板城镇属于河北省承德县辖，下板城为承德县所在地。①板城，还有一说是内厨星的地象。内厨星是柳宿的下级星官。板，即案板，切菜之用，故板城为内厨星。一说为门板。

①宽城县也有板城、上板城、下板城，有人形的大山，神主应是远古时期的女祭司。承德的板城应由宽城县的板城分衍而来。

025 危宿是贰负之臣

危宿是北方玄武第五星，地象可能在牛河梁第九地点。危宿的主神名字叫“危”，《山海经》中称“贰负之臣”。贰负，也称“贰负神”或者“天虞”，为水伯。《山海经·大荒西经》：“有人反臂，名曰天虞。”反臂，反背着双臂，捆绑之状。《山海经·海内北经》：“贰负之尸在大行伯东。”“鬼国在贰负之尸北，为物人面而一目。一曰贰负神在其东，为物人面蛇身。”此记录了贰负之尸的地理位置。大行伯，即夸父逐日；一目，即天目；尸，雕像、塑像、形象。

《山海经·海内西经》：“贰负之臣曰危，危与贰负杀窫窳。帝乃梏之疏属之山，桎其右足，反缚两手与发，系之山上木。在开题西北。”《山海经·海内经》：“北海之内有反缚盗械、带戈常倍之佐，名曰相顾之尸。”意思是说，北海之内有人被反剪双臂捆绑着，带着枷

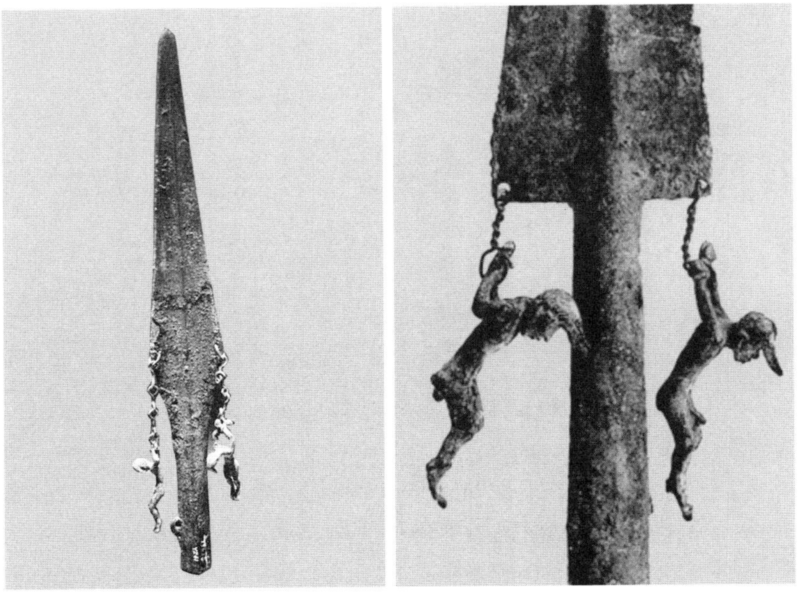

西汉贰负之臣铜矛

锁，兵器上常以此为装饰，此人名叫“相顾之尸”。尸，雕像、塑像、形象。倍，通陪。

贰负之臣曰“危”，突出的史迹是与贰负之神一起杀了凶神窫窳，是一个正面人物。窫窳，即九头蛇，为牛河梁神蛇地象。伏羲、女娲之时，人们发现了牛河梁的螣蛇，年深日久之后，发现蛇不只有一个头，而是有九个头，名之为“窫窳”。

以贰负之臣为装饰的古兵器时有所见。云南晋宁寨山 6 号汉墓出土了吊人铜矛，被捆绑吊挂的铜人称为“贰负之尸”或“相顾之尸”。他的生殖器塑造得十分突出，显示了原始的生殖崇拜观念，是一个正面人物。危与贰负是伏羲、女娲的后裔，不服从自然和命运的威压，敢与之争胜，以致备受刑罚。

026 登高望远的南天门

天门，最初意为祖先宗庙之门，最早现于《老子》十章，曰：“天门开阖，能为雌乎？”西汉河上公注：“天门谓北极紫微宫。”天门遂转义为天堂胜境的大门。唐杜牧《岁旦朝回口号》诗：“星河犹在整朝衣，远望天门再拜归。笑向春风初五十，敢言知命且知非。”一说天门即雁门。《山海经·大荒西经》：“有金门之山。”金门之山，应为“南天门”之谓。金门山上还有个黄姖尸，即黄姖之像。

南天门是天宫的门户，也称“天关星”“天门星”。山东泰山、山西五台山、陕西华山、浙江雁荡山、湖南衡山都有南天门作为出入的门户。牛河梁的南天门在凌源与建平交界的山脊上，民间也称“马鞍山”。①在山巅岩石中有一很大丫口，丫口左边直立一块巨石，站在石柱之上，向北可远眺牛河梁遗址，是一处重要的观察点。

①牛河梁的南天门一说在建昌。昌，通阊，即阊门，南天门之谓。《山海经·大荒南经》：“有神名曰因因乎，南方曰因乎，夸风曰乎民，处南极以出入风。”据此可知，南天门的门神古名“因因乎”。

南天门是在牛河梁大遗址的龙宿之内，并没在南方朱雀中。这是因为，牛河梁大遗址的龙宿呈英文字母“C”形，龙头龙尾均朝东，龙尾的一部分恰好落在了牛河梁大遗址的南部。南方朱雀在牛河梁大遗址的神龟西南，离牛河梁大遗址核心区还远。

027 天棓：天帝的侍卫

《山海经》记载，蛇巫山上有操柸之人，并记载了附近有“神兽窫窳”“不死药”等地象。《山海经·海内北经》：“蛇巫之山，上有人操柸而东向立。一曰龟山。”棓，即柸，东晋郭璞注：“柸或作棓，字同。”清郝懿行注：“柸即棓字之异文。”棓为大杖，打人的工具。蛇巫山上操棓人，地象在南营村倍的山梁之上，此处已经发现有远古时期的积石冢。龟山，即牛河梁，其处于龟背之上，故称。《山海经·大荒西经》：“大荒之中有山，名曰丰沮玉门，日月所入。有灵山，巫咸、巫即、巫朌、巫彭、巫姑、巫真、巫礼、巫抵、巫谢、巫罗十巫从此升降，百药爰在。”十巫，十巫之山，十座人形的大山。《山海经·海内西经》：“开明东有巫彭、巫抵、巫阳、巫履、巫凡、巫相，夹窫窳之尸，皆操不死之药以距之。窫窳者，蛇身人面，贰负臣所杀也。服常树，其上有三头人，伺琅玕树。”不死药,即不死树。

蛇巫之山,应指十巫山。龟山,神龟之谓。天棓,为天帝的侍卫,一说是执法之徒,即行刑的人。1986年,四川广汉三星堆遗址二号祭祀坑出土了一件青铜神像,作手握重器之状,为上古天棓之神。神像高172厘米,底座高30厘米,通高262厘米,手中所执天棓大杖已佚失。天棓,为牛河梁地象,应在牛河梁第九地点,也可能在南营村北的山梁上。天棓立于龟背之上,故有龟山和蛇巫山之名。蛇巫山上操杯人,即天棓,应该是一尊与三星堆操棓人相似的人像。

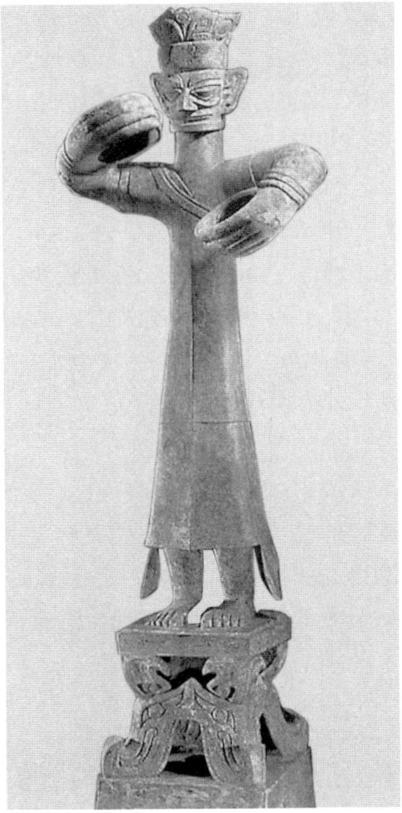

四川广汉三星堆出土的操棓人铜像

028 靠近蛇尾的天囷

天囷,在西方白虎第三宿胃宿之内,是天界的粮仓,为储粮之所。白虎,为牛河梁西部地象。《山海经·大荒西经》:“昆仑之丘,有神,人面虎身,有文有尾,皆白。”昆仑之丘,即牛河梁之谓。《淮南子·天文训》:“西方,金也……其神为太白,其兽白虎。”白虎为煞星,轩辕黄帝的武将力牧、常先、大鸿的茔域所在。①力牧,也称“力牧子”“力黑”;常先、大鸿,后世合称为“大常”,也作“太常”。《山海经·海内经》:“北海之内有山,名曰幽都之山,黑水出焉。其上有玄

①龙宿也为武将所在,力牧、大鸿、常先也可能葬于龙宿之内。

奔扑的白虎地象及线描图

鸟、玄蛇、玄豹、玄虎、玄狐蓬尾。”幽都之山、黑水、玄鸟、玄蛇、玄豹、玄虎、玄狐，皆为牛河梁南部地象。玄虎，即虎山，守护尧舜的大山，在平泉县西，称为“罗罗”。《山海经·海外北经》：“有青兽焉，状如虎，名曰罗罗。”

第八地点其处有积石冢，未被发掘，可能是西方白虎第三星胃宿所在，也可能为玄武第七星东壁所在。《开元占经·西方七宿占三·胃宿占三》：“石氏曰：‘胃三星，十四度(注曰：古十一度)。度距西南星先至，去极八十二度(注曰：在黄道内十二度)。春夏为木，秋冬为水(注曰：巫咸曰：胃，金星也)。胃南九尺是中道(注曰：赵之分野，《淮南子》、《洪范传》曰魏分)。’《佐助期》曰：‘胃主廪仓，神名稽览，姓研骨白。’……《圣洽符》曰：‘胃者，仓廪也。’”

《山海经》中有帝囷之山。《山海经·中山经》：“帝囷之山，其阳多㻬琈之玉，其阴多铁。帝囷之水出于其上，潜于其下，多鸣蛇。”帝囷，天帝的粮仓，圆者为囷，方者为仓，寓意天圆地方。

第二篇 祭坛、神庙和积石冢群

029 神庙的形成和认定

在古代，神庙是纪念和祭奠上古圣王的场所。一个人有很高的成就和品德，忽然间去世了，爱戴他的人们主观上无法接受，无论如何也不认可他的死去，于是，就产生了神庙，以便活着的人可以及时与他沟通和交流。古人将精神和信仰凝聚在神庙之中，寄托了深厚的感情，反映了事死如生的观念。

上古时期的圣王之所以能名著于后世，不是因为他们的政治威力，而主要是由于他们在生产、生活上有过重大的发明创造。[①]他们的业绩和品德为后世所追思和怀念，神庙就是安葬和缅怀古代圣王的场所。

①杨超：《〈山海经〉及其相关的几个问题》，见中国《山海经》学术讨论会编《〈山海经〉新探》，四川省社会科学院出版社1986年版。

在先红山文化的兴隆洼遗址中，就发现了活人与死者共居一室的情况，反映了古人事死如生的观念，是神庙的早期样态。到红山文化的鼎盛期，神庙已经成熟。从已发现的情况看，轩辕黄帝时期的重要人物，如嫘祖、嫫母、应龙，都是以神庙的形式安葬的。后世的圣王尧、舜、禹也是采用了神庙的形式，而且三位圣王为天、地、水三官，并居一殿，称“三官殿”。

神庙的认定依据，首先是神庙与星宿的关系。星宿在大地表面的投射点决定了神庙的性质，如织女星的投射点为蚕神庙，龙头的投射点为龙王庙，天极的投射点为天官庙、玉皇庙或者火神庙，稷星的投射点为田神庙,奎星的投射点为农神庙、文昌殿,等等。

神庙是人工的建筑物,在星宿的大地投影处出现的建筑物,是人们可以出入往来的居室,就可以定性为神庙。出土的祭祀用具、神像、人骨属于庙内之物,祭坛、墓葬为庙外之物,两者结合,就可以进一步确定神庙。这是成熟期的神庙。早期的神庙,因尚未与天文星宿系统紧密结合,虽未出现在星宿的投射点上,却是体现事死如生的观念的场所,仍可定性为神庙。如牛河梁的女娲洞,是利用了天然的洞窟从事宗教祭祀活动,仍是一种神庙。

神庙的规格要高于后来的太庙, 更高于家庙。《尔雅·释宫》:“室有东西厢曰庙。”指的是家庙。太庙是国庙,置于首都。《左传·庄公二十八年》:“凡邑,有宗庙先君之主曰都,无曰邑。”神庙建在高山丘陵,人迹罕至却风景极佳,体现了古人的自然崇拜。而居室建在平原丘陵的聚落之处,方便生活。红山文化的房址已有较多发现,可与神庙相区别。

030 女神庙是蚕神庙

女神庙的所在,编号为牛河梁第一地点。此处是北方玄武第三星须女的地表投影处,须女即织女,为桑麻之神,说明女神庙是为了纪念桑麻之神而专门设置的庙宇,即蚕神庙。

女神庙位于平台南侧 18 米处的平缓坡地上,海拔为 673.1 米,位于牛河梁主梁顶南坡,平面是“中”字形的半地穴式建筑。主室为圆形,东、西各有一侧室,北室和南室连为一体,另有南单室。总范围南北长 25 米,东西宽 2~9 米,面积 75 平方米。全部为土石结构。地上墙壁有木柱支撑,呈拱形起筑。现保存的地下部分,深为 0.8~1 米,四壁内竖立 5~10 厘米的圆木做管架,结扎秸秆,抹有 4 厘米厚的草拌泥,外抹 2~3 厘米厚的细泥加固墙体。加固后的墙体还涂有赭红色间黄、白色的三角形或勾云形或条带形几何图案进行装饰,可看作是早期的壁画。庙内堆满建筑物构件、陶祭器以及泥塑人

蚕神庙遗址

像、熊、禽鸟的神像残片。

历史上，黄帝之妻嫘祖发明了养蚕，是为“嫘祖始蚕”。《史记·五帝本纪》：“黄帝居轩辕之丘，娶于西陵氏之女，是为嫘祖。嫘祖为黄帝正妃，生二子，其后皆有天下。”《通鉴外纪》记载：“西陵氏之女嫘祖为帝之妃，始教民育蚕，治丝茧以供衣服。”农历三月十五，民间视作是蚕神的生日，是各界纪念嫘祖的日子。嫘祖生玄器（玄嚣）、昌意二子，昌意娶蜀山氏女为妻，生高阳氏，继承天下，即颛顼大帝。

嫘祖的葬地在《山海经》中多有涉及。《山海经·大荒东经》：“有波谷山者，有大人之国。有大人之市，名曰大人之堂。有一大人踆其上，张其两耳。”女神庙处于第三道山梁上，两侧为山沟，庙前有广场，古称为“市”，女神庙内有女神，三倍人高，为大人之像，两耳外张。故而可知，“大人之国”为牛河梁女神庙的所在。《山海经·大荒东经》还说:“海内有两人,名曰女丑。女丑有大蟹。”大蟹,即大鳖。古时鳖亦作“鼇”,蟹足作“螯”,二者音同形近,故“大鳖”误为“大蟹”。《山海经·海内北经》所云“大蟹在海中”“大人之市在海中”,其实是说神龟如同漂浮在大海之中。《山海经·西山经》:“西水行四百里曰流沙,二百里至于蠃母之山。神长乘司之,是天之九德也。其神状如人而犳尾。其上多玉,其下多青石而无水。”流沙,古地名,今在辽宁省建平县沙海镇。蠃母,即嫘祖,为嫘祖生前的称号。

史载,轩辕黄帝有四位妻子:元妃为西陵氏女嫘祖;次妃为方雷氏,名女节;又次妃为彤鱼氏;最次妃名嫫母,长相丑陋,但德行高尚,深受轩辕黄帝敬重。①神庙中的女神,应该都是轩辕黄帝的妻子。蚕神嫘祖是蚕神庙中的主神,为其陪祀的是轩辕黄帝另外三位妻子。其中,与真人等大的人像应是黄帝最次妃嫫母。蚕神庙中出土的完整的泥塑覆面,与嫫母的情况相符。

①黄帝四位妻子是经典的说法。地理调查显示,轩辕黄帝应至少有11位妻子。

蚕神庙在北方玄武的龟背之上,处于龟背正中的位置,显示出了蚕神嫘祖在古人心目中的显赫地位。在蚕神庙以北8米有山台遗址,应是祭祀蚕神嫘祖和北方玄武的祭坛。

031 嫫母的头像

牛河梁第一地点女神庙为蚕神庙,是祭祀蚕神嫘祖的场所。庙内出土了一尊较为完整的泥塑女神头像,应为嫫母头像,主人为轩辕黄帝之第四妻嫫母。头像出土于主室西侧,高22.5厘米,宽23.5厘米,塑泥为黄土质,掺草禾,内胎泥质较粗。捏塑的各个部位则用细泥,外表打磨光滑。颜色呈鲜红色,唇部涂朱。头像为方圆形扁脸,颧骨突起,眼斜立,眉弓不显。鼻梁低而短,圆鼻头,鼻低平,无鼻沟,上唇长而薄。头像额部隆起,额面陡直,耳较小而纤细,面部表面圆润,面颊丰满,下颚尖而圆。嘴角上翘欲语,眼眶开,嵌玉为睛。

嫫母是中国历史上受褒扬的第一个丑女。她是黄帝时代的人,

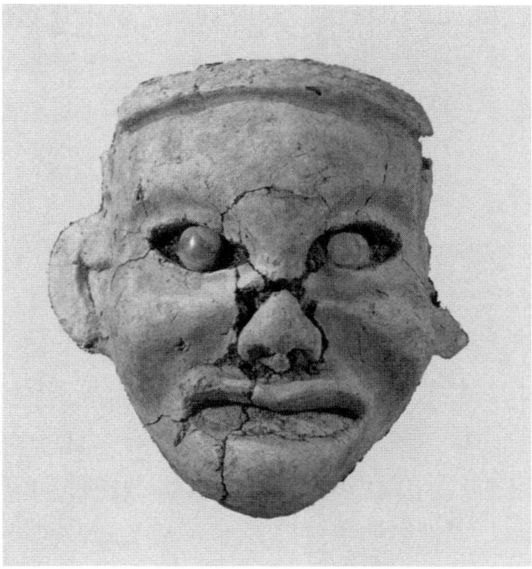
嫫母头像

为黄帝第四妃，相貌丑陋，但品德极高。《吕氏春秋·遇合篇》载："嫫母执乎黄帝。黄帝曰:'厉女德而弗忘,与女正而弗衰,虽恶奚伤！'"黄帝将嫫母纳为最次妃，令她管理后宫。元妃嫘母在陪同黄帝巡视途中病逝，黄帝封嫘母为"嫘祖"，命嫫母指挥祭祀之事,监护灵柩。嫫母逝后,与嫘祖同葬于蚕神庙下。嫫母貌丑,以至于人们把她作为驱鬼神,用于吓跑魔鬼,从而起到驱邪降福的作用。这样的面具头饰称"魌头",是傩戏时佩戴的面具,民俗中流传至今。《路史·后纪五》:"次妃嫫母,貌恶德克,帝纳之曰:'属女德而不忘,与女正而费襄,虽恶而何伤。'是生苍林、禺阳。"第二地点一号冢17号墓出土1件魌头三孔玉饰,两端为形象相同的人首,古称"魌头",是嫫母的形象,可与蚕神庙的头像互为印证。①

①陆思贤认为，牛河梁女神为黄帝之妻嫘祖。

《山海经》中,有"女丑之尸""女丑",应为嫫母之号。《山海经·大荒西经》:"大荒之中,有龙山,日月所入。有三泽水,名曰三淖,昆吾之所食也。有人衣青,以袂蔽面,名曰女丑之尸。"龙山,即牛河梁的龙宿所在。《山海经·大荒东经》还说:"海内有两人,名曰女丑。女丑有大蟹。"《山海经·海外西经》:"女丑之尸,生而十日炙杀之,在丈夫北。以右手鄣其面。十日居上,女丑居大漠。"女丑有大蟹,意即嫫母葬于牛河梁的龟背之上。大蟹,即大鳖。古时鳖亦作"鼈",蟹足作"螯",二者音同形近,故"大鼈"误为"大蟹",此处系指牛河梁神龟地象。

嫫母长相丑陋,但嫫母自己并不认为自己很丑,反而很欣赏自己的容颜，十分自信，传说为此她还发明制作了铜镜以正仪容。铜镜后来成为了重要的民俗用器,为女子所钟爱。正因如此,后世也有称嫫母为美女的，屈原《九章》说："妒佳冶之芬芳兮，嫫母姣而自好。"可见，在大诗人屈原笔下，嫫母是一个容颜姣好的美女。

032 东山嘴的龙王庙

喀左县东山嘴遗址是牛河梁东方苍龙的龙首。此处发现远古房屋基址，是一处神庙，应为龙王庙。龙王，是龙山的人格化和神化，是山神和雨神，其祭祀场所称"龙王庙"。

东山嘴遗址在石建筑基址下发现红烧土面多处，明确为房址的一座。房址位于遗址西侧北部，西翼石墙基和铺石正好压在房址活动面上，但并未破坏地面。为保留铺石层，房址西半部分未揭出。房址约为长方形，南北长 7.4 米，东西揭露部分宽 2.5 米，半地穴式，地下部分墙壁存高 25 厘米，有两层草拌泥涂墙壁，厚 1.5 厘米，经火烧。房内地面为黄硬土，平坦，经火烧成黑间红色。东墙中部向外凸出，做成一个十分规整的长方形坑。坑长 110 厘米，宽 80 厘米，坑四壁结构与房址墙壁相同，但草拌泥面的火烧程度较高。坑内呈台阶状，台阶宽 20 厘米，台面抹平，较为光滑，坑底深于地面 40 厘米，略呈锅底状，内填压小石块和一层黑灰烧土，坑内北端置一石斧，磨光甚精，刃部向正南平卧。石斧置于龙王庙中，因此应是一件与龙王有关的神器，其虽不是玉器，但价值不亚于玉器。

龙王的名字，《山海经》称为"计蒙"，是山神，为上古四岳之一的东岳，也是天界掌管飘风暴雨的神，也即雨神。《山海经·中山经》："又东百三十里，曰光山。其上多碧，其下多木。神计蒙处之，其状人身而龙首，恒游于漳渊，出入必有飘风暴雨。"

033 龙角上的应龙

喀左县东山嘴遗址发现人骨架一具，已经石化，几乎成为了人骨化石。其位置在遗址南部石圈形台址东北侧，距地表深约80厘米。揭开黄土层底部的一层红烧土即可见，人骨以下即为生土，未见明确墓圹。只在人骨的头部和腰部两侧各置有两块不规则的石板，可以大致确定人骨架范围：长约2米，宽约0.6米，方向90度。仰身直肢葬，未见随葬品，紧贴胸腹部盖有大块泥质红陶和黑陶片，复原泥质黑陶钵1件。

这是一具完整的人骨架，主人可能为轩辕黄帝武将应龙。理由主述如下：

其一，墓葬所处的位置是龙头的投射点，为东方苍龙七宿第一宿角宿的所在地。该处地名为“东山嘴”，地名与东方龙宿的地象相对应，表明古人知道此处是龙头所在，所以立墓于此。龙宿七星皆为武将，故于龙头所葬者有武将身份。此与应龙的身份相符。

其二，墓主应龙，本身名字就含有“龙”字，与龙宿相对应。据典籍记载，应龙为轩辕黄帝的武将，在与蚩尤之战中，杀蚩尤，传示其首，功劳很大。龙头是牛河梁大遗址中最直接和显要的位置之一，应龙葬于龙头之处可示其地位尊崇，与应龙的身份相符。

其三，遗址内发现房屋基址，为龙王庙遗迹。龙王庙是上古时期祭祀龙王的场所，起源古远。龙王庙的出现与该地的龙头地象相对应，符合应龙的历史地位。

其四，发现一石斧置于神庙中。石斧置于神庙之中供奉保存，为神器，可能是一件与重大历史事件相关的器物。墓主应龙有杀蚩尤和夸父的经历，推测石斧应为当年应龙杀蚩尤和夸父的工具，故而被先人妥善保管于神庙之中。

石斧，文献中称为“铁钺”，应是应龙的兵器，有实战的功能或是兵权的象征。这件石斧有着不平凡的经历,因而被置于庙中保存供奉。考虑到应龙曾杀蚩尤和夸父,故而这件石斧应为应龙的作战工具。《礼记·王制》:“赐铁钺,然后杀。”《山海经·大荒东经》:“大荒东北隅中,有山名曰凶犁土丘。”清郝懿行注:“《史记·五帝纪》索隐引皇甫谧云:‘黄帝使应龙杀蚩尤于凶黎之谷。’即此。犁、黎古字通。”《初学记》卷九引《归藏启筮》云:“蚩尤出自羊水,八肱、八趾、疏首,登九淖以伐空桑,黄帝杀之于青丘。”《管子·五行》:“昔者,黄帝得蚩尤而明于天道,得大常而察于地利,得奢龙而辩(辨)于东方,得祝融而辩(辨)于南方,得大(犬)封而辩(辨)于西方,得后土而辩(辨)于北方。”奢龙,指谓龙王。《楚辞·天问》:“河海应龙,何尽何历?”

古俗中,应龙为龙王,司降雨之职。《山海经·大荒北经》:“应龙已杀蚩尤,又杀夸父,乃去南方处之,故南方多雨。”《山海经·大荒东经》:“应龙处南极,杀蚩尤与夸父,不得复上,故下数旱。旱而为应龙之状,乃得大雨。”这是应龙致雨的典故。意思是说,应龙杀蚩尤和夸父,触犯了天条,不得回归南极行雨,所以天下多次发生旱灾。旱灾发生时,制作应龙的神像祈雨,就会天降大雨。夸父,即祝融氏,为太阳神。应龙为龙王,雨神。龙王处南方,太阳神处北方,故南方多雨,北方干旱。应龙为龙王,司雨,常处于南方,故南方多雨。

2012年5月,敖汉旗兴隆沟村出土了一尊完整的半身陶人,高55厘米,是呼风唤雨的神像,神主为应龙。陶像两手交叉置于腹前,两脚的状态不存,推测也应是交叉的状态。此为因形设占,应是一个“爻”字。寓意为天地交泰,天下太平,表明神像拥有帝王的身份等级。陶人出土于房屋基址之内,是龙王庙内供奉的神像。

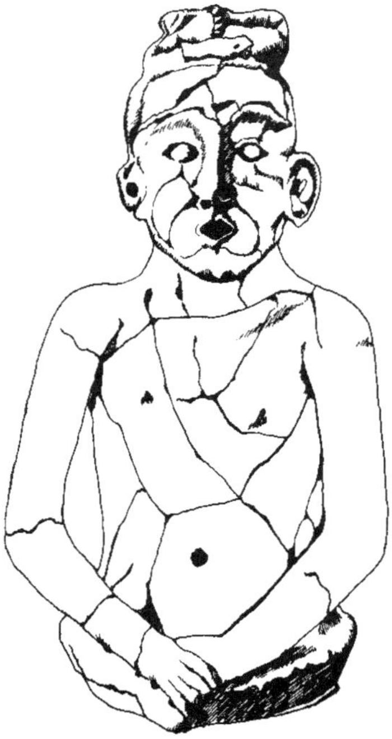

应龙之像:兴隆沟出土陶人复原图

黄帝女魃之山

该陶人的出土地是一处高地，对面是一座人形的大山（当地称“大王山”），应是黄帝战将应龙之山。[1]此处应为应龙的山川望祭之所，其脸形可与陶人的脸形相互参照对应。陶人所在的神庙与神主应龙直接有关，即龙王庙。此处干旱少雨，故为应龙之形以为祠。在“应龙之山”北部不远处，有一座长发女神所在的大山，神主为《山海经》中的赤水女子献，也称“黄帝女魃”。“应龙之山”与“黄帝女魃之山”的发现，印证了《山海经》的记载。

①“应龙之山”，神主一说为当地的山神。古时有上山之前祭拜山神的习俗，记住了大山的模样，走在山里就不会迷路。

034 东山嘴的“女娲像”

喀左县东山嘴遗址发现多件孕妇坐像，皆泥质红陶胎，一说为民族始祖母女娲之像。《路史·后纪二》注引《风俗通》曰：“女娲祷祠神，祈而为女媒，因置婚姻。”民俗中，女娲为生育神、高媒之神，又有称其为“女巫”者。孕妇像的出现，表明东山嘴为古人求子之所。东山嘴遗址出土了1件完整的陶朘，潜台词是“生男”，表达了人们要生育男孩的一种祈愿。古时妇女怀孕，不知男女，在神前祈求生男，故有陶朘之器。朘，男孩的生殖器，《老子》五十五章：“未知牝牡之合而朘作。”

东山嘴共发现女娲像残缺件20余件，多为人体的肢体部分，未见头部。陶塑人像有以下几个特点：一是大小不同，数量是一个

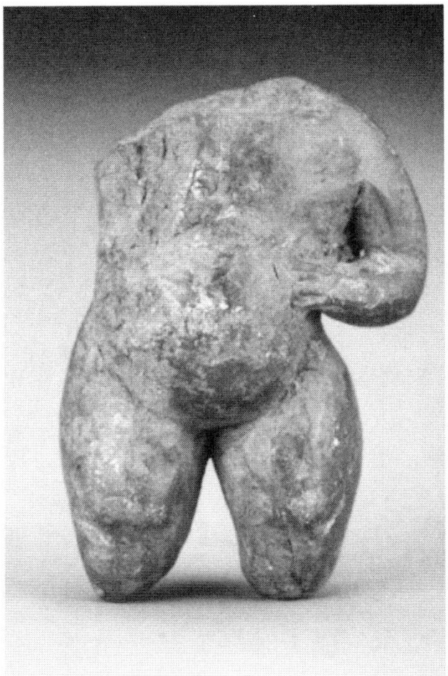
东山嘴出土泥塑残件

群体；二是小型塑像孕妇的体形特征明确；三是大型塑像雕塑技法已脱离了原始性，而且姿态固定，有特定的含义。

可辨认的形体分为小型像和大型像两类。

小型孕妇像，为裸体立像，头及右臂均残缺，腹部凸起，臀部肥大，左臂屈，左手贴于上腹，有表现阴部的记号。其中一件出土于石圈形台地东侧黄土层中，通体打磨甚光滑。似涂有红衣，体肥硕，腹部尤圆鼓，下肢稍弯曲，下端残缺。体残高 5 厘米。一件出土于石圈形台址东北侧黄土层中，表面不磨光。体修长，上体前倾，下肢弯曲，足残，体残高 5.8 厘米。

大型人物坐像，发现上下身各一块，同处于石圈形台址东侧黄土层中，当为同一个体。上肢残块为手臂和胸腹部分，高 18 厘米，宽 22 厘米，内腔空，壁厚 0.9 厘米。胸腹上贴塑手臂，左臂残缺，只存贴痕，右臂存下部。双手交叉于腹部的中间，左手似攥握，右手握左手腕部，右手指修长。下身残高 12.5 厘米，宽 22 厘米，内腔空，左膝部有一圆孔通入腔内，壁厚可达 3~4 厘米。为盘膝正坐式，右腿搭在左腿上，左足及足趾裸露，右足已残缺，下身的底部平，满饰席文。以上各个部位的形态，如攥拳、握腕、左右手交叉、盘膝等，都塑造得逼真、自然，很有动感，且符合人体的比例，大小约为真人的二分之一。

《山海经》中记载有人足反折、盘膝而坐（或跪坐）的神像。《山海经·海外北经》："柔利国在一目东，为人一手一足，反厀，曲足居上。一云留利之国，人足反折。"一目在今河北省平泉县，东山嘴在平泉县一目以东，方位符合。柔利国的图腾是一尊人足反折、盘膝而坐、脚心朝上的神像，东山嘴遗址一说是《山海经》中提到的"柔利国"的所在地。柔利国，一说为牛黎国，音近通假。一说柔利国即欧丝女子。

历史上，女娲为生育神，与女性生殖崇拜有直接关系。这里包含有三层意思。

一是说她养育了华夏民族，是中华民族的始祖母。女娲的神像丰乳肥臀，女性特征突出，表明有很强的生育能力，而且女娲历史上应该有过生育的经历，因而被奉为民族的始祖母。

二是女娲擅长接生引产之术，是新生儿和产妇的安全保障。远古时期，卫生条件差，女娲曾经亲自参与接生引产的生育实践，是妇女和儿童的生命依托，是远古时期的妇产科医生，故而被极其重视。

三是女娲擅长制造人像，她塑造了生育女神的完美形象。女娲抟土造人，是说她擅长制作人像，是一位泥塑家。东山嘴红山文化遗址出土了健硕的孕妇形象的女神塑像，孕妇是作为生育之神的形象出现的。

另一说法，这些孕妇像神主并不是女娲，而是轩辕黄帝之妻方雷氏。怀孕的上古女神不止女娲一位，还有方雷氏。她是雷神，《山海经》说她"鼓其腹"，是一个孕妇的形象。供奉方雷氏的神像，一方面是求子民俗的反映，另一方面也是求雨民俗的反映。东山嘴是龙头的起始之处，曾有一座龙王庙。雷神为风雨之神，司祈雨之职，正好可与龙王搭配。而女娲并无司雨之职。龙王的原型人物为黄帝的战将应龙，而方雷氏为黄帝之妻，二者是同时代的人物。因此，方雷氏与神像的身份更为符合。另外，东山嘴出土了陶腹，在牛河梁也有出土，反映了两地的渊源关系，可复证神主为方雷氏的说法。

寓意生男：东山嘴遗址出土的陶腹

035 消失的大庙

大庙，即太庙，古时处理国事必用社稷祭祀仪式于太庙。《礼记·檀弓上》："国亡大县邑，公、卿、大夫、士皆厌冠，哭于大庙，三日，君不举。或曰：君举而哭于后土。"《礼记·明堂位》："大庙，天子明堂。"

大庙村，属于凌源市万元店镇，位于北方玄武蛇头之下。蛇头之上，为伏羲、女娲的积石冢所在地。大庙村原有古庙，直至近世方拆毁不存。伏羲、女娲所在的山岭山高路险，因"古不墓祭"，而且大庙不能建在蛇头的悬崖之上，只能处于山下，即大庙村的所在地。

牛河梁的神庙主要有如下几处：

第一处为女娲洞，即俗中所说的"神仙洞"，应是红山文化早期祭祀和凭吊女娲的场所

第二处是蚕神庙，即牛河梁第一地点。

第三处是龙王庙。在喀左县东山嘴。

第四处是三官殿。牛河梁第十六地点发掘了8处房址，应是8座远古神庙。其中的7号房址为三官殿遗址，应是祭祀尧、舜、禹的场所。

第五处是火神庙。也在牛河梁第十六地点。夏代以后也称"朝云观"，应是祭祀女神祝融的场所。

第六处是太庙。除大庙村的伏羲、女娲庙之外，在庙后村附近应该还有一处太庙，应是祭祀炎帝和轩辕黄帝的场所。

036 玄器的墓志

远古时期虽没有墓志出现,但墓志的概念已经出现了。人们千方百计要在墓葬中留下墓主的名字,以便后世的人看到和凭吊。牛河梁的积石冢上有的墓葬以陶器排成一排,置于墓前,用以标定墓主身份,是为远古的墓志。墓前的一排陶器,用古汉语表述,为“玄器”,是一个人的名字。玄,古字为一串绳结之状,引申为序列、队伍。陶器,器也。陶器排成的序列,为“玄器”之占。此处虽然没有用文字表达墓志的内容,但是用实物达到了同样的目的,所以应该看作是中国最早的墓志。

玄器,又作“玄嚣”,是黄帝和嫘祖的长子,蟜极的父亲,帝喾的祖父。黄帝有二十五个儿子,其中至少有二子为正妃嫘祖所生,长子为玄器,史称“少昊氏”,一作“青阳氏”。一说次子昌意为少昊氏。红山文化遗址区以成排的陶器为特征的遗址都应与玄器有直接关系。

筒形陶器

在女神庙(蚕神庙)的广场,有陶器组成的窖坑。下层的筒形罐(H41:4)、叠唇盆(H22:2)、折肩罐(H16:2),此成排的陶器,为“玄器”之意,表明玄器曾经在这里祭祀过她的母亲,包括生母嫘祖、方雷氏、彤鱼氏以及嫫母。陶器坑相当于是玄器的“签名”。

牛河梁第二地点下层积石冢共10座,可以看出其中3座圆形墓沿冢界立置陶筒形器,筒

"玄器"之占：第二地点四号冢成排的筒形陶器

形器之间基本连接。成排的筒形器即"玄器"，说明墓主与玄器有直接关系。阜新胡头沟红山文化遗址也看到了成排的陶器，已成了碎片，为"玄器"之占。此表明墓主与玄器有直接的关系，应是黄帝次子昌意之墓。《山海经·大荒东经》："东海之外大壑，少昊之国。少昊孺帝颛顼于此，弃其琴瑟。"所言或为胡头沟地象，《山海经》中称为"少昊之国"，即昌意墓。一说为玄器墓。

玄器墓前的墓志，说明那时已经有了文字。至少有"玄"字，有了字的造型和意义。玄器、昌意虽然不曾承袭帝位，但在国家政治生活中仍然起着举足轻重的作用。少昊，史中又称"青阳氏""金天氏""穷桑氏""云阳氏"。《帝王世纪》曰："少昊帝名挚，字青阳，姬姓也。母曰女节。黄帝时有大星如虹，下流华渚。女节梦接意感，生少昊，是为玄嚣。"《史记·五帝本纪》认为玄嚣为青阳氏，唐司马贞索隐："皇甫谧及宋衷皆云玄嚣即少昊也。"

轩辕黄帝之子玄器墓在牛河梁，应为第二地点四号冢之 8 号墓。东 2 米为 7 号墓，该墓北约 2 米处，原位直行摆放着 7 件陶筒形器的圈底，为"玄器"之占。墓为长方形土坑墓，葬一人，男性，年龄 45~50 岁，随葬器物 3 件，玉箍 1 件、双耳陶罐 1 件、陶折腹盘 1 件（扣在双耳陶罐罐口）。

037 地坛下的重黎

牛河梁第二地点二号冢中心大墓呈方形，此处虽有墓葬，但不仅是葬人之所，而是一处祭地的地坛。第二地点二号冢位于圆形祭坛(即天坛)正西，相距2米，近正方形，方向正南北。与一号冢并行排列，东距一号冢仅3.3米。该冢第一层石阶的东西边保存较好，分别长18.7米和15.8米。北界只保存东段，长17.5米，砌石台阶高度依山坡由北向南的斜度为一层到四层不等，南侧最高处为0.89米。冢的正中部位建置一座石椁石棺中心大墓，仅在扰土中发现一段人骨、少量红陶片和腐朽较甚的兽骨。大墓以南还有规模较小的墓，共3座。其中一座有土圹，墓壁一侧起两层台阶，石棺较小，随葬玉镯1件，另两座未见随葬品。

中心大墓之内并没发现人骨和随葬品。根据《山海经》的记载，该墓的墓主可能是重黎，简称“黎”，该墓的特点就是墓中没有人骨。《山海经·大荒北经》：“有牛黎之国，有人无骨，儋耳之子。”儋耳，即大耳，指轩辕黄帝之妻嫘祖。无骨，指棺椁之内没有人骨。积石冢内没有发现人骨，与牛黎之国“有人无骨”的记载吻合。黎为儋耳之子，即黄帝与嫘祖的儿子，按辈分是颛顼的叔父。《山海经·大荒西经》：“颛顼生老童，老童生重及黎。帝令重献上天，令黎邛下地。”按照此说，重黎为颛顼之孙。可见，此重黎不同于彼重黎，应是不同时代的人物。

该处是一方地坛，是祭祀地神重黎的场所，故而重黎葬于地坛之下。被祭祀的对象埋在祭坛之下，此处也可以视为古墓，但本质仍是祭坛。理由如下：

一是规模与天坛相当。坛，是土筑的高台，古时也为名师讲习之所，如儒家有杏坛，道家有万法宗坛。

二是以天圆地方的观念，祭坛如泽中之丘，正好呼应地坛之号。《日下旧闻考》卷五十七:“古者祀天于圜丘,祭地于方丘。圜丘者,南郊地上之丘,丘圜而高,以象天也;方丘者,北郊泽中之丘,丘方而下,以象地也。”

三是挖掘的结果,未发现墓主遗骨和遗物。此与《山海经》中记载的“有人无骨”相符。

牛河梁第二地点二号冢中心大墓墓主是重黎,是颛顼时代的重要历史人物,为颛顼的叔父,一说为颛顼之孙。该墓处于地坛之下,是主地的神灵,民俗中称为“后土”。《山海经·大荒西经》:“帝令重献上天,令黎邛下地。”《尚书·吕刑》:“乃命重黎,绝地天通,罔有降格。”《国语·楚语下》:“(颛顼)乃命南正重司天以属神,命火正黎司地以属民,使复旧常,无相侵渎,是谓绝地天通。”黎是颛顼大帝绝地天通的核心人物,墓中无骨,可证墓主应为黎。

《史记·楚世家》:“高阳生称,称生卷章(即老童),卷章生重黎。重黎为帝喾高辛居火正,甚有功,能光融天下,帝喾命曰祝融……(帝喾)诛重黎,而以其弟吴回为重黎后,复居火正,为祝融。”司马贞索隐:“今以重黎为一人,仍是颛顼之子孙者,刘氏云:‘少昊氏之后曰重,颛顼氏之后曰重黎,对彼重则单称黎,若自言当家则称重黎。’”重黎是远古时期的科学家,为我国天文学和农业的发展做出过重要贡献,故而被颛顼指定为绝地天通的核心人物。

地坛下的重黎:牛河梁第二地点二号冢中心大墓

地坛之下为什么只有重黎墓而没有重黎的遗骨？重黎的埋葬有何历史隐情？《史记·楚世家》："共工氏作乱，帝喾使重黎诛之而不尽，帝乃以庚寅日诛重黎。"帝喾诛重黎，表明重黎并非寿终正寝，所以尸骨不全，只是象征性地予以埋葬，是一处早期的衣冠冢。这就在一定程度上回答了重黎墓中没有重黎遗骨的历史悬疑。另外，重黎的遗骨也可能被移葬到天极之处的祝融氏葬地。第十六地点发现有移葬墓，墓主身份不明，有可能是从地坛下转移到此的黎。

038 观天测日的日者

日坛：第二地点五号冢复原图

第二地点五号冢，位于第二地点的最东边。此冢平面呈南北方向的长方形，中部砌出一东西向石墙，将冢分为南北两个部分，使整个冢呈"日"字形。冢体南北长 19.2 米，东西宽 14.6 米。冢北墙西段的内侧，距墙外侧 0.7 米处，还保存有一排原位摆放的陶筒形器 7 件。共发现灰坑 2 座。冢中发现保存完好的人骨架 3 具。均为头朝南，无墓坑，未见随葬品。冢的北侧中心部位有一个略呈半圆球形的石堆，直径 2.1~2.3，最高 0.62 米，应是特意摆设的。

墓冢之所以是“日”字的造型，是为了表示墓主身份和用途的一种做法。此为因形设占，表示墓主是以观天测日为职业的，古称“日者”。日者是观察天象测量日影的人，以此作为授受农时的基础，是远古时期的天文学家和农学家。墓冢的造型即是古代的“日”字。该冢位于第二地点的东侧，是太阳升起的方向，也与日者的身份相符。北侧中心部位的圆形石堆，可以作为太阳的一个喻象，也是“日”字的组成部分。五号冢虽然埋有人骨，但与三号冢一样，属于祭坛的性质，为祭祀太阳神的日坛。因此，日坛下 3 个人骨架，都属于祝融氏的成员。

此处出土 3 个人骨架，姿态不同，各有寓意。5 号冢 1 号人骨架（N2Z5RJ1），仰身屈肢葬，双曲下肢，左小腿反压在右腿上，右臂平肩折回，左手置于中腹。此造型应为因形设占，表示睡眠的一种姿态，似为古“夕”字。2 号人骨架（N2Z5RJ2），仰身屈肢葬，左手搭于腹部，右小臂向右下伸出，双下肢右向微屈曲。①这应是一个迎接的姿态，是迎接新一天的开始。3 号人骨架（N2Z5RJ3），仰身直肢葬。②人骨架的姿态，应是表示三个神人早上（2 号人骨架）、中午（3 号人骨架）、晚上（1 号人骨架）指挥太阳升降的情景。这也与其“日者”的身份相符。

①发掘报告说“未见左膝部以下骨骼”，但人骨架位置图中显示有右侧小腿骨。

②《山海经·大荒西经》说：“寿麻正立无景，疾呼无响。”正立无影，中午的时候，直立没有日影。3 号人骨架是直立的状态，表示中午。1 号人骨架是睡眠的状态，表示晚上。

039 长股之国

牛河梁第二地点一号冢 27 号墓为一座单人原葬与二次葬的合葬墓。原葬墓是一座石棺墓，在孙星内，墓主是轩辕黄帝的直系子孙。墓主女性，30 岁左右，骨架的下肢大部被砌在石棺之外，头部以上有很大的空余的空间。出土的勾云形大玉佩正放置于墓主头部左侧，长 28.6 厘米，形制巨大，十分引人注目。旁为一座二次葬的小型墓葬。原葬墓特别之处在于，石棺内墓主头部以上长约 70 厘米空无一物。这种墓葬现象为因形设占,用以表示墓主身份。

墓主一说为帝颛顼。“颛顼”之名,为古语,意为“长头长脸的人”。古时,长头为“颛”,长颊为“顼”,故称“颛顼”。《山海经·海外南经》:“羽民国在其东南,其为人长头,身生羽。一曰在比翼鸟东南,其为人长颊。”长头、长颊,“颛顼”之占也。颛顼的石棺很长,头上留出了长过半个身位的空地,没有任何陪葬品。之所以如此,是因为要夸张地表示出墓主的头和脸特别的长,为“颛顼”之占,是墓主之名。

用玉制度是墓主身份的另一证据。礼制的基本意义是“贵”,私有制的基本意义是“富”。牛河梁葬玉制度体现了墓主身份的高贵,仍可辅助确定墓主身份。出土的勾云形大玉佩长度(长 28.6 厘米)比第五地点中心大墓(即轩辕黄帝墓)的勾云形玉佩(长 20.9 厘米)要长出许多,是出土所见最大的勾云纹班次佩。玉器的等级,大小是一个主要方面。古时,什么级别的人用什么样的玉器有明确的规定。《周礼·春官·宗伯》中说:“以玉作六瑞,以等邦国。王执镇圭,公执桓圭,侯执信圭,伯执躬圭,子执谷璧,男执蒲璧。”《考工记·玉人》:“玉人之事,镇圭尺有二寸,天子守之。命圭九寸,谓之桓圭,公守之。”此处以玉圭为葬,大小表示等级。《礼记·礼器》:“有以大为贵者。宫室之量,器皿之度,棺椁之厚,丘封之大。此以大为贵也。”该墓陪葬玉器形体硕大,是以大为贵。玉器少也体现了等级高。《礼记·礼器》:“有以少为贵者。天子无介,祭天特牲。……大路繁缨一就,次路繁缨七就。圭璋特,琥璜爵。鬼神之祭单席。……此以少为贵也。”该墓只随葬了 1 件玉佩和玉镯,这体现了以大为贵、以少为

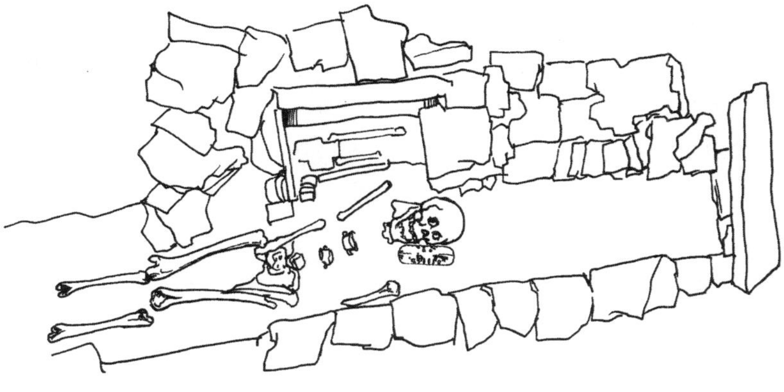

长股之国:第二地点一号冢 27 号墓复原图

勾云形大玉佩

贵的原则。这些说明,墓主有很高的身份等级。

但是,颛顼之说并非是墓主正解。墓主经鉴定是30岁左右的女性,与颛顼的身份明显不符。墓主头上的空位表示头很长,应是大腿以下被砌在石棺之外造成的。之所以要把大腿砌在石棺之外,也是表示墓主身份的一种方式。此为因形设占,用来表示墓主的腿部很长,即“长股”。因此,该墓即《山海经》所说的“长股国”。《山海经》中的“国”起源古远,那时候国家还没有产生,所以还没有“国家”“邦国”之类的意思。国,通“域”,即茔域、坟茔地,具体到牛河梁,也就是牛河梁上一座座远古时期的积石冢。

《山海经·海外西经》:“长股之国在雄常北,被发。一曰长脚。”是说,长股的墓在雄常的北面,遗体是披头散发的样子,也称“长脚”。墓主的头发早已不存,但头上空置的位置说明墓主可能有很长的头发,并且是披散开来置于墓中的。因此,墓主头顶空出的位置应是摆放头发的位置;也可能有随葬的匏器,只是早已腐烂不存。出土所见与文献的记载并不矛盾,而且可以相互补充。

长股国,或即女子国、女和月母之国,三者似是一回事,墓主应是黄帝的两个女儿或者是孙女。《山海经·海外西经》:“女子国在巫咸北,两女子居,水周之。一曰居一门中。”“轩辕之国在此穷山之际,其不寿者八百岁。在女子国北。”《山海经·大荒东经》:“有女和月母之国。”《山海经·大荒西经》:“有女子之国。”

040 奇异的三头人

牛河梁上有一个三头人的墓，即第二地点四号冢7号墓。该墓为长方形土圹，为仰身直肢葬，成年男性。在墓主头顶两侧的填土中，又各出土两个头骨。墓主足下随葬1件彩陶罍，上面扣1件红陶钵。该墓墓主显示有三颗人头，应为《山海经》所记述的三首国。

《山海经·海外南经》："三首国在其（昆仑虚）东，其为人一身三首。周饶国在其东，其为人短小，冠带。一曰焦侥国在三首东。"《山海经·海内西经》："服常树，其上有三头人，伺琅玕树。"这几处记载都明确提到了三首国和三头人。

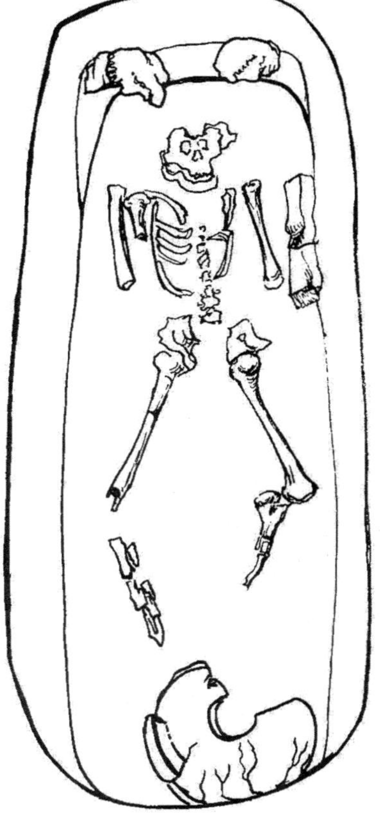

三首国：第二地点四号冢7号墓复原图

墓主之所以有三个人头，是表示墓主有超越常人的智慧和能力，一个脑袋能顶别人三个。这是远古时期因形设占的一种方法，是一个人名占，表示一个人的名字，即"雄常"，应为黄帝二十五子之一。《山海经·海外西经》："肃慎之国在白民北，有树名曰雄常。……长股之国在雄常北，被发。一曰长脚。"其中提到了雄常树和雄常。雄常树，应是一种以人名命名的神树。

041 一手拘缨

第二地点一号冢17号墓为一石匣墓，墓室甚小，由4块经修整的石板搭砌而成。室口长0.5米，宽0.25米，土底长0.58米，宽0.25，深0.31米。室内仅见一人的颅骨与一只手的掌骨，为成年女性，年龄50~55岁，额骨左侧有砍创痕。颅骨下随葬三孔玉饰，墓口散见1件玉凤首。墓主缺门齿，疑为凿齿族。该墓只葬了女性墓主的头和一只手。根据现场图片，墓主的一只手应是放在发辫之上的，虽然发辫早已腐朽不存。此寓意为“一手拘缨”，也称“一手把缨”，为一地名占，表示墓主的封地在“一手拘缨”。因此，此墓应为《山海经》所述之拘缨国。国，通“阈”，即坟冢之意。墓主额骨左侧有一处砍创痕，显示墓主有可能是触壁而亡，是自杀的一种方式。

拘缨国，也称“一手拘缨”，是一只手去抓帽缨的模样，地象在今河北省承德县。《山海经·海外北经》：“拘缨之国在其（禹所积石之山）东，一手把缨。一曰利缨之国。”意思是说，在禹所积石之山的东面，有个拘缨国，是一只手正去抓帽缨。也有叫“利缨国”的。

“一手拘缨”：第二地点一号冢17号墓复原图

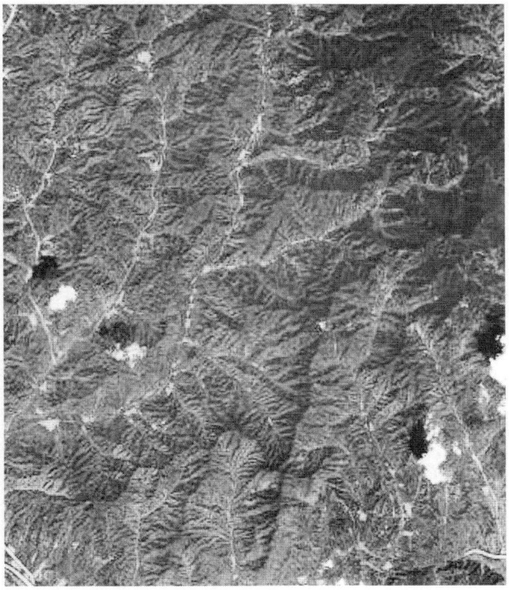

"一手"及"一手把缨"地象及线描图

042 据比之尸

第二地点四号冢5号墓，位于四号冢的中心，为长方形的土圹嵌石墓，单人仰身直肢葬一成年女性，头向南。腰椎以下的骨骼保持完整，头骨移位至左手之处，应是左手提着自己的头颅，显得十分威武。这种葬制十分特殊，为因形设占，是远古时

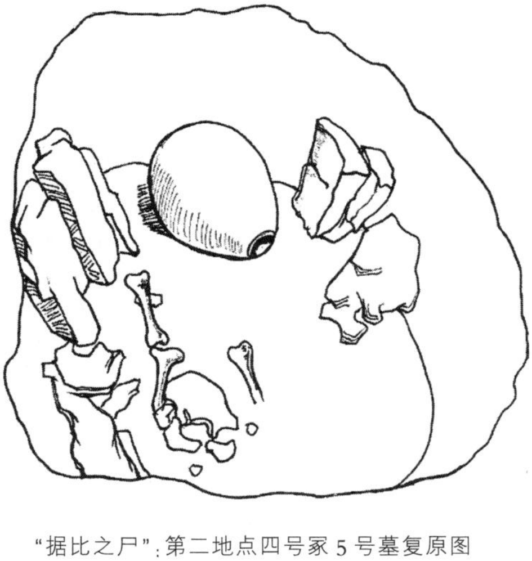

"据比之尸"：第二地点四号冢5号墓复原图

期表示墓主身份的一种方法。墓主依据《山海经》的记载,一说应为“据比之尸”。

据比之尸,所说应为帝舜之妻登比氏。[1]《山海经·海内北经》:“据比之尸,其为人折颈披发,无一手。”“舜妻登比氏生宵明、烛光,处河大泽,二女之灵照能此所方百里。一曰登北氏。”登比氏,也作“登北氏”。帝舜有三位妻子,娥皇、女英为元妃和次妃,为帝尧之女,登比氏为其第三妃,均陪祀于舜山之旁。

① “据”,蹲也,通“踞”。“蹲”与“登”古音相近,故通。此为一说。

043 凿齿与黑齿

牛河梁积石冢群中,轩辕黄帝手执一对玉龟,主宰着玄武神龟的航向。除此之外,还有一人佩有玉龟,意味着他可同轩辕黄帝一样操纵神龟的活动。这座墓编号为牛河梁第二地点一号冢 21 号墓,突出的特点就是墓主没有了两颗门齿,此称为“凿齿”,俗称“豁牙”,是上古时期特殊的民俗现象。墓主一说为上古圣王之一的帝喾。“喾”,字为凿齿之状,故帝喾即凿齿。墓主一说是上古的十日,为轩辕黄帝与嫫母之子。

第二地点一号冢 21 号墓,墓主男性,30 岁左右,仰身直肢葬,头西足东。随葬玉器 20 件,遍及墓主周身,是牛河梁发现的随葬玉器最多的墓。这体现了“以多为贵”的葬玉礼制。墓中随葬玉箍 1 件、玉龟壳 1 件、熊面玉牌 1 件、离珠 1 件、管形器(窥管)1 件、双孔娲字佩 2 件、玉璧 12 件。玉箍置于头顶上方,玉龟壳置于胸部右侧,离珠在腹部,熊面玉牌在腹部中央,右手腕套 1 件玉镯,玉璧置于上臂左右两侧和小腿部位。

凿齿是一项古俗,对应着一个名为凿齿的部族。凿齿,门牙缺失成了空洞。[2]该墓处于为轩辕黄帝家族墓地之内,为孙星地象,墓主应为黄帝后裔。墓主一说是十日,为远古时期北方的部族,是凿齿的先祖。《山海经》中记载,有穷氏首领后羿与十日部族战于寿华之野,后羿得胜。《山海经·大荒南经》:“有人曰凿齿,羿杀之。”意思

②凿齿,有说是牙齿像凿子的,误。

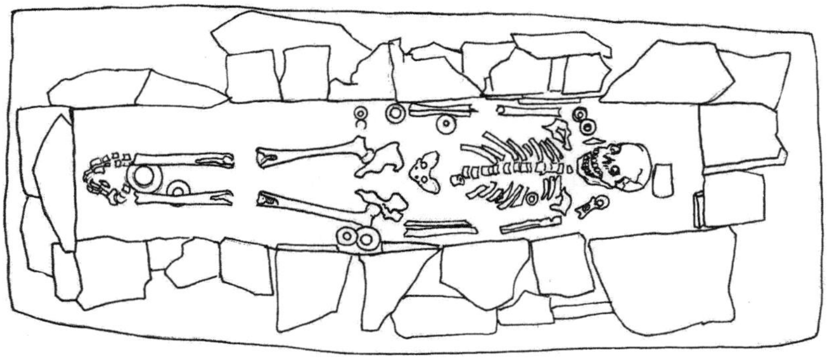

牛河梁第二地点一号冢 21 号墓复原图

是说，后羿杀了凿齿，即“后羿射十日”一事。《山海经·海外南经》：“羿与凿齿战于寿华之野，羿射杀之，在昆仑虚东。羿持弓矢，凿齿持盾，一曰戈。”《淮南子·本经训》：“尧乃使羿诛凿齿于畴华之野。”《山海经·海外东经》：“下有汤谷，汤谷上有扶桑，十日所浴，在黑齿北。居水中，有大木，九日居下枝，一日居上枝。”此述为“汤谷十日”，十个太阳，是“十日”部族的图腾标志。凿齿，即十日，为帝俊（黄帝）之子。汤谷，牛河梁山下有山谷曰“河汤沟”，应为其古称。寿华之野、畴华之野，古通用。

凿齿是指打掉门牙习俗的氏族部落，是黄帝的后裔。后世中，凿齿为仡佬族的习俗，故仡佬俗称“打牙仡佬”。西晋张华《博物志》卷二：“荆州极西南界至蜀，诸民曰僚子……既长，皆拔去上齿各一，以为身饰。”唐杜佑《通典》卷一八七：“赤口濮，在永昌南，其俗折其齿。”《新唐书·南蛮传》：“赤口濮，裸身而折齿。”“乌武獠，地多瘴毒，中者不能饮药，故自凿齿。”可知古人之所以要凿齿，是因为出于治病救人的需要。上古瘴疠流行，患者脑膜受到刺激，牙关紧闭，角弓反张，救治不易，故而凿去上颌门齿为饮食喂药之需。

牛河梁上有凿齿的部族，还有黑齿的部族，与凿齿有直接的渊源关系。凿齿者门齿被凿去后，留下乌黑的空洞，故又称为“黑齿”。后世也有把门齿染黑者，以示凿齿。故凿齿即黑齿，二者应是一回事儿，只是名字不同。《山海经·海外东经》：“黑齿国在其北，为人黑（齿），食稻，啖蛇，一赤一青，在其旁。一曰在竖亥北，为人黑首，食稻使蛇，其一蛇赤。”竖亥，一作“坚亥”。《山海经·大荒东经》：“有黑齿之国。帝俊生黑齿，姜姓，黍食，使四鸟。”

牛河梁第二地点一号冢24号墓，应为《山海经》中所说的黑齿国。墓室为南北双室，北室为成年女性，仰身直肢葬，随葬勾云纹玉器1件，置于下腹部；玉镯1件，戴于右腕部。南室为成年男性，仰身直肢葬，随葬玉镯1件，戴在右腕上。男性墓主上颌凿去门齿，为凿齿，后来也称为“黑齿”。

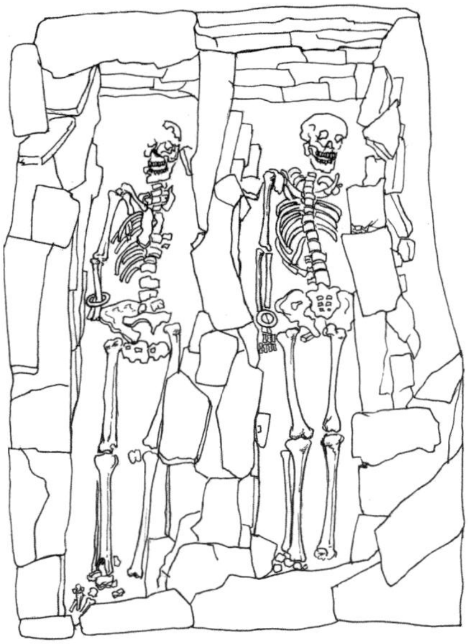
第二地点一号冢24号墓复原图

044 移葬的“三身”

牛河梁第二地点一号冢7号墓为三人二次葬。三堆人骨各置一角，并有规律地成束从东至西顺放，在人骨上各置玉璧或玉镯。西为1号人骨，男性，年龄30~35岁；东为2号人骨，男性，年龄18~20岁；南为3号人骨，男性，年龄30岁左右。一个墓中有3件移葬的人骨，此寓意为“三身”，是一个人名占。该墓即《山海经》所记述的“三身之国”。“三身”出现于第二地点，是子星和孙星地域，应是轩辕黄帝后裔。

内蒙古自治区赤峰市敖汉旗兴隆沟红山文化遗址一座墓中出土了少量的三个人拥抱的骨骼，也应是“三身”之占。①《山海经·海外西经》：“三身国在夏后启北，一首而三身。”夏后启在内蒙古自治区赤峰市宁城县二龙村，兴隆沟在二龙以北，地象吻合。《山海经·大荒南经》：“大荒之中，有不庭之山，荣水穷焉。有人三身，帝俊妻

①并葬一墓的三人是夫妻、兄弟、仇敌抑或是素不相识，关系尚不明确。河南安阳固岸墓地出土了男女相拥的人骨，显得十分亲密，但是二人生前彼此之间应该并不认识。此为“冥婚”的葬俗，即将同时死亡的单身男女临时配成夫妻下葬，是古时的陋俗。图片详见潘伟斌《打开北朝之门》，中国国际广播出版社2010年版。

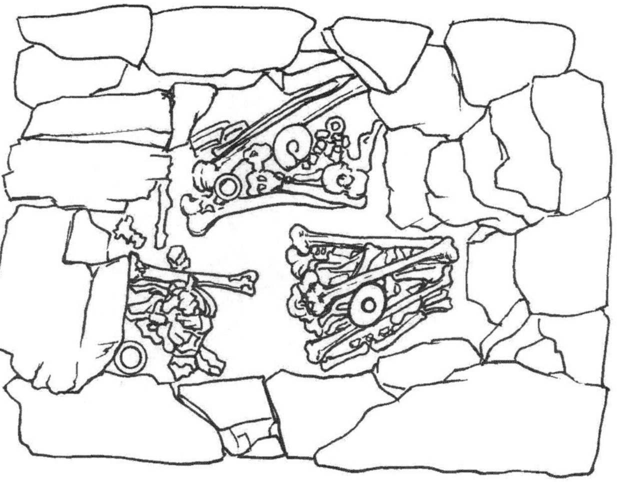

第二地点一号冢7号墓复原图

娥皇，生此三身之国，姚姓，黍食，使四鸟。”《山海经·海内经》：“帝俊生三身，三身生义均，义均是始为巧倕，是始作下民百巧。”按此说，“三身”为帝俊和娥皇所生。史载，帝舜有三妃：娥皇、女英、登比氏（一作“登北氏”）。故《山海经》这一处所说的帝俊即帝舜。《山海经》多次提到帝俊，可解释为黄帝、帝喾或者帝舜，夏代也有帝俊。

据文献记载，历史上的“三皇”“五帝”是有著作传世的，就是传说中的《三坟》《五典》。但黄帝时，文字还没系统出现，文字仍是象形文字，是文字也是图画。后来，这些远古的图画文字在翻译成现代文字表述后，形成了《山海经》，也就是“图书”《三坟》向“字书”《三坟》的转变。因为《山海经》是上古《三坟》的遗存，所以，《山海经》所述与牛河梁的地理发现能够高度契合。《三坟》历史上早已失传，今赖《山海经》得以保存至今，故可从中得知上古圣王安葬的状况，由此确定古代圣王及其子孙的遗骨和遗存。

045 足在头上的嘘

牛河梁第二地点一号冢6号墓为石匣墓。墓室口长1.42米，口宽0.24米，底长1.37米，底宽0.24米，深0.2~0.4米。内葬一成年男性，年龄35~40岁，二次葬，人骨架呈捆束状。墓主可能是《山海经》中所说的“嘘”。

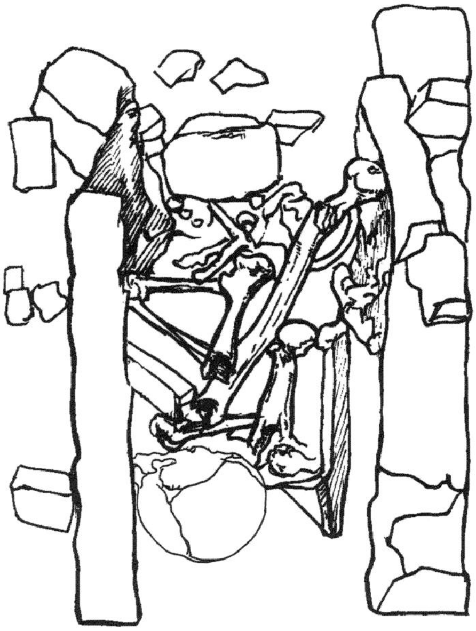

牛河梁第二地点一号冢6号墓复原图

该墓是一座移葬墓。骨架中没有胳臂，腿骨置于胸前，推测是要表达两只脚反置于头上的状态。此是因形设占，是表示墓主身份的一种方法。《山海经·大荒西经》：“大荒之中，有山名日月山，天枢也。吴姖(姬)天门，日月所入。有神，人面无臂，两足反属于头上，名曰嘘。”意思是说：大荒之中有一日月山，为日月之形，是天枢所在。吴姬所在的大山，是天门所在，是日月落山的地方。大山上有一位神人，没有臂膀，两脚交叉置于头上，名字叫“嘘”。嘘，即虚宿，北方玄武七宿第四星。两脚交叉置于头上，或许是人名占，表示虚为轩辕黄帝之孙蟜极。一说虚为黄帝的大臣，为文官。日月山和吴姬山，地望在今河北省平泉县杨树岭镇。

046 伯夷冢和伯夷城

牛河梁第三地点是北斗七星第一星摇光所在，摇光之处的墓主，应为伯夷。第三地点积石冢共发掘墓葬11座。墓葬的核心地带是一石匣，其中没有发现人骨和随葬品，可能只是埋葬了墓主的内脏或者器官。7号墓为第三地点中心大墓，东西长2.9米，南北宽

1.35~1.85 米，深 0.9 米。石棺以石块平砌，长 1.8 米，宽 1.5 米，墓底未铺石。内葬一人，仰身直肢，男性，头向正西北，年龄 45 岁左右。随葬玉器 3 件：头下枕 1 件玉箍，胸部置 1 件玉琮形器（离珠），右腕戴 1 件玉镯。以其位置、年龄诸要素判断，墓主应为伯夷。

《史记·五帝本纪》记载帝舜“在璇玑玉衡，以齐七政”，是说北斗七星之处埋葬了舜时的七位大臣。伯夷为西岳主管，为四岳之长，应排在七星首位，即摇光之神。《山海经·海内经》：“伯夷父生西岳，西岳生先龙，先龙是始氐羌，氐羌乞姓。”东晋郭璞注：“伯夷父颛顼师，今氐羌其苗裔也。”《国语·郑语》：“姜，伯夷之后也。”《尚书·吕刑》：“伯夷降典，折民惟刑。”伯夷，为尧时西岳，为四岳之长，一说为颛顼帝师，也称“伯夷父”“吕公伯夷”，是吕姓、姜姓、齐姓、申姓、许姓、氐羌的共同祖先。

第三地点 9 号墓出土玉臂章，辽宁省文物考古研究所收藏。高 6.3 厘米，最宽 8.1 厘米，厚 0.5 厘米。浅绿色岫岩玉，呈弯板状，上部圆弧形，近顶端中央有一圆形小孔，中下部两侧突出呈刀形。刀形靠近边缘处各钻出上下两个小圆孔，底部平整。正面磨出多道规整匀称的瓦沟纹。通体琢磨光滑。玉臂章绑在胳臂上，以示肩膀的神异，应为“摇光”之占，这是远古因形设占的一种情况。摇光，应为

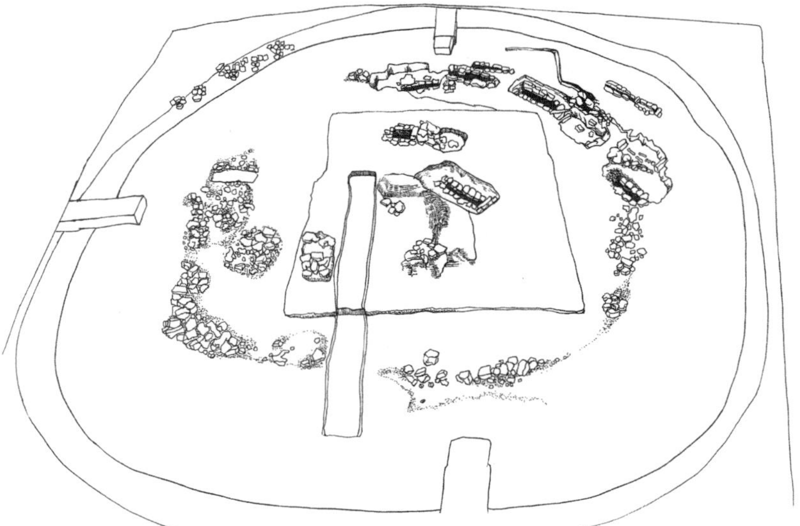

第三地点全貌示意图

第三地点中心石匣复原图

第三地点的中心大墓复原图

玉臂章古时的正式称谓。

伯夷,《山海经》中也作"冰夷",音近通假。《山海经》还提到了"伯夷城"和"明组邑"。《山海经·海内北经》:"从极之渊,深三百仞,惟冰夷恒都焉。冰夷人面,乘两龙。""明组邑居海中。"①伯夷城和明组邑为古城,应在牛河梁大遗址区内。

①《山海经》中的"海",是古海,是由大海变迁而来的大陆,并非是现代的渤海。《山海经》所说的"大鲠""大蟹""明组邑"皆在海中,是说其所在的大陆是由大海抬升而来。另外,牛河梁为五龙聚首之地,有很多条龙形的大山。传统观念中,龙为海神,所以大陆也可被称为"海",为地名。

047 蚩尤、魑魅魍魉与太岁坛

牛河梁第五地点中间为方形祭坛,编为三号冢,是一座地坛,《山海经》称为"轩辕之台",也称"昆仑虚",是祭祀轩辕黄帝的场

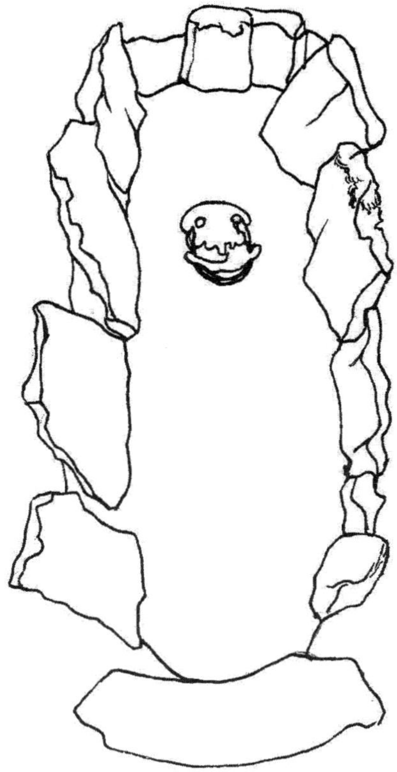

第五地点一号冢中层5号墓头骨复原图

所。轩辕台,也称“太岁坛”,也是用来祭祀太岁的场所。

轩辕台位于第五地点一号、二号冢之间,平面是长方形,长约8米,宽约6米。此台只是在地表平铺一层石头,边框的石头较大,而且规矩,里面的石块较小,摆放无规律。研究人员对此台的北半部进行了挖掘,没有发现石棺墓。但在北半部正中心的位置发现了4具尸骸。每具人骨只有头骨和部分肢骨,排列紧密,压在石块之下,均已成碎块。

第五地点三号冢1号墓虽有古人遗骨,但并不是正式的墓冢,而是祭坛,应为《山海经》中所说的“轩辕台”。轩辕黄帝曾与蚩尤作战,台下的人骨来自轩辕黄帝的劲敌蚩尤。4具头骨均已被打碎,是为厌胜之意。史载,蚩尤率魑魅魍魉与黄帝作战。轩辕台下4具残破的遗骨,应为被轩辕黄帝斩杀的魑魅魍魉四鬼。《左传·宣公三年》:“螭魅罔两,莫能逢之。”螭魅罔两,即魑魅魍魉。

第五地点一号冢中层5号墓被上层的轩辕黄帝冢叠压在下,出土头骨1件,未见任何随葬品。[①]这件头骨颜面朝下,并被打破,墓主应为蚩尤。涿鹿之战,黄帝大将应龙杀蚩尤,传示其首。此后,蚩尤之首下落不明,应该是被埋于轩辕黄帝身下。蚩尤颜面朝下,也是厌胜之意。

①发掘报告称其“性别不详”。

蚩尤,姜姓,炎帝之子,好兵而喜乱。《日下旧闻考》卷二:“画本以飞兽有肉翅者谓之蚩尤。”“蚩尤,炎帝之后,铜头啖石,飞空走险。”蚩尤率魑魅魍魉与黄帝战于涿鹿,蚩尤作大雾,弥漫三天。黄

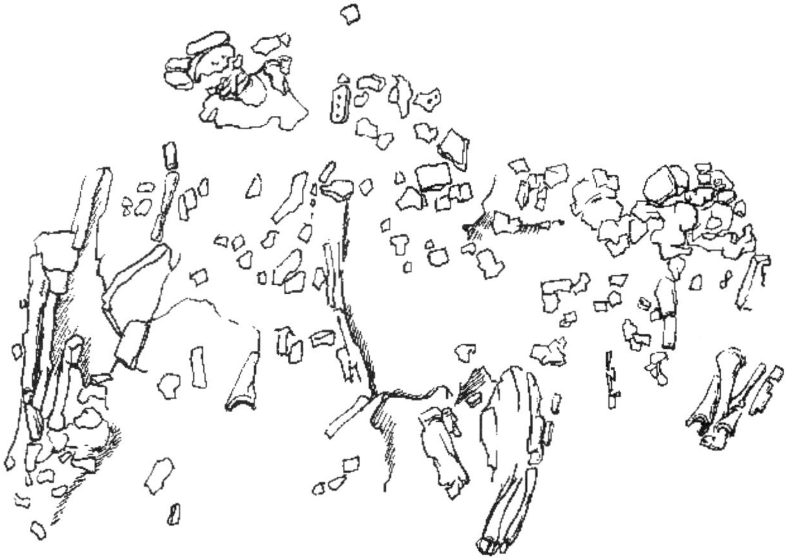

轩辕台下的魑魅魍魉复原图

帝的部队不辨方向，黄帝乃做指南车，遂擒蚩尤，将蚩尤身首二处。杀蚩尤的地方叫“解”，其地产盐卤，颜色正赤，当地俗称为“蚩尤血”[①]。

蚩尤冢一说在寿张县阚乡城中，赤气流为蚩尤旗（即红旗）。《开元占经·妖星占上·蚩尤旗九》唐瞿昙悉达按：“《皇览冢墓记》曰：‘蚩尤冢在东郡寿张县阚乡城中，高七丈，民常十月祠之，有赤气出如绛帛，民名为蚩尤旗。’《述征记》曰：‘须昌县阚乡有蚩尤冢，或云上代民以十月旦祠之，辄有赤气如一匹绛，谓蚩尤旗也。’《汉书》武帝建元六年（前135）、元狩四年（前119），并有长星见，班固《五行志》曰：‘为蚩尤旗也。’”《开元占经·妖星占上·蚩尤旗九》：“《黄帝占》曰：‘蚩尤旗本类星，而后委曲，其象旗幡，长可二三丈，见则王者鼓旗大行，征伐四方，兵大起。不然国有大丧，王者亡。期三年，中五年，长七年。’《黄帝占》曰：‘蚩尤旗出北斗，长二三丈，本有星，其上委曲，见则天下乱，大兵起，天子自将兵，旗鼓用。不然国有大丧。期百八十日，中一年，远三年。’”

①《梦溪笔谈》卷三。

048 公孙倭：陶棺墓的墓主

第五地点上层二号冢9号墓为陪葬的积石冢，是一座陶棺墓，用大块筒形器片拼合成葬具，周围挤有石块。存有头骨和腿骨，头向西。随葬玉蜂1件，是一只蜂王的形象。发掘报告称墓主为一位“儿童”，这一说法是值得商榷的。该墓墓主应为公孙倭，是一个侏儒，是个成年人，有后代繁衍于世。只是因为他发育不完全，个子很矮，故易被误为儿童。公孙倭，即“倭”，为轩辕黄帝和嫘祖的后裔。“倭”字是“矮”字的古写，倭身材矮小，故称为“倭”，随轩辕黄帝公孙之姓，称“公孙倭”，为三身后裔。公孙倭家族在《山海经》中称“菌人”“靖人”“焦侥国”“周饶国”“二八神”“君子国”“载民国”，名字很多，在上古历史中的地位很高。出土玉蜂表明，倭在早期可能是以养蜂为业的部族。

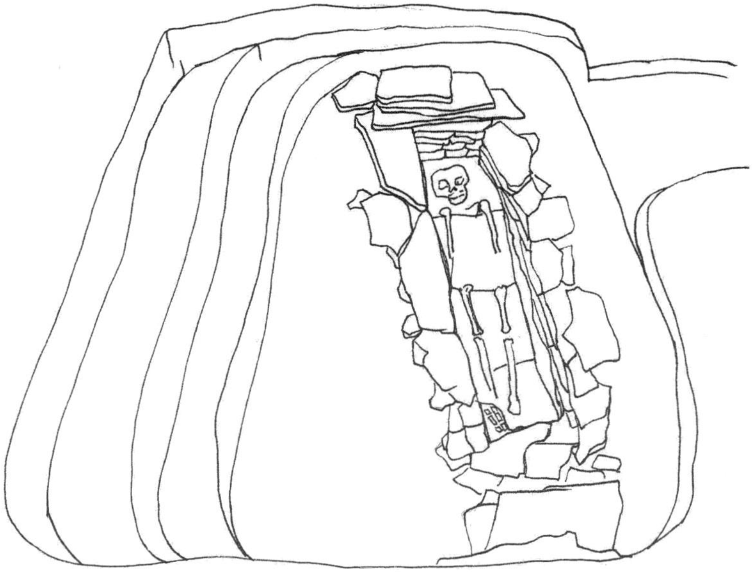

第二地点二号冢2号墓复原图

公孙倭身材矮小轻巧，情智和胆魄过人，本领极大，是一位史前地理学家，为中国古代地理学做出过杰出贡献。他擅长登高望远，古人对牛河梁神兽地象的准确认知，多来自公孙倭。民俗中，公孙倭为瑞兽的形象，为龙生九子之一，称“鸱吻”，为登高望远之神，被后世尊奉为中华民族的祖先之一。

侏儒与未成年人虽然身材相近，但侏儒是成年人。其鉴别可根据牙齿的状况来定。但不巧的是，其牙齿已经不存，只有头骨和腿骨。侏儒与未成年人在骨骼形态学方面有差异。儿童的骨骼还在发育之中，干骺端是软骨组织，而成人已经发育完全。从生化上说，儿童的骨骼骨质柔弱，有机物含量高，其中的透明质酸、硫酸软骨素和羟脯氨酸的含量与成年人会有所不同。

另一处疑为公孙倭的墓葬在第二地点二号冢 2 号墓，处于二号冢的东南角。墓室内仰身直肢葬一位男性墓主，骨架腐朽严重，右腕上佩戴 1 件玉环。发掘报告称年龄 15 岁左右，尚有疑。墓主有可能是倭。

049 牛河梁的“金字塔”

牛河梁第十三地点原是天极的投射点，是祭祀天极的场所，此处应为《山海经》中的“共工之台”，是帝禹修建的祭祀场所。其外形是一座金字塔式的高台。

第十三地点位于牛河梁南部名叫“转山子”的山冈顶部，是牛河梁规模最大的单体建筑，海拔高度 564.8 米。整个建筑为正圆丘形的土石结构，中央土丘直径 40 米。从山冈基岩面到现存土丘顶，残高约 15 米。土丘外包砌石，范围在 60~100 米，总面积近 10000 平方米。中央土丘以夯土筑起。每层水平夯土以黄土、黑土、风化基岩土混合而成。每层厚 8~15 厘米，夯土时有间断，边缘夯土呈斜坡状。夯台中段出现一道横贯台体的水平界限，将夯台分为上下两块，表明夯台是分段筑成的。在夯台接近山冈基岩面时，出现了另一种夯土，为红黄色土，土层纯正，与上面混合而不纯正的土层截然不同。夯筑也很规整，薄厚均匀，每层 10 厘米，共 5 层。夯筑方法亦接近现代方法。此夯土层下，即为山冈基岩。

保存较好的是围绕夯台的一圈石台阶，为直径 60 米的正圆形状。该处石台阶在正南面尚保存了高约 1 米的一段，是由 3~4 层石块砌筑的。外壁仍保持原状，从这到石台阶中心夯土台边缘有宽 10 米的积石，积石虽大部分被扰动，仍可看出有逐层起台阶的迹象。此台阶外侧顺山势而下，用料较小，筑层渐薄。正南一面，石坡长而缓，堆石间发掘出大型镂孔红陶器残片，出土人骨 1 具。

金字塔式建筑顶部平缓，约有 60 平方米，丘顶发现汉代的陶器和瓦残件。此处作为一处远古冶铜遗址，最初应是女娲炼五彩石的地方，后来资源枯竭，废止不用。五彩石，应为铜矿石，因金属铜在不同环境下发生化合作用，可呈现出青、红、蓝、白、黑等多种色彩，故有此称。牛河梁是龟蛇地象所在，傲立于天穹，而这座小土山矗立在天穹之上，比天穹还高出一截，可补天穹之高。可以推想，女娲采石冶铜，工程浩大，原料和炉渣堆积起来高过了天宇。“女娲补天”之说或许由此而来。

女娲抟土造人的事件也发生于牛河梁。女娲为原始社会的宗教艺术家，她发明了泥塑人像之法，蚕神庙中的泥塑神像就是抟土造人的技艺向下流传的结果。《礼记·明堂位》记载：“垂（倕）之和钟，叔之离磬，女娲之笙簧。”这是说女娲还发明了笙簧和乐律。

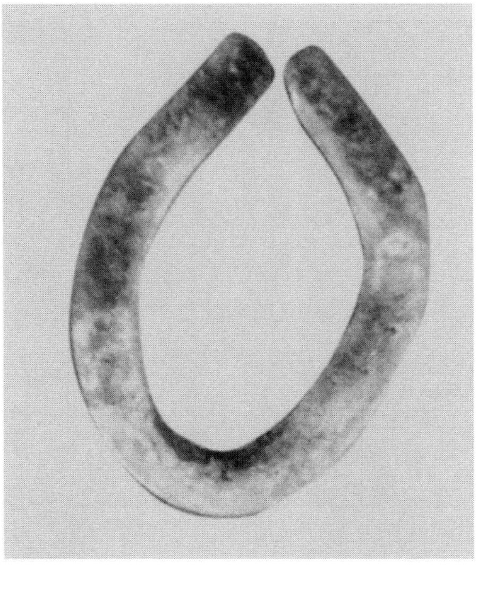
第二地点出土的铜耳饰

女娲是民俗中的生育神、高媒神，是华夏民族的始祖母，也是对中国古代科学做出重要贡献的远古科学家。她冶炼出了人类历史上的第一锅铜，为人类社会步入青铜时代创造了条件。牛河梁出土有一只耳饰，是一件装饰品，反映了中国炼铜的历史。上古人类十分崇拜女娲，事死如生的观念持续了数千年。《老子》五十二章："天下有始，以为天下母。既得其母，以知其子。既知其子，复守其母，没身不殆。"母，即始祖母，指女娲而言。

050 共工遗骨

"转山子"编号为牛河梁第十三地点，与第十六地点天极的投射点相对应，历史上是祭祀天极的场所，《山海经》中称为"共工之台"，也为共工所葬之处。此处挖掘 1 具远古人骨，应为共工遗骨。《山海经·大荒西经》东晋郭璞注引《归藏启筮》："共工人面，蛇身、赤发。"共工遗骨，一说为共工之臣相柳氏。一作"相繇"。

熊罴为早期生肖神之一，列于十二生肖之外，历史人物原型为鲧，颛顼之子，大禹之父。共工与鲧，一说是同一个人或部族，只是读音快慢造成的差异。共工，一说为颛顼时代之人，为颛顼子；一说为大禹时代之人，即鲧，为禹父。鲧治水，采用筑坝拦堵之法，煞费民力，不如禹之疏导法。因其治水不利，鲧后被放逐，一说被杀，成为古代"四凶"之一。《尚书·舜典》："（舜）流共工于幽州。"

《淮南子·天文训》："昔共工与颛顼争为帝，怒而触不周之山，天柱折，地维绝。天倾西北，故日月星辰移焉；地不满东南，故水潦尘埃归焉。"①《淮南子·兵略训》："共工为水害，故颛顼诛之。"《史记·楚世家》："共工作乱，帝喾使重黎诛之而不尽，帝乃以庚寅日诛重黎。"《国语·周语下》三国吴韦昭注引东汉贾逵曰："共工，诸侯，炎帝之后，姜姓也。颛顼氏衰，共工侵陵诸侯，与高辛氏争而为王也。"《淮南子·原道训》："昔共工之力，触不周之山，使地东南倾。与高辛争为帝，遂潜于渊，宗族残灭，继嗣绝祀。"《荀子·成相》："禹有功，抑下鸿，辟除民害逐共工。"《山海经·海外北经》："共工之臣曰相柳氏，九首，以食于九山。相柳氏之所抵，厥为泽溪，禹杀相柳，其

①距今大约五千年前，地球上发生过一次小行星撞击事件。一颗小行星掉进了中国东部的大海，引发了巨大的地震、海啸和洪水，并且造成了地轴的偏移。撞击引发的灾难一直持续到颛顼、帝喾的时代。共工被颛顼所诛，或许与此事有关。

血腥,不可以树五谷种。”

共工氏是上古的部族，为炎帝后裔，领导人称为“共工”或“鲧”,故而史籍中有多个共工。第十三地点出土的远古遗骨,应为共工遗骨。此为一说。

051 祝融之墓

牛河梁第十六地点位于凌源市凌北镇三官甸子村，发现夏家店下层文化房址 8 座,窖穴 3 个,灰坑 96 座,灰沟 7 条,砦墙 2 段,石、骨、陶、玉等器物 470 件。第十六地点 4 号墓规模大,营造耗费工时。墓主人是一位通神独占的“大巫”,一说为古圣祝融。[①]祝融氏所居的庙宇,古时称“火神庙”,是火神和太阳神的庙宇。

祝融墓凿山为穴,长 3.9 米,宽 3.1 米,深 4.68 米。在墓坑中央的上部,用石板砌出一口多角形石井。井长 1.35 米,宽 1.16 米,高 0.5 米。下为石砌墓穴。墓穴长 1.9 米,西宽 0.5 米,东宽 0.55 米,中宽 0.65 米,高 0.57~0.68 米。有石铺地板和石盖顶板。墓主为成年男性,年龄 40~45 岁,仰身直肢,头东脚西,人骨保存大体完整,方向 80 度。随葬品有玉鸟 1 件、玉人 1 件、玉发箍 1 件、玉环 2 件、绿松石坠饰 2 件。

墓主一说为祝融,考证列举如下:

第一，墓主头枕着玉鸟,意为主管南方。祝融为南正,主南方朱雀,故枕玉鸟。《山海经·海外南经》:“南方祝融，兽身人面,乘

①墓主也可能为少皞挚,帝尧之兄。帝喾禅让与少皞挚,少皞挚禅让与帝尧。《左传·昭公十七年》:“我高祖少皞挚之立也,凤鸟适至,故纪于鸟，故为鸟师而鸟名。”墓中出土了凤鸟，是墓主身份的重要标志。

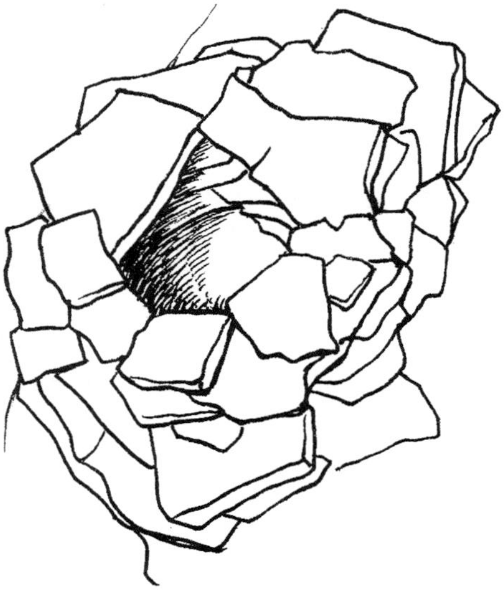

墓中的井状砌石复原图

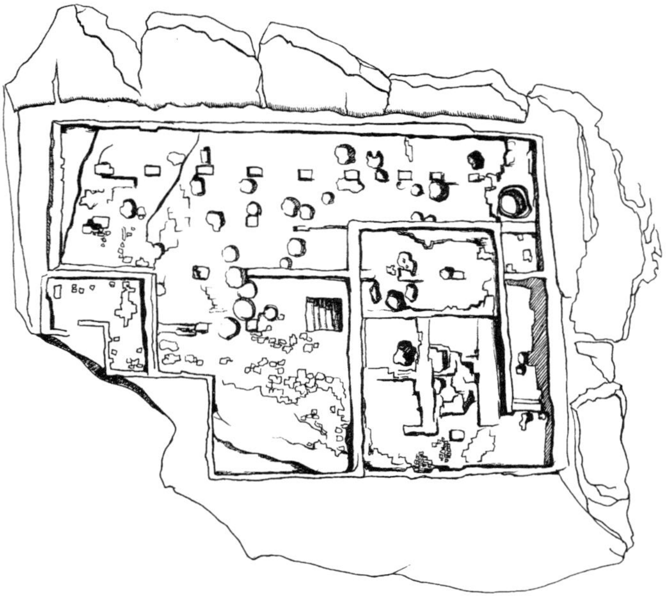

第十六地点的全貌示意图

两龙。”墓主的确切位置应在南方朱雀，却葬在了天极之处，表明墓主在古史中有极高地位。此与祝融的身份相符。

第二，墓中有砌石遗迹，应是一口作为早期明器的古井，与祝融的身份相符。石井取其形而上之意，表示井宿。井宿是南方朱雀第一宿，以井为葬表示墓主是主南方的神，有其象征意义。作为明器的井没有使用价值，是为丧葬专门准备的物品，为表示墓主身份地位。《山海经·海内西经》：“（昆仑虚）面有九井，以玉为槛。”

第三，与文献记载的祝融吻合。祝融，即南正重。重，为“祝融”的连读。《山海经》中的“钟山”所在，钟山，即祝融山，古时“祝融山”的快读连读即为“钟山”。此处称“城子山”，即“城山”之讹，“城山”与“钟山”“祝融山”“烛龙山”古时通用。①

墓主南正重，即祝融，古籍中多有记载。《山海经·海内经》：“帝令祝融杀鲧于羽郊。”《国语·楚语下》：“（颛顼）乃命南正重司天以属神，命火正黎司地以属民，无相侵渎，是谓绝地天通。”《尚书·吕刑》：“乃命重黎，绝地天通。”《晋书·宣帝纪》：“其（ 司马氏 ）先出自帝高阳之子重黎，为夏官祝融。”章炳麟《答铁铮》：“中国重黎司火，于火教本有因缘，郊之为祭，大报天而主日，此明以火为最上之

①“祝融”与“钟”通用，符合古时反切注音的原理。又如，“双棒”（双胞胎）东北话中称为“双不朗”，此也符合反切注音原理。

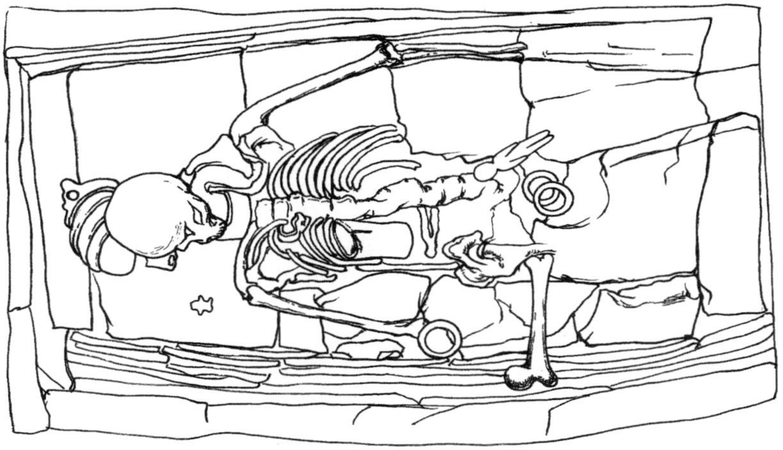

祝融（一说为少皞挚）遗骨和遗物

神。”祝融是重黎羲和的祖先，为颛顼时代的历象农牧官员，后升格为天官。羲是重之子孙，和是黎之子孙，能不忘祖之旧业，故以“重黎”言之。祝融为夏官，是说祝融氏到夏代仍处其位。

052 谁是尧、舜、禹

天极是地轴所指，在中国古代天文中是天官之位，地位极其显赫。天官总览群神，即便是天帝也在他的视野之下。第十六地点在三官甸子村，即古时三官殿所在，《山海经》中也称“三天子山”，神庙供奉的主神是上古圣王尧、舜、禹。此处也是尧、舜、禹的最终葬地。祝融墓是第十六地点 4 号墓，另有规模稍小的墓分布在南部。三座墓 79M2、79M1、79M3 墓主可能分别是上古时期的尧、舜、禹。①

①M4 墓主一说是少皞挚，其侧依次为尧、舜、禹。

79M1 为一座土圹石棺墓，方向 280 度，头西北，脚东南。仅存墓底，墓墙已坏，存长 1.25 米，宽 0.7 米。墓底平铺石板，仅存盆骨、腿骨，葬式为仰身直肢葬，骨骼稍有石化。盆骨左侧随葬 2 件磨制精致的玉棒形器。另外，在 M1 的西侧扰土中，还发现 1 件双熊首三孔饰和 1 件较大的玉棒形器，应为 M1 的随葬品。在清理靠近骨骼的填土时,发现有压印"之"字纹陶片和彩陶片。其中,双熊首三孔饰有表示墓主身份的作用,是黄帝部族有熊氏的象征,表明墓主是轩辕黄帝的直系后人。

79M2 为一座东西向的单人土坑石棺墓,墓口压在二层,方向310 度。头朝西北,脚朝东南。墓葬结构是先在花岗岩石坡上开凿一长方形墓坑, 然后在坑内用薄石板垒砌长方形石棺。坑穴长 2.54 米,宽 1.5 米,深 1.2 米,坑底距地表 2.16 米深,石棺头宽尾窄,底大口小,棺壁垒砌颇整齐,棺底铺一层石板,为把石板铺平,先铺一层 0.4 米厚的细沙。石棺口长 2 米,宽 0.45 米,深 0.6 米,石棺与坑穴之间形成宽 20~60 厘米的二层台,棺口盖有石板,石板上堆放有砌石棺剩余石块,石棺内填土为极细的褐色淤土,土质松软,内有泥质红陶、彩陶片和少量木炭。

棺内绝大部分骨架腐烂无存, 仅棺前端的淤土中发现一颗臼齿,棺尾残留两段腿骨。但随葬品的位置清晰可辨,头部陈列有 1

第十六地点 79M2
复原图

尧山：帝尧的望祭之所

件勾云纹玉佩，胸前葬有1件玉箍，左侧随葬2件方形玉璧，胸前和脚部出土3件玉环，右下侧发现1件玉鸟，左侧的棺墙下发现1件玉珠。勾云形玉佩通长22.5厘米，宽11.4厘米，厚1厘米，形体硕大，与第五地点一号冢1号墓轩辕黄帝所持的玉佩形制相近，有表示墓主身份的作用。

79M3北与M2相距3.5米，方向245度。该墓已遭破坏，仅存西壁和墓底，其建筑结构与M1相一致，骨骼早已腐朽成灰，仅发现几段碎骨和几片红陶片。该墓比较简陋，未发现随葬品。墓穴长1.49米，宽0.68米，存壁高0.6米，墓底距地表深1.54米。

第十六地点4号墓M4的被79M2叠压。79M1依托79M2的封石建墓，在营造时间上要略晚于79M2。79M3依托79M2的护坡土建墓，营建时间也要略晚于79M2，和79M1大体同时。四座墓葬以M4为最早，79M2其次，79M1和79M3大体同时。

053 瑶姬：女神祝融

火正，为祝融氏之号，是氏族中专司天文历象以定农时的专职人员，也就是民俗中的火神和太阳神。火，是火历、大火，俗中也指日常用火。古代供奉火神的庙宇称“火神庙”。因为祝融氏既是火神

第十六地点 13 号墓(二次葬)复原图

也是太阳神,所以古时祭祀太阳神的活动也一并在火神庙进行。牛河梁第十六地点 13 号墓和 14 号墓墓主为成年女性,均为二次葬。13 号墓主 30 岁左右,14 号墓主 30~35 岁。墓主是年轻的女性,可能是女神祝融。①

祝融氏是上古轩辕黄帝的大臣。相传人类发明钻木取火以后,一时还不会管火和用火,祝融氏跟火亲近,是管火用火的能手,黄帝就任命其为"火正"。祝融为火的使用做出了贡献,被后世奉为火神。火的使用给人类带了巨大的益处,但也带来了无尽的火患。宋代以后,佛寺十分普及,作为香客焚香烧纸的地方,用火不慎常常导致火灾,使寺院损失惨重。频频发生的火患,促使了辟火的使用。

①女性墓主一说是颛顼的嫔妃。《山海经·海外北经》说:"务隅山,帝颛顼葬于阳,九嫔葬于阴。"务隅山,即牛河梁第十六地点。另一说,为移葬于此的帝尧的两个女儿——帝舜之妻娥皇和女英。

辟火有多种，其中有秘戏题材的钱币，旧语常称为“两个妖精打架”，描绘的是男女交媾的情景。相传火神祝融氏是个老小姐，未嫁而终，其性子泼辣，但到底是未嫁的女孩，看到热辣的春宫秘戏，自然十分害羞，吓得退避三舍。寺庙由此也就免除了火患。寺庙的做法后来被老百姓学去，被改造成了“上梁钱”“压箱底儿”，用以驱逐火神，防范火灾。

祝融氏司天属地，是一个主管火历农事的远古氏族。祝融不是一个孤零零的历史人物，而是有一代又一代的祝融。第十六地点的女性祝融遗骨，为辟火的民间传说找到了史实根据。

女神祝融的具体身份一说为炎帝之女，称“瑶姬”。[①]《文选》卷十九《高唐赋》唐李善注引《襄阳耆旧传》云：“赤帝（炎帝）女曰姚（瑶）姬，未行而卒，葬于巫山之阳，故曰巫山之女。”《文选》卷十六《别赋》唐李善注引《高唐赋》：“我帝之季女，名曰瑶姬，未行而亡，封于巫山之台，惊魂为草，实曰灵芝。”牛河梁第十六地点为十巫的地象所在，为远古时期的巫山、巫山之台，也叫“瑶崖”“姑媱之山”“瑶台”，是巫山的宿次。因此，此处的地象与瑶姬的身份相符。瑶姬，在《山海经》中也称为“赤水女子献”。献，即魃，形近之讹。清吴承志注：“黄帝女魃后置于赤水之北，赤水女魃即黄帝女魃也。”《山海经·大荒北经》：“有钟山者。有女子，衣青衣，名曰赤水女子献。”钟山，为祝融山、烛龙山之连读，即牛河梁第十六地点，今称“城子山”。

①女神祝融，一说名为“弇兹”，为燧人氏妻族，是远古钻木取火之神。

女神祝融，为太阳神、火神，大红的脸庞，为赤日炎炎之状，故而所居干旱不雨。因其葬于巫山，故为巫山之女。她善止雨，能截断巫山云雨，曾力助黄帝破蚩尤。《山海经》称她为“黄帝女魃”，为止雨之神。《山海经·大荒北经》：“有系昆之山者，有共工之台，射者不敢北乡。有人衣青衣，名曰黄帝女魃。蚩尤作兵伐黄帝，黄帝乃令应龙攻之冀州之野。应龙畜水，蚩尤请风伯、雨师，纵大风雨。黄帝乃下天女曰魃，雨止，遂杀蚩尤。魃不得复上，所居不雨。叔均言之帝，后置之赤水之北。叔均乃为田祖。魃时亡之。所欲逐之者令曰：‘神北行！’先除水道，决通沟渎。”这段记述意思是说，有一座系昆山（即昆仑丘），那有共工之台（今牛河梁第十三地点），射箭的人不敢向北射箭，因为畏惧此台的威严。有一个穿着青衣的人，叫“黄帝女

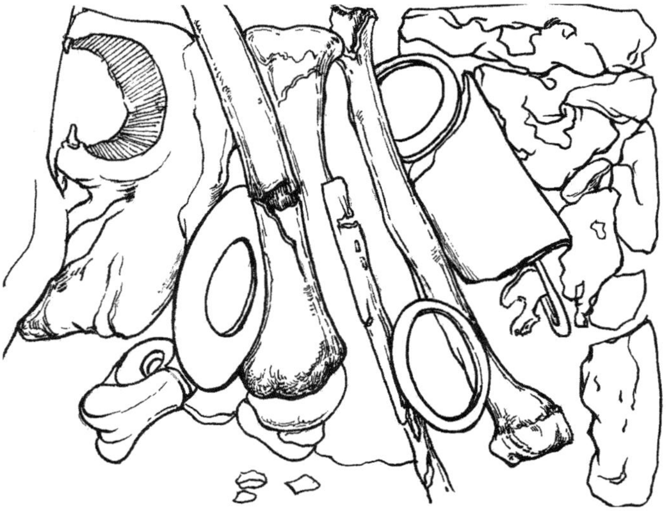

第十六地点 14 号墓复原图

魃”。黄帝与蚩尤作战的时候,黄帝命令应龙攻打冀州之野。应龙蓄水,蚩尤请风伯、雨师施放大风大雨。于是,黄帝派下天女,叫“魃”,止住了大雨,杀了蚩尤。魃不能回到天上,她所在的地方就不能下雨,无法种地。田神叔均把这件事告诉了天帝,天帝后来把她安置到赤水之北(今内蒙古自治区赤峰市敖汉旗北)。这样叔均才有条件开始牛耕,成为了田祖。魃为太阳神,经常被求雨的人赶跑,驱逐她的人要对她下“神北行”的命令,在此之前还要挖掘水道,疏通沟渠。

054 寻找吴回、羲和

据历史记载,祝融是重、黎及吴回兄弟三人次第为火正的称号。由于火正一职世袭相传,祝融也就逐渐成为氏族的别号,吴回及其后裔也就被称为“祝融氏”。①牛河梁第十六地点为天官地象,天极所在,是祝融氏的家族墓地,也是历代崇拜祭祀火神和太阳神的场所。此处发现了 8 处房屋基址,其中应有祭祀火神的火神庙或

①段渝:《〈山海经〉所见祝融考》,见中国《山海经》学术讨论会编《〈山海经〉新探》,四川省社会科学院出版社 1986 年版,第 203~216 页。

太阳神庙。

祝融，为太阳神之职，也作“重”或“烛龙”。祝融，即烛龙，音同通假。重，为“祝融”“烛龙”的连读叠音，符合古代反切注音的原理，是古貌，故而“重”“祝融”“烛龙”为同一历史人物的不同称谓。《左传·昭公二十九年》记载说“重为句芒”，又说“木正为句芒”“颛顼氏有子曰犁，为祝融”，亦可推断“重”即“祝融”，为同一人物，是语音连读的结果，快读为“重”，慢读为“祝融”。《史记·楚世家》：“高阳生称，称生卷章(即老童)，卷章生重黎。重黎为帝喾高辛居火正，甚有功，能光融天下，帝喾命曰祝融……(帝喾)诛重黎，而以其弟吴回为重黎后，复居火正，为祝融。”《山海经·大荒西经》：“有人名曰吴回，奇左，是无右臂。”意思是说，有个人叫“吴回”，他的遗体是向左弯曲的，没有右胳膊。奇左，向左侧弯的不正常状态。奇，通畸。这里所述的吴回，应是其遗骨的状态。出于某种原因，他没有了右胳膊，而且遗体是向左弯曲的。第十六地点 15 号墓墓主骨架左弯，墓主有可能为吴回。①

①墓主遗骨双臂骨骼还在，并非“无右臂”。吴回仅为一说。

祝融为太阳神，《山海经·海外北经》：“钟山之神名曰烛阴。视为昼，瞑为夜，吹为冬，呼为夏。不饮，不食，不息，息为风，身长千里。在无膂之东。其为物，人面，蛇身，赤色，居钟山下。”《山海经·大荒北经》：“西北海之外赤水之北有章尾山。有神，人面蛇身而赤，直目正乘，其瞑乃晦，其视乃明，不食，不寝，不息，风雨是谒。是烛

第十六地点 15 号墓复原图

九阴,是谓烛龙。”此处描述了太阳神的功能和运行,烛龙即为太阳神祝融。谒,通遏。《楚辞·天问》:“日安不到,烛龙何照?”《淮南子·墬形训》:“烛龙在雁门北,蔽于委羽之山,不见日,其神人面龙身而无足。”烛龙,即祝融,为太阳神。最初的太阳神为太皞伏羲氏,后祝融氏继之。

尧时,司天象者称“羲”“和”,为重、黎之后,帝尧命其观象授时。羲、和二人的遗骨按古制可能在牛河梁第十六地点。三国魏曹植《赠王粲》:“悲风鸣我侧,羲和逝不留。”羲和,日神之谓。《史记·天官书》:“昔之传天数者:高辛以前,重、黎。于唐虞,羲、和。”《尚书·尧典》西汉孔安国传:“羲氏、和氏,世掌天地四时之官。”

055 鱼头上的羌氏

牛河梁北部的大山,如同一只巨大的鱼,《山海经》中称为“龙鱼陵居”“大鲠”,是一处重要的远古陵园。因与神龟的位置很近,所以二者也合称为“鳖鱼”。在鱼头、鱼脊之上,有远古时期的积石冢或其遗迹。以鱼为葬,反映了远古时期的鱼崇拜。此处或许是颛顼的后裔讙兜、羌氏、苗民的陵园。

龙鱼的山神是一位女神,称“鱼妇”,是美人鱼的形象,是一位已婚的妇女。《山海经·大荒西经》:“有互(氐)人之国,炎帝之孙名曰灵恝,灵恝生互(氐)人,是能上下于天。有鱼偏枯,名曰鱼妇,颛顼死即复苏。风道北来,天乃大水泉,蛇乃化为鱼,是为鱼妇。颛顼死即复苏。”《山海经·海内经》:“伯夷父生西岳,西岳生先龙,先龙是始氐羌,氐羌乞姓。”《山海经·大荒北经》:“东北海之外,大荒之中,河水之间,附禺之山,帝颛顼与九嫔葬焉。爰有鸱久、文贝、离俞、鸾鸟、皇鸟、大物、小物。有青鸟、琅鸟、玄鸟、黄鸟、虎、豹、熊、黄蛇、视肉、璇、瑰、瑶、碧,皆出卫于山。”文贝,有纹饰的贝壳,神龟之谓。文,或作“玄”,古字形近而讹。大物,野兽,指龟、蛇、龙、虎之类,一说为牛,《说文解字》:“牛为大物。”小物,小的牲畜,指天狗,一说为羊，指騨。鸾鸟、皇鸟、青鸟、琅鸟、玄鸟、黄鸟，诸鸟之名，与牛河梁南方地象中六只神态活泼的鸟相对应，蚕神庙中也有鸟的塑像。离俞，也作“离瑜”，即离珠，是玉珠，也多有件出土。附禺之山，或为今牛河梁第十六地点。

颛顼的事迹见载于《史记·五帝本纪》：“昌意娶蜀山氏女，曰昌仆，生高阳，高阳有圣德焉。黄帝崩，葬桥山。其孙昌意之子高阳立，是为帝颛顼也。”又说：“帝颛顼高阳者，黄帝之孙而昌意之子也。静渊以有谋，疏通而知事；养材以任地，载时以象天，依鬼神以制义，治气以教化，絜诚以祭祀。”又说颛顼“北至于幽陵，南至于交阯，西至于流沙，东至于蟠木。动静之物，大小之神，日月所照，莫不砥属”。《山海经·海内经》：“流沙之东黑水之西有朝云之国、司彘之国。黄帝妻雷祖，生昌意。昌意降处若水，生韩流。韩流擢耳，谨首，人面，豕喙，麟身，渠股，豚止。取淖子曰阿女，生帝颛顼。”流沙，古地名，今辽宁省建平县沙海镇。韩流，应指韩流之山。《十六国春秋·前燕录》：“昔高辛氏游于海滨，留少子厌越以君(居)北夷，邑于紫蒙之野，世居辽左，号曰东胡。”紫蒙之野，今内蒙古自治区宁城县。

056 乘两龙的夏启

夏启的陵园，是二龙戏珠的地象，在内蒙古自治区宁城县与辽宁省建平县交界的地带。《山海经·海外西经》：“大乐之野，夏后启于此儛九代，乘两龙，云盖三层。左手操翳，右手操环，佩玉璜。在大运山北。”两龙，地象在今内蒙古自治区宁城县二龙村。二龙，即两条龙。其中东边的龙属于辽宁省建平县，西边的龙属于内蒙古自治区宁城县。《山海经·大荒西经》：“西南海之外，赤水之南，流沙之西，有人珥两青蛇，乘两龙，名曰夏后启。”赤水，今在内蒙古自治区赤峰市；流沙，今辽宁省建平县沙海镇。

二龙戏珠为牛河梁北部地象，为一处古代的帝陵，《山海经》中称“两龙”，与“二龙”同义。龙头和龙身之上有“少阳”“摄提”“青华”“建节”“叶流”“苍帝”“灵威仰”等星宿，为“龙穴”，是古代墓葬的所在。二龙戏珠在牛河梁白虎座内，应是夏代开国之君夏启的陵园。夏启墓，一说在安邑，今山西夏县，应误。

057 熊首之处的鲧

轩辕黄帝称“有熊氏”，是一个熊崇拜的部族。鲧是大禹的父亲，死后化为黄熊，即熊神，是一位远古的生肖神。《山海经·海内经》东晋郭璞注引《归藏启筮》：“鲧死三岁不腐，剖之以吴刀，化为黄龙(熊)。”《国语·晋语八》：“昔者鲧违帝命，殛之于羽山，化为黄熊，以入于羽渊。”《天问》：“阻穷西征，岩何越焉？化为黄熊，巫何活焉？”《左传·昭公七年》郑子产云：“昔尧殛鲧于羽山，其神化为黄熊，以入于羽渊。实为夏郊，三代祀之。”西晋杜预注：“鲧，禹父，夏家郊祭之，历殷、周二代，又通在群神之数，并在祀。”

《山海经》记述了大禹的父亲葬于熊山之事。《山海经·中山经》：“又东十里，曰青要之山，实惟帝之密都，是多驾鸟。南望墠渚，禹父之所化。”驾鸟，鸟形的大山。禹父，即鲧。鲧化为黄熊，是说鲧葬在了这处黄熊之状的大山。熊山，像熊一样的大山，可能是禹父鲧的葬地。红山文化玉猪龙，一说为玉熊。

熊首下方发现一处似人工堆砌而成的小山，一说或许是《山海经》中提到的“禹所积石之山”。山的西侧发现一座保存完好的“石室墓”，由两块大石搭建成了石室，遮住了墓室的上半部。

058 穷奇上的后羿

穷奇是轩辕黄帝孙，穷奇的后裔称“有穷氏”，是有熊氏的延续。穷奇为牛河梁北部地象，是一只正在吃人的大怪鸟，羽毛竖起，十分愤怒的样子。穷奇是有穷氏的图腾，故而穷奇应是后羿的葬所。

距今约四千年前的夏代，有穷氏的首领后羿与凿齿战于寿华之野，后羿获胜。凿齿，即十日部族，是黄帝最次妃嫫母的后裔。《山海经·海外南经》："羿与凿齿战于寿华之野，羿射杀之。在昆仑虚东。羿持弓矢，凿齿持盾，一曰戈。"《山海经·海内西经》："海内昆仑之虚在西北，帝之下都。昆仑之虚，方八百里，高万仞。……在八隅之岩，赤水之际，非仁羿莫能上冈之岩。"昆仑之虚，即今牛河梁；赤水，今在赤峰。《山海经·大荒南经》："有人曰凿齿，羿杀之。"《山海经·海内经》："帝俊赐羿彤弓素矰，以扶下国，羿是始去恤下地之百艰。"

059 狗首上的犬戎

天犬地象在牛河梁北部凌北镇热水汤村东，为犬戎的茔域，形状是一只趴在地上的小狗，为牡犬，也称"蝙犬"。热水汤村北还有一座山峰，如犬，仰望苍天，即牝犬。《山海经·大荒北经》："大荒之中有山，名曰融父山，顺水入焉。有人，名曰犬戎。黄帝生苗龙，苗龙生融吾，融吾生弄明，弄明生白犬，白犬有牝牡，是为犬戎，肉食。"《山海经·海内北经》："犬封国曰犬戎国，状如犬。"犬戎国，即犬戎的葬地。状如犬，形状像犬一样的大山。《山海经·大荒西经》："有赤犬，名曰天犬，其所下者有兵。"《山海经·海内经》："有青兽如菟，名曰崮狗。"热水汤的所在，古时也称"温源谷"，《山海经·大荒东经》："有谷，曰温源谷。"①

①温源谷，一说在内蒙古自治区宁城县八里罕镇热水村。

犬戎是上古时期活跃于北方的少数民族，是轩辕黄帝的后世子孙，英勇善战，西周即为犬戎所灭。牛河梁狗首地表可见古冢约4处，按顺序排列，可与《山海经》所说"苗龙""融吾""弄明""白犬"的顺序暗合。狗首上已发现远古积石冢。地面可见墓冢的积石，也有散在的红陶片和灰陶片。墓主以犬形的大山为葬地，应是犬戎的领袖。

060 汤谷十日

汤谷，今凌北镇河汤沟，在牛河梁大遗址的北部，为九头蛇地象，属凌源市管辖。《山海经·大荒东经》："汤谷上有扶木，一日方至，一日方出，皆载于乌。"

十日，是黄帝之子，为嫫母所生。《山海经·大荒南经》："帝俊之妻，生十日。"其后世形成了十日部族，以十日为图腾，是十只鸟的形象，每一只鸟代表一个太阳，十只鸟即十日。《山海经·海外东经》："下有汤谷，汤谷上有扶桑，十日所浴，在黑齿北。居水中，有大木，九日居下枝，一日居上枝。"《山海经·海外西经》："女丑之尸，生而十日炙杀之。在丈夫北，以右手鄣其面。十日居上，女丑居山之上。"《史记·五帝本纪》："分命羲仲，居郁夷，曰旸谷。"旸谷，即汤谷。《楚辞·天问》："出自汤谷，次于蒙汜。"蒙汜，紫蒙之野和汜林。紫蒙之野，一说为今宁城。

061 田家沟的先农坛

先农，为后稷之谓，史中祠之以社，故称"社稷"。农为地事，故先农坛为方形的地坛。凌源三家子乡田家沟遗址为稷星地望，方形的祭坛应为先农坛，也叫"社稷坛"。先农坛，谓坛于田以祀先农。《新唐书·礼乐志》引《汉仪》："春始东耕于藉田，引诗先农，则神农也。"农业生产对国家至关重要，古时被视为立国之本，故设先农坛以祭。

“三皇”祭祀区内的
神农山及其祭坛

社稷是“社”和“稷”，社是土地神，稷是五谷神，两者是农业社会最重要的根基和保护神，至汉时始称“先农”。先农，一说为“神农”。《绎史》卷四引《逸周书》：“神农之时，天雨粟，神农遂耕而种之；作陶冶斤斧，为耒耜锄耨，以垦草莽。然后五谷兴助，百果藏实。”历史上，农神有多位，神农、炎帝、黄帝、后稷、叔均、周文王皆被民间奉为农神。周文王姬昌专攻农事，冤侮雅逊，深受广大农民爱戴。

后稷为农正之职。周的始祖名“弃”，曾经被尧举为农师，被舜命为后稷。传说有邰氏之女姜原踏巨人脚迹，感孕而生子，因一度被弃，故又名“弃”。弃善于种植各种粮食作物，曾在尧舜时代当农官，教民耕种，被认为是开始种稷和麦的人。舜封弃于邰，故以邰为姓，号曰后稷，别姓姬氏。其后子孙繁衍，逐渐强大，是为周，故后稷为周族的祖先。后稷是农神之名，历史上后稷的历史原型人物应有多位，其中包括弃和叔均。

062 天坛和地坛

《周礼·春官·宗伯》说“以苍璧礼天，以黄琮礼地”，是以玉器祭祀天地之事。天坛和地坛，是祭祀天地之所，古人在此刍狗以祭，表达对天地宇宙的崇敬和热爱，即民俗中所说的“谢天谢地”。而且，古时祭祀天地是天子所为，诸侯不得祭祀天地，显示了祭祀活动的阶级属性。《诗经·大雅·灵台》：“经始灵台，经之营之，庶民攻之，不日成之。”唐孔颖达疏：“天子有灵台以观天文……诸侯卑，不得观天文，无灵台。”灵台，即祭坛。

牛河梁有两处天坛和地坛，一处在东山嘴，圆形祭坛为天坛，方形的祭坛为地坛。另一处在牛河梁第二地点。天坛为圆形，地坛为方形，表达了天圆地方的理念。

牛河梁第二地点天坛，为立石筑起的三重圆形坛台。三重圆形的直径分别为 22 米、15.6 米、11 米。每层台阶以 0.3~0.5 米的高差由边缘向中心层层高起。立石所用的原料为红色花岗石，多为五棱状体，立置，排列如石栅形。三重圆也由外向内逐渐缩小，三层“石栅”内侧分别放置成排的筒形陶器。坛顶面铺石灰岩石块，较为平缓，形成一个结构独特而完整的祭坛。成排的筒形陶器，为“玄器”之占，是一个人名占。

地坛编号为第二地点二号冢，位于圆形祭坛(即天坛)正西，相距 2 米，近正方形，方向正南北。与一号冢并行排列，东距一号冢仅

东山嘴遗址的天坛

牛河梁第二地点的天坛和地坛

3.3 米。该冢第一层石阶的东西边保存较好，分别长 18.7 米和 15.8 米。北界只保存东段，长 17.5 米，砌石台阶层次依山坡由北向南的斜度为一层到四层不等，南侧最高处为 0.89 米。冢的正中部位建置一座石椁石棺中心大墓，但墓中未见遗骨。

共工台，是夏代祭祀天极的场所，在牛河梁第十三地点。共工台在历史上已被破坏，形制不详，推测为天坛规制。但据《山海经》的记载，共工台是一座方台，是地坛。《山海经·海外北经》："相柳者，九首人面，蛇身而青。不敢北射，畏共工之台。台在其东。台四方，隅有一蛇，虎色，首冲南方。"

牛河梁第五地点的地坛，称"轩辕台"，也叫"昆仑虚"，是祭祀轩辕黄帝的场所。祭祀太岁也在此处进行，故也称"太岁坛"。《山海经·大荒西经》："有轩辕之台，射者不敢西向，畏轩辕之台。"凌源田家沟的先农坛，也称"社稷坛"，是方形的地坛，是祭祀先农祖师后稷的场所。

063 日坛和月坛

日坛和月坛，是祭祀太阳和月亮的场所，按照远古时天圆地方的理念，应是圆形的建筑物。日坛和月坛祭祀的太阳和月亮不只是自然界的太阳和月亮，而是太阳神和月神，是人神，即伏羲和女娲。月神，称“月母”，是女娲之谓。东山嘴遗址发现四处圆形的祭坛，其中有日坛和月坛。牛河梁第二地点五号冢是祭祀太阳神的场所，外形为“日”字，出土了3件各具姿态的人骨。这也是一座日坛。其北侧的六号冢破坏严重，形制不清，与日坛相对应，或许是祭祀月母的月坛。

《山海经》有多处提到日月出入的大山，山形应为日月之形，反映了古时的日月崇拜，也就是对伏羲、女娲的崇拜。《山海经·大荒西经》：“大荒之中，有山名曰鏖鏊钜，日月所入者。”“大荒之中，有山名日月山，天枢也。吴姖(姬)天门，日月所入。有神，人面无臂，两足反属于头上，名曰嘘。颛顼生老童，老童生重及黎，帝令重献上天，令黎邛下地，下地是生噎，处于西极，以行日月星辰之行次。”日月山，在今平泉镇杨树岭镇，山呈日月之形。《山海经·大荒东经》：“东海之外，大荒之中，有山名曰大言，日月所出。”又说：“大荒之中，有山名大荒之山，日月所入。”大言山，是一处日月之形的大山。

064 女娲洞与女性生殖崇拜

牛河梁的“神仙洞”，是一处为早期人类所开发利用的天然洞穴，在南天门南坡的断崖之下。神仙洞最初的名字应为“女娲洞”，是一处母系氏族社会的重要遗存。神仙洞外口高近1米，呈竖直的长方形，如一个“口”字，经过了人工修整，与周围的山石构成了女性外阴之形，表明此处“神仙洞”是一处“女神仙洞”。洞口的形态，是一个早期的汉字“呙”(娲)字。①

①一训作“生”字，表示人出生的地方。又一说为“也”字。

进入山洞外口，是陡峭的向下的坡道，长4米左右，坡道内能同时容纳2~3人。坡道尽头是直径不足半米的椭圆形内口，仅可供一个成人的头部和肩膀勉强通过。进入内口，仍然是向下的坡道，长约2米，下到底，便进入了马蹄形的中央大厅。大厅两侧还有向下的台阶和向后的通道，可由此进入后部的宽阔空间。神仙洞出入口虽然陡峭狭窄，但内部空间坦荡开阔，可同时容纳数十人。

神仙洞的外形如女阴，外口与内口之间的坡道如同"产道"，内口狭窄如同"子宫口"，进入"子宫口"以后还有一段"宫颈"，再下去，马蹄形的溶洞是"宫腔"，"宫腔"两侧的通道相当于"附件"。整个"神仙洞"的结构如同是一个完整的女性生殖系统，包括女性外阴、产道、子宫口、子宫颈、子宫体和两侧的附件。这是一个天然形成的女性生殖系统模型，而且已被古人开发利用，体现了远古时期的生殖崇拜。

远古生殖崇拜的表现，首先是对女性生殖器的崇拜，由此孕育出第一个具有神圣性的女性形象，一个伟大的母亲——"始祖母"的形象。辽宁省建平县发现的"神仙洞"，是一处天然的女性生殖系

玄牝之门：女娲洞的外口

女娲洞的内口

统模型，《老子》称为之“玄牝”。《老子》六章：“谷神不死，是谓玄牝。玄牝之门，是谓天地根，绵绵若存，用之不勤。”玄牝，是天地之根，也是华夏民族的出生之源。《老子》的这段文字，是母系氏族社会的思想遗存。神仙洞的外形和结构，是这种思想的具体体现。

在母系氏族社会，只知其母，不知其父，姓氏均依母系，由一个始祖传下后代，后世仍以女氏为中心，组成若干个氏族。始祖母是部族的祖先，这就是女祖崇拜的来源。《吕氏春秋·恃君览》：“昔太古尝无君矣，其民聚生群处，知母而不知父。”到神仙洞中，如同重回娘胎，重演了一个人从孕育到出生的历程。神仙洞的出口，小孩可以自由通过，大人勉强通过。稍胖一些的，前面有人拽，后面有人推，也可通过。这是所谓的“难产”。经历了“重生”的历程，人们对母亲的恩情会有更深入的认识。

汉字“呙”，作为女性生殖器的形象，在神仙洞外口处已有所反映，所以这座神仙洞的早期名字应为“女娲洞”。“娲”字是女娲的专用字，代表了华夏民族的始祖女娲。而“娲”即“呙”，是人出生的地方。原始社会的生存条件十分恶劣，生儿育女一事关系到氏族的存亡。原始人类特别重视生育功能，由此产生了生殖崇拜。在古人看来，身体、头脑、四肢都是为生儿育女服务的，生殖器才是人体的中枢。而且，“呙”字在历史上不只是由女性外阴而来，女性生殖器的自然模型——神仙洞或曰女娲洞也应直接参与了生殖崇拜的过程，并且是女性生殖崇拜的一个重要表现形式。

母系氏族社会的生殖崇拜，体现了母系氏族社会的价值观。历史上的女性生殖崇拜，莫过于女娲造人了。女娲的历史功绩史载有三：

第一，是炼石补天。《淮南子·览冥训》：“往古之时，四极废，九州裂，天不兼覆，地不同载，火爁炎而不灭，水浩洋而不息，猛兽食颛民，鸷鸟攫老弱。于是女娲炼五色石以补苍天，断鳌足以立四极，杀黑龙以济冀州，积芦灰以止淫水。”女娲对空气的存在有深刻认识，故以“风”为姓。风，即流动的空气。她发明了排橐，是成排的皮囊组成的大功率的风箱，是冶铜的重要工具。女娲陵，后世也称“风陵”。

第二，是抟土造人。《说文解字》：“天地初开，女娲抟黄土为人，剧务，力不暇供，乃引绳横泥中，举以为人。”女娲擅长抟土成像，是远古时期的一位泥塑家。

第三，作高媒，置婚姻。《路史·后纪二》注引《风俗通》云：“女娲祷祠神，禖面为女媒，因置婚姻。”“以其载媒，是以后世有图，是祀为皋媒之神。”是说她制定婚礼和婚俗，繁育了中国人。

女娲洞可能是《山海经》中的女娲之肠，应指女性生殖系统而言。《山海经·大荒西经》：“有神十人，名曰女娲之肠，化为神，处栗广之野，横道而处。”东晋郭璞注：“女娲，古神女而帝者，人面蛇身，一日中七十变，其腹化为此神。栗广，野名。娲，音瓜。”

065 俊坛

牛河梁大遗址中，有一座四方水系环绕的祭坛，称“俊坛”。《山海经》记载的“俊坛”，应为舜坛，是纪念帝舜制定礼乐制度的场所。

舜为天、地、水三官中的地官，故舜的祭坛为方形，是一座地坛。内蒙古自治区赤峰市敖汉旗的红山文化遗址出土了多种史前乐器，反映了当地礼乐制度的昌盛。2001 年 7 月，敖汉旗四家子镇北 1 千米的山梁上发现梯形的小山包，是三层石砌的塔形建筑，最底层长 30 余米，宽 15 米，往上逐层变小。此处被称为红山文化“金字塔”，可能是史籍所载的“俊坛”。

俊坛是四周有水系的方坛，为地坛建制。《山海经·大荒南经》：“有襄山，又有重阴之山。有人食兽，曰季釐。帝俊生季釐。故曰季釐之国。有缗渊。少昊生倍伐，倍伐降处缗渊。有水四方，名曰俊坛。”“有渊四方，四隅皆达，北属黑水，南属大荒，北旁名曰少和之渊，南旁名曰从渊，舜之所浴也。”此指出了俊坛四周的水系，是帝舜的浴所。

帝舜之时，礼乐制度发端。帝舜制音律，置乐正之官，有了礼仪和等级观念。《史记·五帝本纪》：“伯夷让夔、龙。舜曰：‘然。以夔为典乐，教稚子，直而温，宽而栗，刚而毋虐，简而毋傲；诗言意，歌长言，声依永，律和声，八音能谐，毋相夺伦，神人以和。’夔曰：‘於！予击石拊石，百兽率舞。’舜曰：‘龙，朕畏忌谗说殄伪，振惊朕众，命汝为纳言，夙夜出入朕命，惟信。’”《山海经·海内经》：“炎帝之孙伯陵，伯陵同吴权之妻阿女缘妇，缘妇孕三年，是生鼓、延、殳，始为侯。鼓、延是始为钟，为乐风。”“帝俊生晏龙，晏龙是为琴瑟。帝俊有子八人，是始为歌舞。”《礼记·乐记》：“昔者，舜作五弦之琴以歌《南风》，夔始制乐以赏诸侯。”

066 少昊之墟

少昊之国，也称“少昊之墟”“大壑”“壑市”，是少昊的墓墟。“国”，通“域”，墓墟之意。少昊，为黄帝之子玄嚣，一说为黄帝子昌意。《山海经·大荒东经》：“东海之外有大壑，少昊之国。少昊孺帝颛顼，于此弃其琴瑟。有甘山者，甘水出焉，生甘渊。”意思是说，东海之外有大壑，是条大沟，为少昊的茔域所在。少昊在这里养大了颛顼大帝，把他的琴瑟扔在了沟里。那里有甘山，是甘水的发源地，并且形成了叫“甘渊”的水潭。《山海经·海内经》：“西海之内流沙之中有国，名曰壑市。”之所以有大壑这个名称，是因为少昊之墟有一个大沟，是典型的地貌特征。流沙，古地名，今辽宁省建平县沙海镇。

《山海经》所言“少昊之国”或为阜新胡头沟红山文化遗址。大壑，沟也，与胡头沟的地名相匹配。墓主手持双玉龟，呈操龟之状，牛河梁第五地点一号冢 1 号墓墓主轩辕黄帝也手持双玉龟，表明二者有直接的渊源关系。出土所见成排的陶器，已成了碎片。此与牛河梁所见相类，为“玄器”之占，表明墓主与“玄器”有直接的关系，应是少昊氏。出土所见鱼形耳坠，是一种鱼神崇拜现象，表明墓主或与轩辕黄帝之妻彤鱼氏有关。

《山海经》中，双手持龟的部族是雨师妾。《山海经·海外东经》：“雨师妾在其北，其为人黑，两手各操一蛇，左耳有青蛇，右耳有赤蛇。一曰在十日北，为人黑身人面，各操一龟。”另，东晋郭璞注：“雨师谓屏翳也。”将雨师妾国与雨师屏翳牵上关系。《初学记》卷二：“雨师曰屏翳。”《焦氏易林》载：“雨师娶妇。”将雨师妾理解为雨师的妾侍。雨师，一说古仙赤松子为雨师。《山海经·海内经》：“东海之内北海之隅有国，名曰朝鲜、天毒，其人水居，偎有爱之。”雨师妾，应为轩辕黄帝之妻，陪祀在轩辕黄帝之旁。

067 共工台、众帝之台和瑶台

牛河梁第十三地点是祭祀天极的场所，为共工台的所在，《山海经》中也称“不周山”“合虚之山”。共工台是共工或其臣相柳氏的葬地。《山海经·大荒北经》：“共工之臣名曰相繇，九首蛇身，自环，食于九土。其所歍所尼，即为源泽，不辛乃苦，百兽莫能处。禹湮洪水，杀相繇，其血腥臭，不可生谷，其地多水，不可居也。禹湮之，三仞三沮，乃以为池，群帝因是以为台，在昆仑之北。”《山海经·海外北经》:“共工之臣曰相柳氏,九首,以食于九山。相柳之所抵,厥为泽溪。禹杀相柳,其血腥,不可以树五谷种。禹厥之,三仞三沮,乃以为众帝之台。在昆仑之北,柔利之东。相柳者,九首人面,蛇身而青。不敢北射,畏共工之台。台在其东。台四方,隅有一蛇,虎色,首冲南方。”相繇,即相柳。繇,与柳音近通假。相柳,也称“窫窳”,俗称“九头蛇”“九头虫”,地象在牛河梁大遗址之北。昆仑,牛河梁之古谓。

《山海经·大荒西经》:“西北海之外,大荒之隅,有山而不合,名曰不周负子,有两黄兽守之。有水曰寒暑之水。水西有湿山,水东有幕山。有禹攻共工国山。”东晋郭璞注引《归藏启筮》:“共工人面蛇身,朱发。”《山海经·大荒北经》:“有系昆之山者,有共工之台,射者不敢北乡。”《山海经·大荒东经》:“大荒之中有山名曰合虚,日月所出。”合虚之山,即不周山之占。《山海经·海内经》:“帝令祝融杀鲧于羽郊。”《山海经·海外北经》:“深目国在其东,为人举一手一目,在共工台东。”“祝融降处于江水,生共工。共工生术器。”“禹所积石之山在其东,河水所入。”

第十三地点是一处“金字塔”。但此处山顶的祭坛已被破坏,不能得知共工台的原貌。共工台“台四方”,当系人工建造的四方台形金字塔,与美洲台阶形的金字塔相似。“隅有一蛇”,应为蛇身人面像,是台前巨石雕刻的镇墓兽。

众帝之台,即众神所居,《山海经》所说的“颛顼”“帝喾”“丹朱”“尧”“舜”“禹”的葬地。“五帝”祭祀区内,在双山尖、小马杖子等地有多处山川望祭的祭坛,也称“众帝之台”。瑶台、瑶崖,瑶姬的祭台。祝融氏中有一位女神祝融,她的名字据说叫“瑶姬”,祭祀她的山崖因此叫“瑶崖”“姑媱之山”“瑶台”,都是巫山的别称。

068 天极上的三官殿

牛河梁第十六地点是天极的投射点,古时的天边、天尽头。其

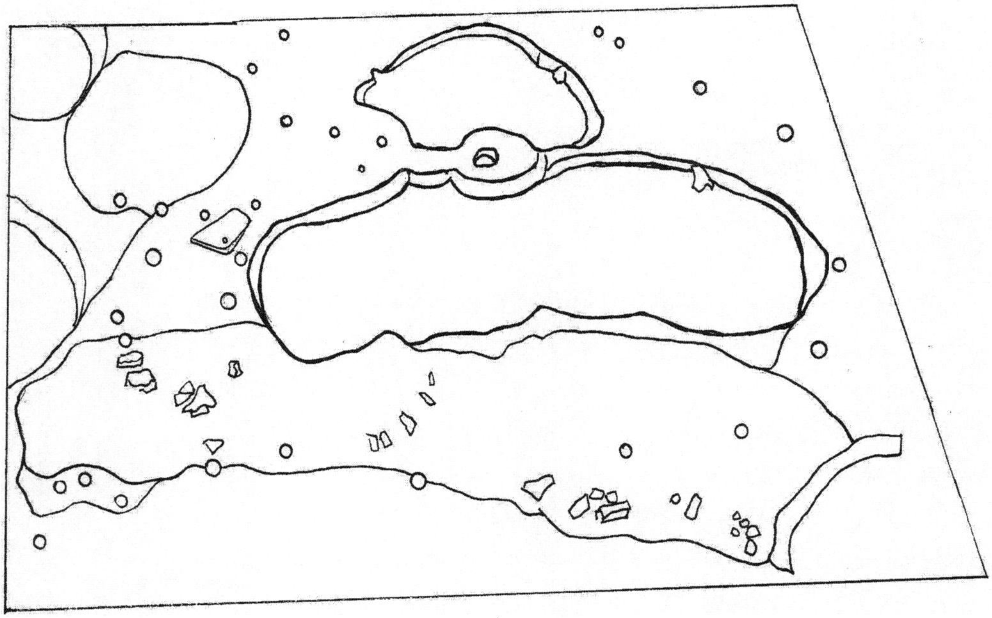

三官殿遗址：第十六地点7号房址平面示意图

间清理发掘史前房址 8 座，是史前神庙群，包括多座史前神庙遗址。从地望看，村名“三官甸子”，即“三官殿”的讹传，表明远古的三官殿建在此处。从形制上看，其中 7 号房址应明确是三官殿遗址，内奉天、地、水三官，即上古时期的尧、舜、禹。

7 号房址分内、外两个部分。内部为三个不规则近于圆形的半地穴式建筑，分别位于东北、东南和西部。它们分布较为对称，且三者下部相连，中间围绕一个柱洞，形成一个整体，如三环相套，形近椭圆。三个建筑按照东北、东南、西顺序排列，直径分别为 1.4 米、1.3 米、2.1 米，深度分别是 11 厘米、14 厘米、12 厘米，整体建筑址东西长径 3.2 米，南北短径 3.1 米。1 号柱洞(D1)直径 26 厘米。外部发现柱洞 27 个，环绕于建筑四周，平面近椭圆形，范围在南北长径 4.7 米、南北短径4.2 米之间，应为地面建筑。出土石器、陶器。

牛河梁第十六地点的神庙群，是中国上古时期的宗庙社稷所在，是最为重要的宗教文化活动场所之一。

069 兴隆洼的神庙

先红山的兴隆洼遗址位于内蒙古自治区赤峰市敖汉旗，被誉为“中华第一村”，距今已八千年。其中最引人注目的是一处人猪合葬墓，编号为M118。该墓为居室墓，应明确是一座史前神庙遗址。墓穴为长方形竖穴式，墓主为成年男性，仰身直肢葬，头向北，骨架保存基本完好。右侧葬两头猪，一雌一雄，也呈仰卧式，占据墓穴近一半的位置。随葬品有圆形蚌饰1件，上面穿有数个圆孔，总体形象似猪面，置于大腿一旁。还有穿孔蚌壳，围挂在墓主人腰部。葬俗唯此一见。墓主遗体挺拔紧绷，应是下葬时用麻布包裹捆扎的遗迹。

该墓墓主以二猪为葬，为因形设占，是古代表示墓主身份的一种方法。两个前后排列的大猪，取其形而上之意，为古“奎”字，以此表明墓主的神格为奎星。“奎”，会意字，是两个大猪的形象。墓主大腿旁边置猪形蚌饰，同样应为“奎”的意思，《说文解字》：“奎，两髀之间。从大圭声。苦圭切。”奎，为白虎尾巴的位置，是西方七宿的第一颗星。奎星，也称“天豕星”“文昌星”，在天界是发明文字、始作农耕的神，历史人物原型是一位远古时期的科学家。《孝经援神

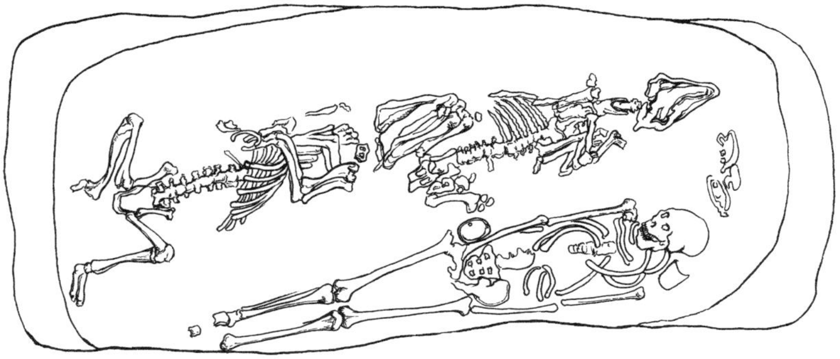

敖汉兴隆洼遗址M118墓复原图

神农山：神农氏的望祭之所

契》："奎主文昌。"东汉张衡《西京赋》："奎踽盘桓。"兴隆洼的神庙是中国所见最早的神庙，距今约八千年前，供奉的应是华夏民族的人文初祖仓颉，在古史中地位极高。

相传汉字是黄帝时期的仓颉发明的。但是，黄帝时期的仓颉只是整理总结了史前文字，并不是发明文字的人。该墓墓主是发明文字的人，比黄帝早近三千年，即最早的仓颉。《淮南子·本经训》："昔者仓颉作书，而天雨粟，鬼夜哭。"上古时代，一次极其偶然的原因，天上掉下来了粟米，有鬼怪整夜号啕不已。老百姓都以为是灾异，仓颉不以为灾，反以此为祥瑞，教会了人们种植五谷，开始了刀耕火种的农耕时代。

先红山文化的兴隆沟遗址出土了黍和粟，是中国最早的种植谷物。黍已碳化，约1500粒，碳化粟发现了十余粒。西辽河上游是最早的农耕地区，与仓颉的史迹相吻合。这表明，仓颉为远古神，时代远比黄帝要早。而且，仓颉不只是一人而已，有一代又一代的仓颉，形成了统领远古社会的神农氏，被后世列入"三皇"之一。所以到黄帝时，仓颉依然在世。

兴隆洼史前神庙的性质应是一座仓颉庙，后世也称"文昌殿""神农殿"。神主仓颉是远古时期发明文字的人，也是始作农耕之人，后世称"文昌星"或"文昌帝君"。《黄氏逸书考》辑《春秋元命苞》："仓帝史皇氏，名颉，姓侯冈……生而能书。及受《河图》录字，于是穷天地之变，仰观奎星圆曲之势，俯察龟纹鸟羽山川指掌而创文字。天为雨粟，鬼为夜哭，龙乃潜藏。"《绎史》卷四引《周书》："神农之时，天雨粟，神农遂耕而种之；作陶冶斤斧，为耒耜锄耨，以垦草莽。然后五谷兴助，百果藏实。”神农，为发明农耕之神，与兴隆洼所见者合。

神农氏是为中华文明做出重要贡献的远古科学家，对他的崇拜和祭祀历代不绝。凌源东营子是上古“三皇”时期的祭祀区，有神农山①。前方是大型的祭台，是神农氏山川望祭的场所，古人在此登高以祭。

①河南沁阳有神农山，是神农氏祭天(即封禅)的场所。

070 石头也宝贵

牛河梁的坛、庙、冢以石头构建，积石数量有限，也很宝贵。古代民俗中，祖先积石冢上的石头有很强的辟邪降福功能，深受民间百姓的喜爱。

《山海经·北山经》：“北百二十里，曰燕山，多婴石。”婴石，东晋郭璞注：“言石似玉有符彩婴带，所谓燕石者。”婴石，带有彩带的石头，也称“帝台之棋”。《山海经·中山经》：“苦山之首，曰休与之山。其上有石焉，名曰帝台之棋，五色而文，其状如鹑卵。帝台之石，所以祷百神者也，服之不蛊。”意思是说，这种石头古时称为“帝台之棋”，能够请祷百神，佩戴这样的石头，就不受毒虫的伤害。牛河梁大遗址有多处帝台和积石冢，其上多积石，有的积石还有彩带，为婴石。

西北地区楼兰古国的发掘，发现许多葬在孔雀河畔的死者手中握着带有彩带的光滑石头。这种多彩的石头就是《山海经》中所说的“婴石”“燕石”或“帝台之棋”，因被死者握在手中，故称为“握”。死者握着这些石头，目的是防止毒蛇的伤害，有辟邪之意。这反映出《山海经》中的远古民俗在楼兰地区的流传。同时，死者佩戴的婴石，也是作为死者与前辈祖先彼此相认的信物。帝台之棋，最初的来历是女娲补天的五彩石，可能是铜矿石。女娲为蛇神，统管毒蛊，所以握着女娲补天的五彩石有防蛇咬的功能。帝台，所指应为共工之台，是为女娲补天之处，后大禹建为共工台，现编号为牛河梁第十三地点。《老子》三十九章："不欲琭琭如玉，珞珞如石。"意思是说，不要像美玉那样美丽耀眼，只要像石头那样坚固无比。这体现了古人的价值取向。帝台之石是宝贵的石头，尽管其貌不扬。所以，每块石头应该有编号，要有保护的措施，以免为数不多的积石流失不存。

《太平御览》卷五十一引《阚子》中说："宋之愚人，得燕石于梧台之东，归而藏之，以为大宝。周客闻而观焉，主人端冕玄服以发宝，华匮十重，缇巾十袭。客见之，卢胡而笑曰：'此燕石也，与瓦甓不异。'主人大怒，藏之愈固。"梧台，古台名。李白《古风》："宋国梧台东，野人得燕石，夸作天下珍，却哂赵王璧。"燕石，后来比作不足珍贵的假古董，也被用作自谦之辞。

第三篇 牛河梁与《山海经》

071 巴蛇吞象

俗话说："人心不足蛇吞象。"意思是说，贪婪的蛇把大象都吃掉了，人的贪心就像蛇吞象一样。这个典故出自于《山海经》，出自于牛河梁，在辽宁省建平县境。

《山海经·海内经》："又有朱卷之国，有黑蛇，青首，食象。"意思是说，朱卷国附近有黑蛇，绿色的头，吞食了一头大象。《山海经·海内南经》："巴蛇食象，三岁而出其骨。君子服之，无心腹之疾。其为蛇青黄赤黑。一曰黑蛇青首，在犀牛西。"东晋郭璞注引《楚辞》曰："有蛇吞象，厥大何如？"意思是说，巴蛇吞了大象，三年才排出骨头。君子佩戴蛇吞象纹饰的玉器，以此作为警示，人们就不会变得贪得无厌。

蛇把大象吞食了，那蛇该有多大啊？"巴蛇吞象"为牛河梁大遗址北部地象，显现在蛇头的部位。一说在犀牛之西。上古之时，伏羲、女娲发现了牛河梁的长蛇，它吞吐着蛇信正在向上奋力攀升。但后来此处的地象发生了微妙的变化，螣蛇吐出的蛇信看起来更像条大象的尾巴，长蛇已经吞入了大象，只留下了大象的尾巴还在外边。于是，远古的人们就产生了"巴蛇吞象"的联想，并且制作了"巴蛇吞象"题材的玉器，告诫人们要适可而止，不要贪得无厌。

但是，千百年过去后，又有学者来到这里，觉得那露出嘴外的应该是一条鹿的尾巴，不认可蛇吞大象的说法，于是就有了“蛇吞鹿”的说法。《山海经·大荒北经》：“有大青蛇，黄头，食麈。”麈，小鹿。《山海经·大荒南经》：“黑水之南，有玄蛇，食麈。”东晋郭璞注：“今南山(方)蚺蛇吞鹿，亦此类。”意思说，在黑水的南岸，有一大蛇吞食小鹿。这是说地象是蛇吞鹿的模样。但是，无论是“蛇吞象”，还是“蛇吞鹿”，都是根据现场固化的静态图片联想出来的。在牛河梁，老的地象现已被地质灾害破坏殆尽，“巴蛇吞象”的大地奇观已无法完全再现了。

牛河梁是华夏远古部族祖先的归葬之所，巴人的祖茔也在牛河梁，是巴人的宿次所在，故而此言“巴蛇吞象”。一说“巴”字就是“蛇”的意思，“巴蛇”就是蛇。《山海经·海内经》：“西南有巴国，太皞生咸鸟，咸鸟生乘釐，乘釐生后照，后照是始为巴人。”据此，巴国的祖茔应在牛河梁的西南方向，从葬于其祖太皞伏羲氏。伏羲墓，在玄武蛇头之上。

“巴蛇吞象”另一说在犀牛之西，是一个独立的地理单元，与龟蛇不是一回事。犀牛之西的地象十分生动，一双兽眼置于地面之上，表现出绝望的眼神，周围山岭盘旋，是另一处古人所认识的“巴蛇吞象”。盘曲的山岭，应为《山海经》所说的“朱卷国”所在。此处的地象同时也组成了一个远古的“蜀”字。吞象，也有说是食麈的。

“巴蛇吞象”的山神叫“孟涂”，是夏启之臣。《山海经·海内南经》：“夏后启之臣曰孟涂，是司神于巴。人请讼于孟涂之所，其衣有血者乃持之，是请生。居山上，在丹山西。丹山在丹阳南，丹阳居属也。”丹山，即赤峰红山。

072 白民之国与西方蓐收

轩辕黄帝的部族不仅占地广阔，而且成分复杂。人员组成除了黄色人种，还有黑种人(“不死民”“雨师妾”“劳民国”“北方禺强”)、白种人(“白民之国”“西方蓐收”)。黄帝时，不同种族、不同民族的

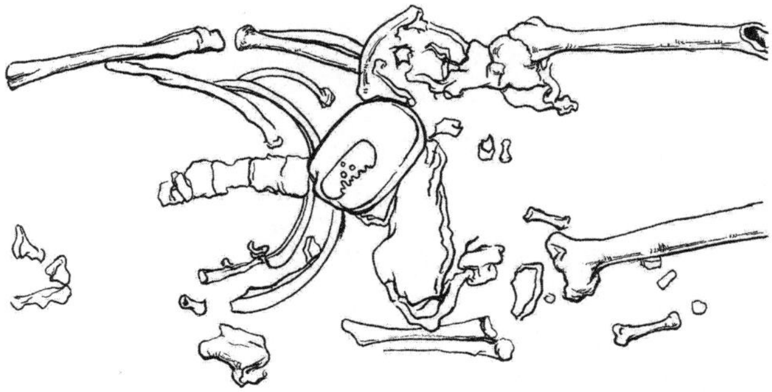

牛河梁第二地点一号冢9号墓复原图

人水乳交融，组成了一个和谐的大家庭，即有熊氏。“白民之国”应是一个白人部落，行武将之职。

《山海经·大荒西经》：“有大泽之长山，有白氏(民)之国。”大泽，今贝加尔湖，在俄罗斯境内。《山海经·海外西经》：“白民之国在龙鱼北，白身被发。有乘黄，其状如狐，其背上有角，乘之寿二千岁。”意思是说，白民国在鱼龙的北边。白民国的皮肤如同雪一样白，披散着头发。那里有神兽名“乘黄”，样子像狐狸，但它背上生角，乘上它可以长寿至两千岁。龙鱼，也作“鱼龙”，地象在凌源市下河杖子村东北。乘黄，为九尾狐地象，在牛河梁苍龙之尾。寿二千岁，应是地名占，今叶柏寿(“越百寿”)。

白民之国，也称“西方蓐收”，是天界的大神。位在西方白虎座内，应为白虎座第六星参宿，为煞星，负责管理寒暑和杀伐。《山海经·海外西经》：“西方蓐收，左耳有蛇，乘两龙。”蓐收，东晋郭璞注：“金神也；人面、虎爪、白毛，执钺。”而《国语·晋语二》说是上天管刑戮的神。二说均确。牛河梁第二地点一号冢9号墓墓主执钺，或为白民之国。

073 比翼鸟

比翼鸟，比肩飞行的鸟，比喻夫妇、兄弟之间和谐的关系。三国魏曹植《送应氏》：“愿为比翼鸟，施翮起高翔。”唐白居易《长恨歌》：

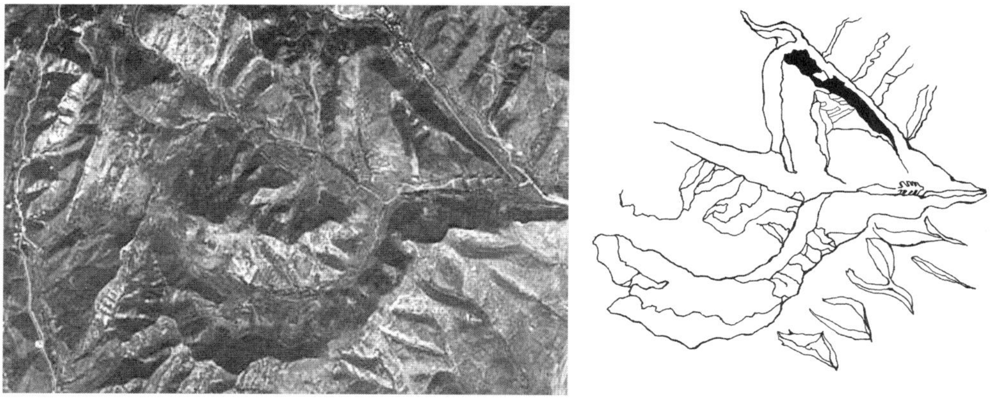

第一只鸟的地象及线描图

“在天愿为比翼鸟，在地愿为连理枝。”比翼鸟，为牛河梁的南方朱雀地象，是《山海经》中提及最多的史前地象之一，并且有“鸾鸟”“凤鸟”“凤凰”“五采鸟”“鸣鸟”“精卫鸟”“翠鸟”“孔鸟”等几十个名称，在今凌源之南。

《山海经·大荒西经》：“有比翼之鸟，有白鸟，青翼、黄尾、玄喙。”《尔雅·释地》：“南方有比翼鸟焉，不比不飞，其名谓之鹣鹣。”《山海经·海内经》：“有盐长之国。有人焉，鸟首，名曰鸟氏。”《山海经·海内西经》：“开明西有凤皇、鸾鸟，皆戴蛇、践蛇，膺有赤蛇。”《山海经·海外南经》：“比翼鸟在其东，其为鸟青、赤，两鸟比翼。一曰在南山东。”南山，即南天之山，为南方朱雀地象。《山海经·大荒西经》：“有弇州之山。五采之鸟仰天，名曰鸣鸟。爰有百乐歌儛之风。”弇州之山，即弇兹山，在凌源东营子村东。“有五采鸟三名：一曰皇鸟，一曰鸾鸟，一曰凤鸟。”“有五采之鸟，有冠，名曰狂鸟。”“沃之野，凤鸟之卵是食，甘露是饮。……鸾凤自歌，凤鸟自舞，爰有百兽，相群是处，是谓沃之野。”《山海经·海外东经》：“玄股之国在其北。其为人衣鱼食鴢，使两鸟夹之。一曰在雨师妾北。《山海经·海外西经》：“灭蒙鸟在结匈国北，为鸟青，赤尾。”灭蒙鸟位于结匈国的北部，鸟的羽毛是青色的，尾巴是红色的，指比翼鸟中的第二只鸟，描述了这只鸟的状态。一说灭蒙鸟即孟鸟。

在凌源南部的大地表面，比翼鸟的图案至今依然保存完好，两只大鸟占地面积约 100 平方千米，各部位比例匀称，起伏的山岭清晰地组成了翎毛、羽翅、鸟头、鸟喙、鸟眼等结构，在不同的季节里

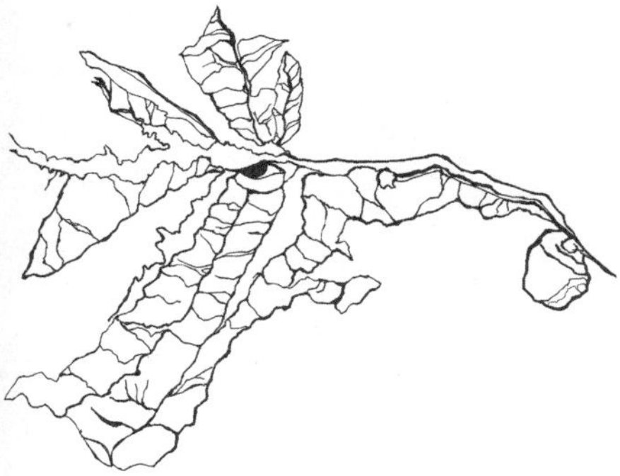

第二只鸟的地象及线描图

焕发出不同的光彩。在凌源的东部和西部，起伏的山岭形成了神态生动的青龙和白虎图案。青龙、白虎、朱雀、玄武，是中国古代科学的“四象”，也称“四灵”“四岳”，为古今大地奇观。

074 鳖鱼

鳖鱼，即大鲠与大蟹，两个地理单元的合称，为牛河梁北部地象。大蟹，即大鳖。古时鳖亦作“鼈”，蟹足作“螯”，二者音同形近，故“大鳖”误为“大蟹”。大鲠，海中的大鱼，也称“龙鱼”“鱼龙”“龙鱼陵居”“鱼妇”。

《山海经·大荒西经》：“有互(氐)人之国，炎帝之孙名曰灵恝，灵恝生互(氐)人，是能上下于天。有鱼偏枯，名曰鱼妇，颛顼死即复苏。风道北来，天乃大水泉，蛇乃化为鱼，是为鱼妇。颛顼死即复苏。”有鱼偏枯，指像大鱼一样歪倒在一旁枯死的鱼龙；鱼妇，即人格化、神化了的龙鱼，是大鲠之山的山神，是一位女神，即轩辕黄帝之妻彤鱼氏。《山海经·海外西经》：“龙鱼陵居在其(诸夭之野)北，状如狸(鲤)。一曰鰕。即有神圣乘此以行九野。一曰鳖鱼在夭野北，其为鱼也如鲤。”鰕，通“虾”，是说大鲠的样子如同一只大虾；夭野，

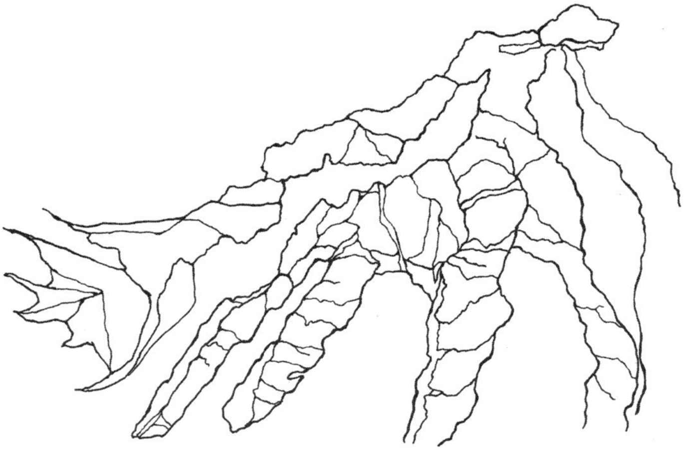

大鲠地象及线描图

诸夭之野，为牛河梁朱雀所在。

大鲠的旁边为大鳖，即牛河梁的神龟。《山海经·大荒东经》："海内有两人，名曰女丑。女丑有大蟹。"女丑，即轩辕黄帝之妻嫫母；大蟹，即大鳖。《山海经·海内北经》："大蟹在海中。"大蟹，即大鳖，神龟之谓。神龟如同漂浮在大海之中，故称"在海中"。《古小说钩沉》辑《玄中记》："天下之大物，北海之蟹，举一螯能加于山，身故在水中。"意思是说，这个庞然大物举起一只螯足在山上，所以这大物是海里的家伙。

075 并封之兽与神延维

并封之兽在牛河梁龟蛇之南，山体是对称的两个兽首的形象。兽，一说是龙，一说是虎，一说是猪，皆可。并封有多个名字，在《山海经》中多次出现，有“鳖封”“平逢”“跌踢”“虹虹”，是同一事物在不同年代里的称谓，后世也称“比肩兽”①。并封之山的所在，也称“司彘之国”。

① 《尔雅·释地》：“西方有比肩兽焉。”

并封之山应有两处，一处在牛河梁南，另一处应在河北省承德县上谷村。《山海经·大荒西经》：“有兽，左右有首，名曰屏蓬。”②《山海经·大荒南经》：“南海之外，赤水之西，流沙之东，有兽，左右有首，名曰跊踢。有三青兽相并，名曰双双。”在南海之外，赤水的西边，流沙的东边有神兽，左右各有一个头，名叫“跊踢”。还有三青兽，两两在一起，名唤“双双”。赤水，古地名，今内蒙古自治区赤峰市；流沙，古地名，今在辽宁省建平县沙海镇。两个头的青兽在今河北省承德县上谷村东，此处还有第三个兽头，与此处所述相符，为三青兽。《山海经·海外西经》：“并封在巫咸东，其状如彘，前后皆有首，黑。”意思是说，并封神兽生在巫咸的东边，长得像老虎，左右各有一头，黑色的。彘，神兽，像虎；一说为猪。

② 《山海经·中山经》也提到了平逢：“《中次六经》缟羝山之首，曰平逢之山，南望伊洛，东望谷城之山，无草木，无水，多沙石。”平逢之山，即并封之山，是并封之山的分野。所谓分野，就是星宿在大地表面的若干个投射点。因为分野的存在，《山海经》中的地名会出现重复。

辽宁省喀左县东山嘴遗址处于龙头的位置，出土了一件玉璜，形态外形与并封之山一致，说明古人是按照大山的地形地貌制作

东山嘴遗址出土的玉璜

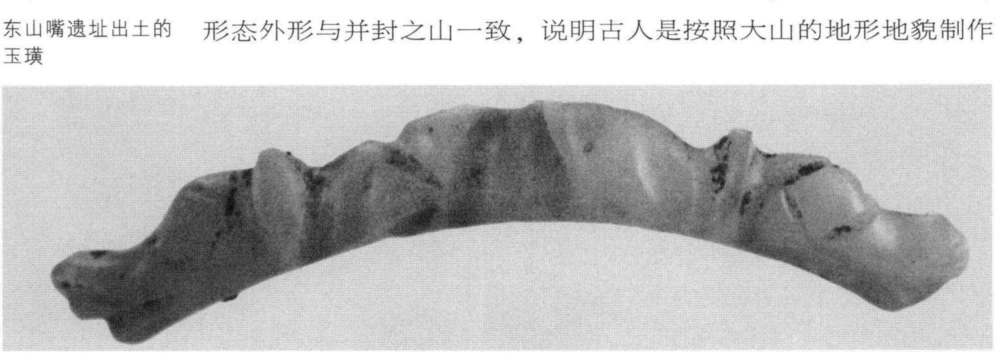

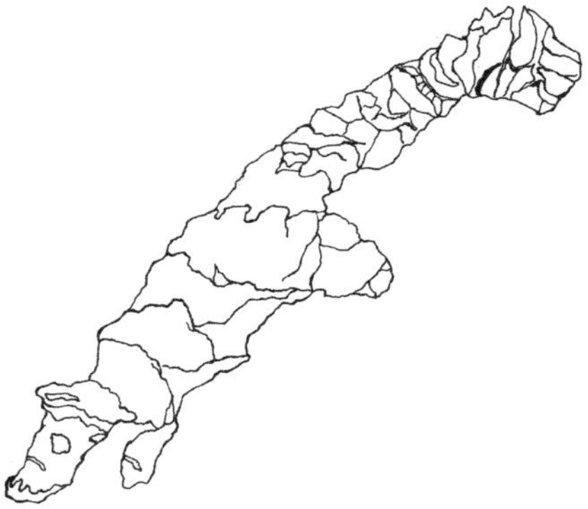

并封之山的地象及线描图

了玉璜的形态。玉璜是并封之山的地象图,佩戴着这件玉器走在这座大山里就不会迷路。这是中国早期的地图,也是天象图。

并封之山和并封之兽也是汉字的形象。《山海经·海外东经》:“虿虿在其北,各有两首。一曰在君子国北。”虿虿,是并封之山的别名。并封的形态,如同彩虹一般,是两只神兽在河边喝水的样子,这也就是最早的“虹”字。

并封之山是神化了的大山,山神名叫“延维”。《山海经·海内经》:“有神焉,人首蛇身,长如辕,左右有首,衣紫衣,冠旃冠,名曰延维。人主得而飨食之,伯天下。”意思是说,山神延维是人首蛇身的形象,长如车辕,左右各有一个头,穿着紫色的衣服,戴着毡帽。人主如果供奉它,就可以称霸天下。食,音嗣。飨食,服侍、祭祀。《老子》二十章:“我独异于人,而贵食母。”食,音嗣,养。《山海经·大荒南经》:“帝尧、帝喾、帝舜葬于岳山。爰有文贝、离俞、鴟久、鹰(贾)、延维、视肉、熊、罴、虎、豹。”此处称岳山有延维之神,也称“委维”。《山海经·大荒南经》:“赤水之东,有苍梧之野,舜与叔均之所葬也。爰有文贝、离俞、鴟久、鹰贾、委维、熊、罴、象、虎、豹、狼、视肉。”鹰贾,即鹰爪,今河北省承德市鹰手营子矿区。

076 猼訑之兽

猼訑之兽，为牛河梁北部地象，在犀牛和巴蛇吞象之北，今属内蒙古自治区宁城县境。《山海经·南山经》："（基山）有兽焉，其状如羊，九尾四耳，其目在背，其名曰猼訑，佩之不畏。"意思是说，基山的山神为神兽，羊的样子，九尾四耳，背上有一双眼睛，名字叫"猼訑"。佩戴猼訑的玉饰，就会无所畏惧。《山海经》所述的"猼訑"，是一只形状奇怪的神羊，背上有一双眼睛，头南尾北。此与牛河梁北部的地貌吻合，应是猼訑之兽的所在。神兽整体破坏较为严重，但背上的两只眼睛保存尚好。

《山海经》有如羊如马的神兽，称"騨"，应是猼訑之兽的异名。《山海经·北山经》："《北次三经》之首曰太行之山。其首曰归山，其上有金玉，其下有碧。有兽焉，其状如麢羊而四角，马尾而有距，其名曰騨，善还，其名自訆。"騨，即挥，音近通假，挥系黄帝之孙，为张姓的始祖，世称"挥公"。猼訑之兽应为张姓始祖挥公的葬地所在，是张姓最早的一处大型墓园。张挥所葬的神兽状的大山因此称为"騨"。

077 不死树和不死民

神树是牛河梁大遗址的常见地象，《山海经》中记载了多种神树，如"三珠（株）树""琅玕树""梧桐树"，统称"桂林八树"。《山海经·海内南经》："桂林八树，在番隅东。"八树，也称"八斋"。

《山海经·海内西经》："开明北有视肉、（三）珠树、文玉树、玗琪树、不死树，凤皇、鸾鸟皆戴瞂。又有离朱、木禾、柏树、甘水、圣木、曼兑。一曰挺木牙交。”不死树，是说大山的自然形态像一棵树，也称“不死药”“不死草”“帝药”“不死之山”，也可能还被称为“寻竹”“寻木”“圣木”“甘木”。《山海经·海内经》：“流沙之东，黑水之间，有山名不死之山。”流沙，今辽宁省建平县沙海镇；黑水，今建平县黑水镇；不死之山，今建平县万寿镇。《山海经·海内西经》：“开明东有巫彭、巫抵、巫阳、巫履、巫凡、巫相，夹窫窳之尸，皆操不死之药以距之。”《山海经·海内经》：“西南黑水之间，有都广之野，后稷葬焉。爰有膏菽、膏稻、膏黍、膏稷，百谷自生，冬夏播琴。鸾鸟自歌，凤鸟自儛，灵寿实华，草木所聚。爰有百兽，相群爰处。此草也，冬夏不死。”流沙，今建平县沙海镇；都广之野，今指成都平原，宿次在凌源南部，为牛河梁朱雀地象；不死，指建平县万寿镇。《山海经·大荒南经》：“有不死之国，阿姓，甘木是食。”《山海经·海外南经》：“不死民在其东，其为人黑色，寿不死。一曰在穿匈国东。”不死民，即今建平县万寿镇。万寿，即不死，故此处远古时被称为“不死之国”和“不死民”，应是一则谜语，为地名谜。《拾遗记》卷一：“（炎帝）时有丹雀衔九穗禾，其坠地者，帝乃拾之，以植于田。食者老而不死。”老而不死，地名占，即万寿。

1986 年，四川广汉三星堆遗址二号祭祀坑出土了一件青铜神树，为不死树，也称“扶桑树”“天柱”。青铜神树高 3.48 米。树上九只鸟，代表九个太阳。神树意指“后羿射日”的故事，即后羿与凿齿发生的战争。十日，即凿齿，在《山海经》中称“汤谷十日”。《山海经·海外东经》：“下有汤谷，汤谷上有扶桑，十日所浴，在黑齿北。居水中，有大木，九日居下枝，一日居上枝。”所述神树与三星堆发掘所见神树吻合。

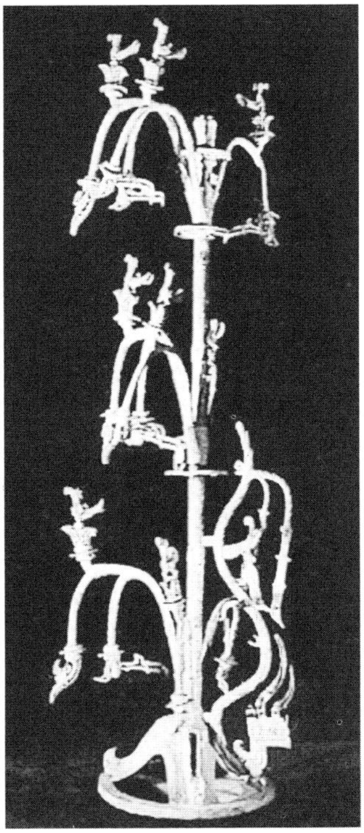

四川广汉三星堆出土的神树

078 长臂国、奇肱国和一臂国

山西吉县卦甲山史前岩画上的长臂人和长袖之舞

长臂国，也作“奇肱国”“张弘国”“长肱国”，地象在牛河梁青龙之东。《山海经》说，长臂国是捕鱼的部落。轩辕黄帝之妻彤鱼氏就是一个海中捕鱼的部落。《山海经·海外南经》：“长臂国在其东，捕鱼水中，两手各操一鱼。一曰在焦侥东，捕鱼海中。”长臂，东晋郭璞注为长袖，是说长臂人衣袖很长，在画转为文字时误作长臂。山西吉县卦甲山史前岩画，上有长臂人的画像，衣袖很长，作跳舞之状。

《山海经·海外西经》：“奇肱之国在其北，其人一臂三目，有阴有阳，乘文马。有鸟焉，两头，赤黄色，在其旁。”奇肱，即长臂；奇，通畸；文马，即青马，牛河梁北部一座马形的山峰。《山海经·大荒南经》：“有人名曰张弘，在海上捕鱼。海中有张弘之国，食鱼，使四鸟。”张弘，即长肱，长臂之意；食鱼，吃鱼，一说为鱼崇拜。《山海经·海外南经》东晋郭璞注引《尸子》：“四夷之民，有贯匈者，有深目者，有长肱者，黄帝之德尝致之。”长臂国是黄帝时期的打鱼部落，即后来的朝鲜。《山海经·海内经》：“东海之内，北海之隅，有国名曰朝鲜、天毒，其人水居，偎人爱之。”长臂国的衣袖很长，是一个能歌善舞的部族。

另有“一臂国”，就是一只胳臂。一臂国的地象在今河北省承德县，大山的形状是一只空中挥舞的右臂和右手。《山海经·海外西经》:“一臂国在其北,一臂一目一鼻孔。有黄马,虎文,一目而一手。”《山海经·大荒西经》:“有一臂民。”另外,还有四足一臂和三面一臂的山神。《山海经·西山经》:“七神皆人面而牛身,四足一而臂,操杖以行,是为飞兽之神。”《山海经·大荒西经》:“大荒之中,有山名曰大荒之山。日月所入。有人焉,三面,是颛顼之子,三面一臂。三面之人、不死,是谓大荒之野。”三面之人,即三头人;不死,不死树之谓;一臂,即一臂国。

079 常阳山与不庭之山

常阳山,也作“常羊山”“常祥山”,常与“不庭之山”并称。《吕氏春秋·有始览》:“地大则有常祥不庭。”常祥,即常羊,造型是一种神羊,一说即羴。《山海经·大荒西经》:“大荒之中,有山名曰常阳之山,日月所入。”《山海经·海外西经》:“形天与帝至此争神,帝断其首,葬之常羊之山,乃以乳为目,以脐为口,操干戚以舞。”东晋陶渊明《读〈山海经〉》诗:“刑天舞干戚,猛志固常在。”

不庭之山,为不受制于天庭的大山,对抗之意,与刑天的身份符合。所以,常阳山与不庭之山应是一山。《山海经·大荒南经》:“大荒之中,有不庭之山,荣水穷焉。”《山海经》另记有“不廷胡余”之神。不廷,即不庭;胡余,即扶余。《山海经·大荒南经》:“南海渚中,有神,人面,珥两青蛇,践两赤蛇,曰不廷胡余。”

080 乘黄

乘黄,神兽之名,为牛河梁东部和南部的山神。地象在牛河梁东北,是苍龙之尾和并封之兽的结合体,俗称“九尾狐”,也叫“陆吾”“天吴”“天虞”“昆吾”，名字很多。舜帝为有虞氏，有虞氏之名可能是由此而来的。一说“陆吾”“昆吾”即“驺吾”，是虎状的神兽，是另一种兽，地象在内蒙古自治区翁牛特旗。

《山海经·海外西经》：“有乘黄，其状如狐，其背上有角，乘之寿二千岁。”意思是说，乘黄之兽的样子像狐狸，兽背上有个角状物，乘坐这瑞兽可以活两千岁。“寿二千岁”，为“寿麻”之占，为星宿之名，地象在叶柏寿。寿麻，也称“不死树”“不死草”“不死药”“不死之山”“帝药”。并封之兽正中的山脊突起，在这里有了名字，称为“角”。

081 乘两龙之神

乘龙飞升，是古代道家思想，描述的是古人死后成为神仙的事情。《山海经》多处提到乘龙飞升成仙，如上古人物夏后启、西方蓐收、东方句芒、伯夷、北方禺强等，都是乘两龙飞升成仙的，并且记述了他们死时佩戴的装饰，有玉环、玉璜、耳饰等。两龙，为牛河梁北部地象，即二龙戏珠，在今内蒙古自治区宁城县与辽宁省建平县交界之处的二龙村。

《山海经·海外西经》：“大乐之野，夏后启于此儛九代，乘两龙，云盖三层。左手操翳，右手操环，佩玉璜。在大运山北。”《山海经·大荒西经》：“西南海之外，赤水之南，流沙之西，有人珥两青蛇，乘两龙，名曰夏后开（启）。开（启）上三嫔于天，得《九辩》与《九歌》以下。此天穆之野，高二千仞，开启焉得始歌《九招》。”赤水，古地名，今内蒙古自治区赤峰市；流沙，古地名，今在辽宁省建平县沙海镇。《山海经·海外西经》：“西方蓐收，左耳有蛇，乘两龙。”《山海经·海外南经》：“南方祝融，兽身人面，乘两龙。”《山海经·海外东经》：“东方句芒，鸟身人面，乘两龙。”《山海经·海内北经》：“冰夷（伯夷）人面，乘两龙。”《山海经·海外北经》“北方禺强，人面鸟身，珥两青蛇，践两青蛇。”东晋郭璞注：“一本云：北方禺强，黑身手足，乘两龙。”

082 大比赤阴、始州国与赤水

大比赤阴，也称"赤国妻氏""始州国""赤县州""赤县""丹丘""丹山"，是中国最早的邦国所在地。《山海经·海内经》："大比赤阴，是始为国。"意思是说，大比赤山的山阴，那里是最早建立的邦国。大比赤，指大比赤山，即今赤峰；比，并列，指并列两山；阴，山之北，水之南；大比赤山，并列的两条红色的大山，即今红山前、红山后。《山海经·大荒西经》："有赤国妻氏，有双山。"赤国，红土之邦，红山之古谓；双山，即红山前和红山后；妻氏，指炎帝之妻听訞。《山海经·大荒北经》："有始州之国，有丹山。"始州国，邦国开始的地方，即大比赤阴；丹山，即红山。丹山与双山，同指红山。此处亦名"赤县州"，即"赤县""神州"，后来成为中国的代名词。

赤峰也是古赤水的所在。《山海经·海外南经》："三株树在厌火

卫星地图显示的古赤水遗迹

听訞之山

北，生赤水上，其为树如柏，叶皆为珠。一曰其为树若彗。”三株树，即三棵神树，地象在赤峰之北，三株树生于赤水之上，表明古之赤水即在赤峰。可见，赤水发源的大山即大比赤山，因此最早建立的邦国赤国妻氏、始州国所在地即今赤峰。此亦可证大比赤阴即红山。大比赤山之阴，在牛河梁大遗址的北部。据《山海经·北山经》，“其山北人皆生食不火之物”，可知在这处中国最早建立的邦国之中，人们仍然吃着生食，不用火。

炎帝之妻生于赤水，是赤水的女神。《山海经·海内经》：“炎帝之妻，赤水之子听訞生炎居。炎居生节并，节并生戏器，戏器生祝融，祝融降处于江水，生共工。共工生术器，术器首方颠，是复土壤，以处江水。共工生后土，后土生噎鸣，噎鸣生岁十有二。洪水滔天，鲧窃帝息壤以堙洪水，不待帝命。帝令祝融杀鲧于羽郊。鲧复生禹，帝乃命禹卒布土，以定九州。”在凌源“三皇”祭祀区的南部，有听訞之山。

083 大蜂与朱蛾

《山海经·海内北经》：“大蜂，其状如螽。朱蛾，其状如蛾。”《楚辞·天问》：“蜂蛾微命，力何固？”大蜂和朱蛾，应是比翼鸟的别称。《山海经·西山经》：“昆仑之丘……有鸟焉，其状如蜂，大如鸳鸯，名曰钦原，蠚鸟兽则死，蠚木则枯。有鸟焉，其名曰鹑鸟，是司帝之百服。”牛河梁朱雀地象的第一鸟如同一只蜜蜂正在采蜜，所以称“大蜂”。《楚辞·招魂》：“赤蚁若象，玄蜂若壶些。”第二只鸟如同一只蚕蛾，所以称“朱蛾”。

084 大乐之野和孽摇頵羝山

大乐之野，娄宿与胃宿内的原野，在西方白虎座内。乐，音悦，古音页。《山海经》记载，大乐之野是夏后启制乐舞的场所，也应是夏后启的葬地。《山海经·海外西经》：“大乐之野，夏后启于此儛九代，乘两龙，云盖三层。左手操翳，右手操环，佩玉璜。在大运山北。”《山海经·大荒西经》：“西南海之外，赤水之南，流沙之西，有人珥两青蛇，乘两龙，名曰夏后开(启)。开(启)上三嫔于天，得《九辩》与《九歌》以下。此天穆之野，高二千仞，开(启)焉得始歌《九招》。”两龙，即二龙，在内蒙古自治区宁城县。大乐之野，也叫“埙民国”。《山海经·大荒东经》：“大荒之中，有山名曰猗天苏门，日月所生。有埙民之国。”埙，古乐器之名。

在白虎虎尾的西部，也即是大乐之野的西部，是山形如同芥菜的大山，称“孽摇頵羝山”，今属内蒙古自治区宁城县马架子乡。《山海经·大荒东经》：“大荒之中，有山名曰孽摇頵羝，上有扶木，柱三百里，其叶如芥。”扶木，一说即怪木。《山海经·南山经》：“(基山)其阴多怪木。”

085 大行伯、博父国与枭阳国

大行伯，即夸父逐日，牛河梁北部地象，在猩猩知人语的脊背之下，属辽宁省建平县。其地表形态基本保存完好，是一个人持戈

(或手杖)奋力奔跑的状态。

《山海经·海内北经》:“有人曰大行伯,把戈。其东有犬封国。贰负之尸在大行伯东。”意思是说,这座山的样子像一个人在奔跑,名叫“大行伯”,拿着戈。东面是犬封国,贰负之尸在犬封之东。犬封,天犬和并封相距很近,合称为“犬封”。天犬地象在大行伯之东。

大行伯所在的山叫“成都载天”,夸父北走大泽,渴死于此处,化作了大山。《山海经·大荒北经》:“大荒之中,有山名曰成都载天。有人珥两黄蛇,把两黄蛇,名曰夸父。后土生信,信生夸父。夸父不量力,欲追日景,逮之于禺谷。将饮河而不足也,将走大泽,未至,死于此。应龙已杀蚩尤,又杀夸父,乃去南方处之,故南方多雨。”日景,即日影。追日景,指测日之事。在古代,这幅自然画卷被称为“夸父逐日”。夸父逐日与巴蛇吞象地象相距很近,故被称为“把蛇”。

大行伯,也称“博父国”“枭阳国”。《山海经·海外北经》:“博父国在聂耳东,其为人大,右手操青蛇,左手操黄蛇。邓林在其东,二树木。一曰博父。”邓林为牛河梁地象,其东为夸父逐日,也就是博

执杖奔行的夸父:夸父逐日地象及线描图

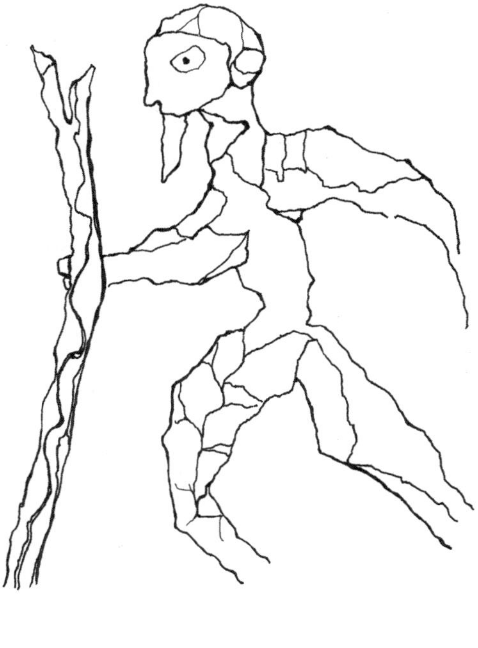

父国的所在，可知博父与夸父是同一地象的不同称谓。《山海经·海内南经》："枭阳国在北朐之西，其为人人面长唇，黑身有毛，反踵，见人笑亦笑，左手操管。"人面长唇，是夸父地象的描述；反踵，脚后跟朝上，指奔跑的状态，也与夸父相符；操管，戈或手杖的另解。据此可知，枭阳国与夸父逐日为同一地象，只是不同的年代有不同的名字。

086 儋耳与聂耳

儋耳，地名，今在海南省。明唐寅《东坡笠履图》："东坡在儋耳，自喜无人识。往来野人家，谈笑便终日。"儋耳之名，出自《山海经》，意即大耳，为轩辕黄帝之妻嫘祖之号。她的所在地称"儋耳"，又称"大人之国""大人之市""嬴母之山""聂耳国""欧丝之野"等。

《山海经·大荒北经》："有人名曰大人。有大人之国，釐姓，黍食。"《山海经·大荒东经》："有波谷山者，有大人之国。有大人之市，名曰大人之堂。有一大人踆其上，张其两耳。"《山海经·海内北经》："大人之市在海中。"大人之市仿佛在茫茫大海之中。《淮南子·时则训》："东方之极，自碣石山过朝鲜，贯大人之国，东至日出之次，榑木之地，青土树木之野，太皞句芒之所司者，万二千里。"

儋耳地象在牛河梁第一地点，即女神庙。女神庙处于牛河梁第三道山梁上，两侧为山沟，庙前有广场，也就是《山海经》所说的"市"。庙内有女神像，三倍人高，为"大人"之像，两耳外张。此处的地理特征与《山海经》所述吻合。故可知，《山海经·大荒东经》所言"大人之国"，为牛河梁女神庙的所在；"大人"，指高大的神像；"张其两耳"，即儋耳，也称"聂(摄)耳"。

儋耳国是以嫘祖为图腾的部族。《山海经·大荒北经》："有儋耳之国，任姓，禺号子，食谷。""有牛黎之国。有人无骨，儋耳之子。"无骨，人名占，重黎之谓。《山海经·大荒北经》："有继无民。继无民任姓，无骨子，食气鱼。"可知继无民为重黎之后。儋耳，即大耳，也

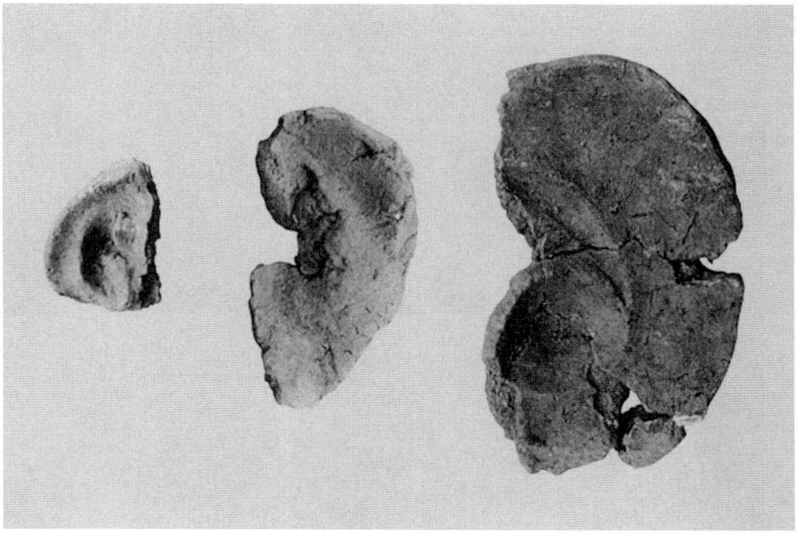

蚕神庙泥塑人耳

称“聂耳”。聂，即摄，抓住。《山海经·海外东经》：“奢比之尸在其北，兽身、人面、大耳，珥两青蛇。一曰肝榆之尸，在大人北。”《山海经·大荒东经》：“有神，人面、犬耳、兽身，珥两青蛇，名曰奢比尸。”《山海经·海外北经》：“聂耳之国在无肠国东，使两文虎，为人两手聂其耳。县居海水中，及水所出入奇物。两虎在其东。”聂耳，即摄耳；两虎，牛河梁西方白虎座有两只老虎。

087 狄山和钟山

牛河梁第十六地点原称为“城子山遗址”，在凌源市凌北镇三官甸子村，《山海经》中称为“狄山”“务隅山”“岳山”“岳之山”“附禺之山”“钟山”“鄗山”“三天子山”，可能是同一座山。

《山海经·海外南经》：“狄山，帝尧葬于阳，帝喾葬于阴。”《山海经·海外北经》：“务隅之山，帝颛顼葬于阳，九嫔葬于阴。”“钟山之神，名曰烛阴，视为昼，瞑为夜，吹为冬，呼为夏。不饮，不食，不息，息为风。身长千里，在无脊之东。其为物，人面，蛇身，赤色，居钟山

"五帝"祭祀区内的帝喾之山

下。"钟山,即祝融山、烛龙山,为祝融所葬。"祝融""烛龙"快读、连读后即为"钟",故"钟山"训为"祝融山""烛龙山",是"众帝之台"的一处所在。《山海经·海内北经》:"帝尧台、帝喾台、帝丹朱台、帝舜台,各二台,台四方,在昆仑东北。"《山海经·大荒北经》:"禹湮之,三仞三沮,乃以为池,群帝因是以为台,在昆仑之北。"《山海经·大荒南经》:"帝尧、帝喾、帝舜葬于岳山。"《论衡·偶会篇》:"舜葬苍梧,象为之耕。"苍梧,宿次在牛河梁南部,为桂林八树之一;象,大象,一说人名,舜之弟。

088 二八神和君子国

二八神,地象在喀左县东山嘴,也称"君子国""丈夫国""柔仆民""柔利国""周饶国""牛黎国""焦侥国""菌人""靖人""小人",为一地多名。《山海经·大荒南经》:"有小人,名曰菌人。"小人,身材短小的人,指倭民。《山海经·海内北经》:"倭属燕。"《山海经·大荒东经》:"有柔仆民,是维嬴土之国。"柔仆,指倭民,盖"柔利"形近之误;嬴土之国,即嫘祖之国,音近通假,嬴与羸形近,古音雷。

二八神,即十六个神人。《山海经·海外南经》:"有神人二八,连臂,为帝司夜于此野。在羽民东。其为小人颊,赤肩,尽十六人。"《山海经·大荒西经》:"有神十人,名曰女娲之肠,化为神,处栗广之野,横道而处。"

①东口之山，即东山嘴。“东口之山”为书面称呼，“东山嘴”为俗称，是口头语，是同一地名的不同表述。

《山海经·大荒东经》：“有东口之山。有君子之国，其人衣冠带剑。”东口之山，东山嘴之占，与东山嘴的地名相符。①君子国在东口之山，说明东山嘴是君子国的所在地。《山海经·海外东经》：“君子国在其北，衣冠带剑，食兽，使二文虎在旁，其人好让不争，有薰华草，朝生夕死。一曰在肝榆之尸北。”《山海经·海外西经》：“丈夫国在维鸟北，其为人衣冠带剑。”维鸟，即比翼鸟。

还有“柔利国”“牛黎国”“周饶国”“焦侥国”的说法。《山海经·海外北经》：“柔利国在一目东，为人一手一足，反𦢊，曲足居上。一云留利之国，人足反折。”人足反折，指盘膝而坐，一曰跪坐。《山海经·大荒北经》：“有牛黎之国。有人，无骨，儋耳之子。”儋耳，嫘祖别号。《山海经·海外南经》：“周饶国在其东，其为人短小，冠带。一曰焦侥国在三首东。”

089 珥双蛇之神

“珥双蛇”，以双蛇为耳饰，是蛇神崇拜的延伸，为上古民俗。牛河梁龟蛇地象的发现，影响了当时的服饰艺术。蛇神，是牛河梁的山神，也是天神。耳朵上悬挂的玉蛇不是单纯的装饰品，也是牛河梁神蛇的地象图，是蛇山蛇水地形地貌的反映。戴着它，不仅有装饰的功能，而且走在山里不会迷路。以双蛇为装饰，《山海经》中有“奢比尸”“雨师妾”“西方蓐收”“禺强”“禺虢”“不廷胡余”“弇兹”“夏后启”“夸父”。

《山海经》多处记载了“珥双蛇”。《山海经·大荒东经》：“有神，人面、犬耳、兽身，珥两青蛇，名曰奢比尸。”“东海之渚中有神，人面鸟身，珥两黄蛇，践两黄蛇，名曰禺虢。黄帝生禺虢，禺虢生禺京。禺京处北海，禺虢处东海，是惟海神。”意思是说，东海水中的小块陆地上有神，人面鸟身，珥两黄蛇，践两黄蛇，名叫“禺虢”。这禺虢是轩辕黄帝所生，是海神。《山海经·海外西经》：“西方蓐收，左耳有蛇，乘两龙。”《山海经·海外东经》：“雨师妾在其北，其为人黑，两手各操一蛇，左耳有青蛇，右耳有赤蛇。一曰在十日北，为人黑身人面，各操一龟。”“西海渚中有神，人面鸟身，珥两青蛇，践两赤蛇，名曰弇兹。”弇兹，取火女神，燧人氏之妻，一说即祝融氏。《山海经·大荒北经》：“有儋耳之国，任姓，禺号子，食谷。北海之渚中有神，人面鸟身，珥两青蛇，践两赤蛇，名曰禺强。”《山海经·大荒西经》：“西南海之外，赤水之南，流沙之西，有人珥两青蛇，乘两龙，名曰夏后开（启）。”《山海经·大荒南经》：“南海渚中有神，人面，珥两青蛇，践两赤蛇，曰不廷胡余。”《山海经·海内经》：“又有黑人，虎首鸟足，两手持蛇，方啖之。”

上海博物馆藏战国“凤”字铜印

珥双蛇之俗体现了蛇神崇拜。四蛇相绕的鸟，是古写的“凤”字的物象，还体现了凤凰崇拜。上海博物馆收藏了 1 枚战国肖形印。神人正面而立，鸟翼，两耳珥蛇，两足践蛇。该印原训为“禺强铜印”，应是一个象形字，为古“凤”字。

090 氾林与邓林

昆仑虚南方圆三百里之内，古称“氾林”，也作“范林”。《山海经·海内北经》：“昆仑虚南所，有氾林方三百里。从极之渊深三百仞，维冰夷恒都焉。冰夷人面，乘两龙。一曰忠极之渊。”意思是说，昆仑南部有三百里的树林，叫“氾林”，从山顶到山脚有个从极渊，是个悬崖，有三百仞深，那里是伯夷父的都城所在。伯夷父的神像是人的模样，坐骑是两条龙。从极渊，也有称为“忠极渊”的；昆仑虚，即牛河梁；冰夷，即伯夷，一说为颛顼帝师；两龙，即二龙戏珠，地象在二龙村。《山海经·海外北经》："范林方三百里，在三桑东，洲环其下。"氾林方圆三百里，在三桑东边，周边是悬崖。范林，即氾林；洲，渊之误。《山海经·海内南经》："氾林方三百里，在狌狌东。"氾林在猩猩知人语的东边。

牛河梁北部还有一处树林，叫"邓林"，在夸父逐日的东部。夸父逐日，依杖而行。他的手杖之处是一片树林，称"邓林"。一说邓林即氾林，地望应在今内蒙古自治区喀喇沁旗乃林镇。①《山海经·海外北经》："夸父与日逐走，入日，渴欲得饮，饮于河渭。河渭不足，北饮大泽。未至，道渴而死。弃其杖，化为邓林。博父国在聂耳东，其为人大，右手操青蛇，左手操黄蛇。邓林在其东，二树木。一曰博父。"博父国，即夸父所在。夸父的手杖，另一种说法称是戈。

①乃林与氾林、邓林的演化关系尚不明。

091 附禺山与胡不与国

《山海经》所说的附禺山，为颛顼葬所。胡不与国，即扶余国，是语音连读的结果。"附禺""胡不与""扶余""胡余"，皆同音同义。另有 "务隅山""符禺山""岳山""三天子山""鄣山""钟山""巫山"等名，也与附禺山是同一座山。②

《山海经·大荒北经》："东北海之外，大荒之中，河水之间，附禺之山，帝颛顼与九嫔葬焉。爰有鵰久、文贝、离俞、鸾鸟、皇鸟、大物、小物。有青鸟、琅鸟、玄鸟、黄鸟、虎、豹、熊、黄蛇、视肉、璇、瑰、瑶、碧，皆出卫于山。卫丘方圆三百里，丘南帝俊竹林在焉，大可为舟。竹南有赤泽水，名曰封渊，有三桑无枝。丘西有沈渊，颛顼所浴。"丘，昆仑丘，即牛河梁，一说指平丘；帝俊竹林，即寻竹，也称"不死药""不死草""不死树"，地象在万寿；赤泽水，即赤水，在今赤峰；三桑无枝，指三株树，地象在赤峰北。《山海经·大荒北经》："有胡不与之国，烈姓，黍食。"胡不与，即扶余，音同通假，也称"颛顼国"，是颛顼后裔。吉林省今有扶余市，但远古时期的扶余国范围要大得多。

②按照中国古代天文宿次与分野的对应关系，扶余山可以有多座，一说即扶余王所在的大山，其地象在吉林省蛟河市，当地称"拉法山"（"大砬子山"）和"小砬子山"。

附禺山：扶余王父子所在的大山

扶余王妃所在的大山

附禺山，一说即今长白山。

扶余国是上古封国，在东北地区流传了上百代，到西汉早期仍然存在。历代扶余王及其王妃为山陵，各得神位，有居为星神、山神、水神、城隍、土地者。蛟河市西北的大山应为山神父子所在，神主应是上古时期的两代扶余王。此处山岭俗称"老爷岭"，即山神所在的山岭。山下曾有老爷庙，也称"大庙"，是远古时期祭祀长白山山神的场所。[①]老爷，山神之谓。大庙，即太庙，为国庙，可知祭祀等级之高，故可知山神应为长白山的主神。老爷庙为祭祀老爷岭的山神而建，即山神庙，是吉林省境内最早的神庙建筑，年代距今4000~5000年。

①蛟河大庙于明清时期改作供奉关圣帝君，故为关帝庙，新中国成立后被平毁，原址在蛟河市医院西。

颛顼的后代还有叔歜国、淑士国和中輴。《山海经·大荒北经》："有叔歜国。颛顼之子，黍食，使四鸟：虎、豹、熊、罴。有黑虫如熊状，名曰猎猎。"《山海经·大荒西经》："有国，名曰淑士，颛顼之子。"叔歜、淑士，音近通假，为同一国。《山海经·大荒北经》："西北海外，流沙之东，有国曰中輴，颛顼之子，食黍。"流沙，古地名，今辽宁省建平县沙海镇。

092 建木和若木

建木，即天柱，众神上下之所由也，地象应在万寿，另一说建木即七老图山。建木也称“不死树”“不死草”“不死药”“帝药”“不死之山”“寿麻”等。《山海经·海内南经》：“有木，其状如牛，引之有皮，若缨、黄蛇。其叶如罗，其实如栾，其木若蓲，其名曰建木。在窫窳西弱水上。”窫窳，在内蒙古自治区宁城县境。东晋郭璞注：“建木青叶，紫茎，黑华，黄实，其下声无响，立无影也。”立无影，指天地之中。《山海经·海内经》：“有木，青叶紫茎，玄华黄实，名曰建木，百仞无枝，上有九欘，下有九枸，其实如麻，其叶如芒。大皞爰过，黄帝所为。”《淮南子·墬形训》亦曰：“建木在都广，众帝所自上下。日中无景，呼而无响，盖天地之中也。”东汉高诱注：“众帝之从都广山上天还下，故曰上下。”《玄中记》：“蓬莱之东，岱舆之山上有扶桑之树。树高万丈。树巅常有天鸡，为巢于上。每夜至子时，则天鸡鸣，而日中阳乌应之；阳乌鸣，则天下之鸡皆鸣。”《太平御览》卷九五五引《玄中记》：“天下之高者，扶桑，无枝木焉。上至天，盘蜿而下，屈通三泉。”屈原《天问》：“八柱何当？东南何亏？”八柱，即天柱。

建木，也称“若木”“寻木”“寻竹”“檠木”。《山海经·大荒北经》：“大荒之中，有衡石山、九阴山、泂野之山。上有赤树，青叶赤华，名曰若木。”《山海经·海内经》：“南海之外，黑水青水之间，有木名曰若木，若水出焉。”黑水，今辽宁省建平县黑水镇。《山海经·大荒北经》：“有岳之山，寻竹生焉。”《山海经·海外北经》：“寻木长千里，在拘缨南，生河上西北。”拘缨，即一手拘缨，地象在今河北省平泉县东。《山海经·大荒北经》：“大荒之中，有山名曰衡天。有先民之山。有檠木千里。”

093 蟜和蟜极

蟜，也称“交胫”“玄股”“交趾”“跂踵”“反踵”。《山海经·海内北经》：“蟜，其为人虎文，胫有膂。在穷奇东。一曰状如人，昆仑虚北所有。”昆仑虚，即轩辕之台，为牛河梁第五地点中间的方形祭坛；蟜，为黄帝之孙蟜极；穷奇，亦为黄帝之孙，地象在牛河梁北，凌源市和建平县境。《山海经·海外南经》：“交胫国在其东，其为人交胫。一曰在穿匈东。”《山海经·大荒东经》：“有国曰玄股，黍食，使四鸟。”《山海经·海外北经》：“跂踵国在拘缨东，其为人大，两足亦大。一曰大(反)踵。”拘缨，即一手拘缨，地象在今河北省承德县五道河乡。

牛河梁第二地点一号冢第 4 号墓，是一座较完整的石棺墓。墓口长 1.98 米，宽 0.4~0.5 米，墓顶以石块封堆，下搭有石盖板，棺壁为石板立置。尸身头向东，仰身直肢。随葬 3 件玉器，头下枕 1 件斜口筒形玉器，胸部置 2 件玉熊，两背相对。墓主两腿交叉，为古字“交”，是一个人名占，即“蟜”。“蟜”，是人名专用字，即黄帝之孙蟜极。蟜极，黄帝之孙，玄嚣之子，帝喾之父。《史记·五帝本纪》：“帝喾

第二地点一号冢 4 号墓墓主遗骨及其遗物复原图

高辛者，黄帝之曾孙也。高辛父曰蟜极，蟜极父曰玄嚣，玄嚣父曰黄帝。自玄嚣与蟜极皆不得在位，至高辛即帝位。高辛于颛顼为族子。”玄嚣，即玄器。

094 结匈和贯匈

结匈和贯匈是古国之名。《山海经·海外南经》：“结匈国在其西南，其为人结匈。南山在其东南。自此山来，虫为蛇，蛇号为鱼。一曰南山在结匈东南。”南山，凌源南部的大山，一说为“龙鱼陵居”。《山海经·海外南经》：“贯匈国在其东，其为人匈有窍。一曰在𢧀国东。”𢧀国，即君子国，应在喀左东山嘴。结匈、贯匈，即后来的匈奴。《山海经·海内南经》：“匈奴、开题之国、列人之国并在西北。”

结匈，一说是胸前有个结，为鸡胸。贯匈，一说是胸部有个穿孔。皆不确。古人曾以离珠或窥管置于胸口，应是一项古俗。离珠和窥管是中国早期的望远镜，可以观天察远。结匈或者贯匈，应该是指胸前的玉饰，即离珠或窥管，既有装饰的作用，也有实用的价值。另一说，指大山为结胸山和贯胸山。

095 九丘

九丘，上古地理名胜，牛河梁地区是九丘的所在地。九丘，一说九丘即九座神山，上古历史人物死后所化；一说为古载籍之名，有《三坟》《五典》《八索》《九丘》。《山海经·海内经》：“有九丘，以水络之：名曰陶唐之丘，有叔得之丘、孟盈之丘、昆吾之丘、黑白之丘、赤望之丘、参卫之丘、武夫之丘、神民之丘。”

陶唐之丘，指帝尧台，在牛河梁第十六地点。陶唐，帝尧之号。

叔得之丘，或为田家沟田祖叔均所在，未详。

孟盈之丘，指嬴母之山。盈，即嬴，嫘祖的别称。

昆吾之丘，指山神陆吾的所在，在牛河梁苍龙之尾。昆吾，也称“天昊”“天虞”，水伯名号。

黑白之丘，祭祀太阳神的地方，烛龙所在，在牛河梁第十三地点。黑白，指昼夜。

赤望之丘，为牛河梁天目所在，河北省平泉县东的山脉。赤望，望高察远，指天目而言。

参卫之丘，为武卫之所，天棓所在，在牛河梁顶。参卫，指刑徒侍卫。

武夫之丘，为青龙或白虎所在。武夫，指武将之所，在青龙或白虎。

神民之丘，应在牛河梁苍龙之首，为东山嘴遗址。神民，或指东山嘴的截国、丈夫国、二八神。

096 九头鸟

九头鸟，华夏民族早期的图腾标志物，称作“九凤”，地望在凌源市凌北镇河汤沟村，古称“汤谷”。《山海经·大荒北经》：“大荒之中，有山名曰北极天柜，海水北注焉。有神，九首人面鸟身，名曰九凤。”北极天柜，即北极天枢，地象在牛河梁第十三地点、十六地点附近，过去这里应该有九凤的图形标志，是九头鸟的形象。

六朝壁画上的三足乌

九头鸟，又名“十日”“凿齿”“黑齿”，是帝俊(黄帝)与女丑(嫫母)之子。一说为其孙。乌，太阳神的标志，后世也称“三足乌”。《山海经·南山经》：“有鸟焉，其状如鸡，而白首、三足、人面，其名曰瞿如，其鸣

自号也。”三足人面的鸟，即三足乌，为太阳神的象征。其鸣自号，它的叫声就是它的名字。《山海经·海外东经》：“东方句芒，鸟身人面，乘两龙。”鸟身人面，是太阳神的形象；乘两龙，古代“凤”字的造型。

后羿与凿齿战于寿华之野。后羿执弓箭，凿齿执戈(一说盾)，后羿获胜，便是“后羿射十日”。《山海经·大荒南经》：“有人曰凿齿，羿杀之。”《楚辞·招魂》：“十日代出，流金铄石些。”①牛河梁第二地点21号墓墓主为凿齿，墓主一说为“十日”，也就是俗中所说的九头鸟。

①十日代出，即有一代又一代的十日，另一版本作“并出”，为“代出”之衍。《艺文类聚》卷一引东晋郭璞《山海经图赞》：“十日并出，草木焦枯，羿乃控弦，仰落阳乌，可为洞感，天人县(悬)符。”

097 九首开明兽

开明，或作“开阳”，为北斗七星第二星，地象应在牛河梁第四地点。开明兽，九首神兽，应是人格化、神格化了的北斗星。开明，一训作“启明”，即金星，古称“太白”。②开明兽是辟邪神兽，起着门神的作用，一说是“陆吾”，不确。山神陆吾为九尾，非九头。

②“启”“开”古通，汉时避汉景帝刘启讳改作“开”。

开明兽是地理标志点，开明东为十巫，西为比翼鸟。《山海经·海内西经》：“昆仑南渊深三百仞。开明兽身大类虎而九首，皆人面，东向立昆仑上。开明西有凤皇、鸾鸟，皆戴蛇践蛇，膺有赤蛇。开明东有巫彭、巫抵、巫阳、巫履、巫凡、巫相，夹窫窳之尸，皆操不死之药以距之。窫窳者，蛇身人面，贰负臣所杀也。服常树，其上有三头人，伺琅玕树。开明南有树鸟，六首：蛟、蝮、蛇、蜼、豹、鸟秩树，于表池树木，诵鸟、鶽、视肉。”昆仑，即牛河梁；蛟，即蛴，为黄帝之孙蛴极；贰负臣，称“危”，指危宿，为北方玄武第五星。《山海经·海内西经》：“海内昆仑之虚，在西北，帝之下都。昆仑之虚，方八百里，高万仞。上有木禾，长五寻，大五围。面有九井，以玉为槛。面有九门，门有开明兽守之，百神之所在。”《楚辞·招魂》：“一夫九首，拔木九千些。”

098 九尾狐和昆吾之兽

牛河梁的大山，不仅是珍禽异兽的形象，而且是有生命的个体,也就是古人眼中的山神。山神,是大山的神态状貌,是人格化、神格化的大山。牛河梁的每一处珍禽异兽的形象都是大山的形态,是山神,同时也是天神,担负着沟通天地的使命。

《山海经·大荒东经》:“有青丘之国,有狐九尾。”《山海经·海外东经》:“青丘国在其北,其狐四足九尾。一曰在朝阳北。”意思是说,青丘国在朝阳谷之北。那里有神狐,四只脚,九条尾巴。《山海经·海内经》:“北海之内,有山名曰幽都之山,黑水出焉。其上有玄鸟、玄蛇、玄豹、玄虎,玄狐蓬尾。有大玄之山。有玄丘之民。有大幽之国。有赤胫之民。”凌源市三十家子镇有狐狸之状的大山,或为“玄狐”。《山海经·南山经》:“又东三百里,曰青丘之山。其阳多玉,其阴多青雘。有兽焉,其状如狐而九尾,其音如婴儿,能食人,食者不蛊。”食,“服”之讹也,佩戴九尾狐的装饰品,就不会有虫害。另一说,食音嗣,服侍、供养之意,是指供奉九尾狐之神。九尾狐,也称“蠪侄”。《山海经·东山经》:“有兽焉,其状如狐而九尾、九首、虎爪,名曰蠪

玄狐之山

侄,其音如婴儿,是食人。”

陆吾,为山神之名,在牛河梁东北,是并封之神加上苍龙之尾组成的异兽地貌,与九尾狐重合,似乎是同一座大山。《山海经·西山经》:“西南四百里,曰昆仑之丘,是实惟帝之下都,神陆吾司之。其神状虎身而九尾,人面而虎爪。是神也,司天之九部及帝之囿时。”陆吾,也称“昆吾”。《山海经·中山经》:“又西二百里,曰昆吾之山,其上多赤铜。有兽焉,其状如彘而有角,其音如号,名曰蠪蚳,食之不眯。”《山海经·大荒西经》:“有三泽水,名曰三淖,昆吾之所食也。”清郝懿行注:“昆吾之山已见《中次二经》,此经昆吾,古诸侯号也。《大戴礼·帝系篇》云:‘陆终产六子,其一曰樊,是为昆吾。’《淮南·墬形训》云:‘昆吾丘在南方。’”

《山海经·大荒西经》:“有人反臂,名曰天虞。”天虞,东晋郭璞注:“即尸虞也。”尸虞在《山海经》中可能有段记述的文字,今已佚。天虞,也称“贰负神”,因杀窫窳,被反臂缚于山上。《山海经·大荒东经》:“有神人,八首人面,虎身,十尾,名曰天吴。”天吴,一说为水伯。《山海经·海外东经》:“朝阳之谷,神曰天吴,是为水伯。在虿虿两水间。其为兽也,八首人面,八足八尾,皆青黄。”《山海经·南山经》:“《南次三经》之首,曰天虞之山。其下多水,不可以上。”天虞、天吴为同一神灵,“虞”“吴”通假。“九尾狐”“山神陆吾”“昆吾”“天吴”“并封”“水伯”都是苍龙之尾在后世的演绎。到了夏代,龙的完整形象已经失传,于是截取了龙尾的形态,在不同的年代变造出了不同的名称。

099 拘缨国与颛顼国

拘缨国,也称“一手拘缨”,是一只手去抓帽缨的地象,即羽民国,又称“颛顼之国”,是颛顼后代的坟墓所在。《山海经·大荒南经》:“有国曰颛顼,生伯服,食黍。”《淮南子·时则训》:“南方之极,自北户孙之外,贯颛顼之国,南至委火炎风之野,赤帝祝融之所司者，万二千里。”《山海经·海外南经》：“羽民国在其东南，其为人长头，身生羽。一曰在比翼鸟东南，其为人长颊。”[①]长头、长颊，“颛顼”之义。颛顼部族以翎毛或羽毛为头部装饰，并用羽毛和羽绒保暖，所以称“羽民国”。长头、长颊，一说即驩头、讙兜，为上古“四凶”之一。

《山海经》中的“国”，不是现代意义上的“国家”，如以“国家”“邦国”作解，与古史不符，因为那时国家还没有出现。此处的“国”，通“域”。域，即茔域，坟茔所在。[②]牛河梁是上古华夏族的坟茔地，也是各个部族的社稷宗庙所在，故皆以“国”称。《山海经》所说的“国”，对应物就是牛河梁上的积石冢。转译现代汉语时，国名可直接沿用，或译为“坟”。

①长头人，为古俗，即勒紧头部使颅骨变长的部族。此意为“颛项”（长头为“颛”，长颊为“项”），表明自己是颛项（一说驩头）的后裔，不忘自己的祖先。长头的产生，一说是马凡氏综合征的病理表现，是一种常染色体显性遗传病。

②远古时期的茔域包括两部分。一是山陵，为山川望祭之所，是其与世恒在的标志；另一是坟墓，即埋骨之所。所以《山海经》中的“国”除了坟茔也有“大山”的意思。

100 昆仑之丘

昆仑之丘，牛河梁的古称，是正式的称谓。也称“昆仑”“昆仑山”“昆仑虚”“昆仑之虚”“轩辕之丘”，是北方玄武的龟背所在，是天帝（轩辕黄帝）的帝都。[③]《庄子·天地》：“黄帝游乎赤水之北，登乎昆仑之丘。”《水经注·河水》引《遁甲开山图》荣氏注：“天下仙圣治，在柱州昆仑山上。”《山海经·西山经》：“西南四百里，曰昆仑之丘，是实惟帝之下都，神陆吾司之。其神状虎身而九尾，人面而虎爪。是神也，司天之九部及帝之囿时。”陆吾，东晋郭璞注：“即肩吾也。庄周曰：‘肩吾得之，以处大山’也。”《禹贡锥指》卷十三引《河图玉版》：“西王母居昆仑之山。”西王母，即女娲；昆仑之山，即牛河梁。《太平御览》卷六六一引《尚书帝验期》：“王母之国在西荒，凡得道授书者，皆朝王母于昆仑之阙。”王母之国，在牛河梁的蛇头之处。

③中国古时有两处昆仑。上古时的昆仑在今牛河梁。汉魏时期，复以河西走廊的大山为昆仑，故昆仑也指代西方。

昆仑之虚，占地空阔，高高在上。《山海经·海内西经》：“海内昆仑之虚，在西北，帝之下都。昆仑之虚，方八百里，高万仞。上有木禾，长五寻，大五围。面有九井，以玉为槛。面有九门，门有开明兽守之，百神之所在。在八隅之岩，赤水之际，非仁羿莫能上冈之岩。”“昆仑南渊深三百仞。开明兽身大类虎而九首，皆人面，东向立昆仑上。”《山海经·海外南经》：“昆仑虚在其东，虚四方。一曰在岐舌东，为虚四言。羿与凿齿战于寿华之野，羿射杀之。在昆仑虚东。羿持弓矢，凿齿持盾，一曰戈。”《淮南子·墬形训》：“昆仑之丘，或上倍之，是谓凉风之山，登之而不死；或上倍之，是谓悬圃，登之乃灵，能使风雨；或上倍之，乃维上天，登之乃神，是谓太帝之居。”

101 林氏国

林氏国，中国早期的封国，在今内蒙古自治区翁牛特旗，为驺

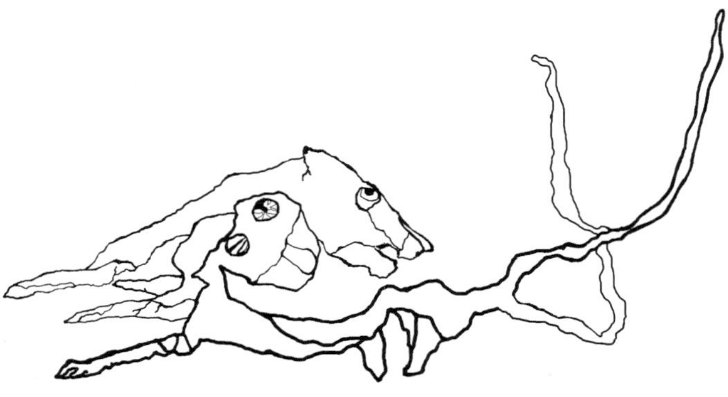

翁牛特旗北部的驺吾地象及线描图

吾地象。《山海经·海内北经》:“林氏国有珍兽,大若虎,五采毕具,尾长于身,名曰驺吾,乘之日行千里。”意思是说,林氏国有珍兽,像老虎,色彩艳丽,尾巴比身体长,名叫“驺吾”,骑上日行千里。①

①驺吾,一说即陆吾。

翁牛特旗北部的大山,清晰显示出了白虎的图案,包括虎尾、虎梁、虎爪以及虎头和双眼,地象十分生动。虎的尾巴在沙漠之中,比身子还要长。此兽即《山海经》所说的“驺吾”,也叫“驺虞”,是传统的瑞兽图腾。驺吾的所在,也就是林氏国,是夏代的封国。

102 龙山

龙山,龙形的大山,瑞兽之状。牛河梁的东方青龙,是一条长龙一样的山脉,外观轮廓如同是一个英文字母“C”,或许是《山海经》中所说的“龙山”。《山海经·大荒西经》:“大荒之中,有龙山,日月所入。有三泽水,名曰三淖,昆吾之所食也。有人衣青,以袂蔽面,名曰女丑之尸。”按照这个记载,龙山上有祭祀太阳、月亮的场所,有昆吾生长的地方,有人穿着青色的衣服,用袖子挡着脸,名字叫“女丑之尸”。内蒙古自治区翁牛特旗赛沁塔拉村(汉译为“三星他拉村”)出土了1件红山大玉龙,外形如同是一个英文字母“C”,是龙山的地象图,同时也是一个远古时期的“龙”字,表示龙。

103 龙鱼陵居和南山

《庄子·逍遥游》说:“北冥有鱼,其名为鲲。鲲之大,不知其几千里也。化而为鸟,其名为鹏。鹏之背,不知其几千里也。怒而飞,其翼若垂天之云。是鸟也,海运则将徙于南冥。南冥者,天池也。”意思是说,北海有一条鱼,名字叫“鲲”。鲲的体型庞大,不知到底有几千里。它变化为鸟,名字叫"鹏"。鹏的背部宽阔,也不知有几千里。它奋起高飞时,双翅张开犹如天边的云朵。这只巨鸟,在海风大作时,就会迁徙到南海去。南海,是一个天然大池。

庄子所说的"鲲鹏",形体巨大,忽而为鱼,忽而为鸟,如同梦幻一般的动物。但是,"鲲鹏"在自然界确实存在,《山海经》称之为"龙鱼陵居""大鯾""鳖鱼",是牛河梁的一座大山,在凌源市万元店镇下河杖子村附近。《楚辞·天问》:"鲮鱼何所?鬿堆焉处?"鲮鱼,即龙鱼陵居。

《山海经·海外西经》:"龙鱼陵居在其北,状如狸(鲤)。一曰鰕。即有神圣乘此以行九野。一曰鳖鱼在夭野北,其为鱼也如鲤。"鳖鱼,大鳖和龙鱼。夭,通沃。龙鱼在沃野之北,可居水中,又可居山陵之上,形状同鲤鱼相似。也有叫它"鰕鱼"的。神人乘此飞行,也叫"鳖鱼"。大鯾,也称"鱼龙陵居",在玄武蛇头的东北。这条鱼龙可能并非是海里的恐龙,而是翼龙,《庄子·逍遥游》称之为"鲲鹏"。鲲,是海里的大鱼,鹏是天上的飞鸟。翼龙捕食水中生物,又展翼飞行在空中,正可释"鲲鹏"既是鱼又是鸟的属性。

龙鱼陵居或许也称"南山""偏句之山""鱼山"。《山海经·海外南经》:"南山在其东南。自此山来,虫为蛇,蛇号为鱼。一曰南山在结匈东南。"南山是蛇的样子,也是鱼的样子。这是玄武蛇头周边的地象。《山海经·海内北经》:"大鯾居海中。"《山海经·大荒西经》:"西南,大荒之中隅,有偏句、常羊之山。"《山海经·大荒北经》:"有山名曰齐州之山、君山、鬵山、鲜野山、鱼山。"

104　鸾歌凤舞

鸾歌凤舞,是牛河梁的朱雀地象,即比翼鸟,在凌源之南,也作"莺歌燕舞""凤歌鸾舞",《山海经》中用来形容山水地理的美好,后世也比作夫妇和谐的关系。《山海经·海外西经》:"此诸夭之野,鸾鸟自歌,凤鸟自舞。"《山海经·大荒南经》:"爰有歌舞之鸟,鸾鸟自

山西吉县卦甲山史前“凤歌鸾舞”摩崖石刻

歌，凤鸟自舞。”《山海经·海内经》：“有鸾鸟自歌，凤鸟自儛。”

比翼鸟的神态，第一只鸟为跳舞的神态，第二只鸟仰天鸣叫，为唱歌的神态。《逸周书·王会解》：“氐羌以鸾鸟。”是说氐羌是以鸾鸟为图腾。《开元占经·禽占·鸟休徵·凤凰鸾》引《抱朴子》曰：“古者太平之世，凤凰常居其国而生光。”又引《中候》曰：“周公归政于成王，鸾凰现。”鸾鸟，也就是牛河梁朱雀地象中的第二只鸟。

1995 年，山西吉县卦甲山发现一幅史前岩画，是中国所见最早的图画文字，测试年代距今约一万年。岩画凿刻于陡直崖面上，画面北向，通高 0.65 米，宽 1.1 米，自右向左依次是四幅独立的远古文字画。画面连缀在一起，构成了一幅题铭为“凤歌鸾舞”的上古摩崖石刻。

第一个字，内容是一条蛇缠绕着一只鸟，通高 0.24 米，宽 0.33 米。以画为字，此为古“凤”字。“凤”为象形字，蛇鸟相缠之状，与卦甲山所见者合。

第二个字，内容为一王者戴胜而歌之状，通高 0.57 米，宽 0.14 米。画中人物戴胜，鳞身，张口而啸，为王者形象。图画凸显了张口而啸的动作，故此系一古“歌”字。

第三个字，内容为戴胾之鸟，通高 0.29 米，宽 0.23 米。头右尾左，顶有两乳状凸，身竖立，6 根线条组成大尾巴，从身下向右后环

山西吉县卦甲山史前“凤歌鸾舞”摩崖线描图

曲上扬，超过头部。以画为字，此为古“鸾”字。岩画中，鸟和蛇的图案都有高高的翎羽，此古称“戴胜”，也称“戴鵀”。《礼记·月令》：“名鸠拂其羽”，“戴胜降于桑” 。戴鵀的鸟是一个图画字，即古“鸾”字。此字已多见出土。如四川广汉三星堆出土的铜鸟也戴着高高的翎羽，也是古“鸾”字，为象形字。

第四个字，内容为一对男女身着长袖相对而舞。男性人物高 0.21 米，宽 0.13 米。女性人物高 0.23 米，宽 0.17 米。男性面正向，上身右倾，双臂长袖右伸上举，长袖至头等高，鳞身。女性人物高面正向，头较大，身左倾，一臂右伸，手中执一物，下身着宽裙。画面为男女对舞的情景，文字画为古“舞”字。

“凤歌鸾舞”之说，应是远古人类领略了吉县山水之后的由衷赞美，故镌于崖壁以为存念。这幅石刻文字画，迄今一万年，是中国最早的摩崖石刻之一，证明了汉字文化的起源古远。

105 毛民、钉灵与讙兜之国

毛民之国为夏禹后裔，也称“钉灵国”。《山海经·海外东经》：“毛民之国在其北，为人身生毛。一曰在玄股北。”《山海经·大荒北经》：“有毛民之国，依姓，食黍，使四鸟。禹生均国，均国生役采，役采生修鞈,修鞈杀绰人。帝念之,潜为之国,是此毛民。”毛民不同于苗民,也不同于羽民,是夏代一个独立起源的部族。《山海经·海内经》:“有钉灵之国,其民从厀已下有毛,马蹄,善走。”钉灵之民即毛民,腿上的汗毛很长,善于奔走。

讙兜为上古帝王,一说即为帝丹朱,尧之子。讙兜也作“驩头”“讙头”“讙朱”“讙举”“讙”,被列为上古“四凶”之一,被流放。一说被杀。讙兜后裔为讙兜之国、三苗国、三毛国,为苗民先祖为釐姓,葬地应在牛河梁龙鱼之上。《山海经·大荒南经》:“大荒之中,有人名曰驩头。鲧妻士敬,士敬子曰炎融,生驩头。驩头人面鸟喙,有翼,食海中鱼,杖翼而行。维宜芑苣,穋杨是食。有驩头之国。”驩头,一说为长头。《山海经·海外南经》:“讙头国在其南,其为人人面有翼,鸟喙,方捕鱼。一曰在毕方东。或曰讙朱国。”《山海经·大荒北经》:“西北海外,黑水之北,有人有翼,名曰苗民。颛顼生驩头,驩头生苗民,苗民釐姓,食肉。”《神异经·西荒经》:“西荒中有人,面目手足皆人形,而胁下有翼,不能飞,名曰苗民。”《山海经·海外南经》:“三苗国在赤水东,其为人相随,一曰三毛国。”

苗民的祖茔在牛河梁,俗中有据可考。据远古传说,苗族的祖先住在浑水河(黄河)北岸。川南、滇东北苗族妇女喜爱穿蜡染大花裙,裙下有三大条花纹。根据世代相传,上面一条代表浑水河(黄河),中间一条代表大清河(长江),下面一条代表平原上的田坝。这一带苗族人民举办丧事时,须由本组“鬼师”以雄鸡开路,一程又一程地指示,一直送过浑水河(黄河)。安葬时,棺木横埋,方向是头朝东,以示亡灵回归祖先故土。[①]苗族的这一葬俗,为《山海经》的叙述提供了佐证。

①翁家烈:《从〈山海经〉窥索苗族族源》,见中国《山海经》学术讨论会编《〈山海经〉新探》,四川省社会科学院出版社 1986 年版。

106 女丑和女丑之尸

黄帝之妻嫫母容貌丑陋,《山海经》中称为“女丑”“女丑之尸”。牛河梁蚕神庙发掘出土了一泥塑女神头像,古称“魃头”,为嫫母的形象。《山海经·大荒东经》:“海内有两人,名曰女丑。女丑有大蟹。”《山海经·海外西经》:“女丑之尸,生而十日炙杀之。在丈夫北。以右手鄣其面。十日居上,女丑居山之上。”十日,轩辕黄帝之子。《山海经·大荒西经》:“有人衣青,以袂蔽面,名曰女丑之尸。”

在河北省承德县上谷村西,有嫫母之山,是轩辕黄帝的陪祀,为嫫母的望祭之处。

107 女子国、帝之二女和女祭、女薎

女子国,是古时妇女求子之所,一说在牛河梁大遗址的南天门断崖下,即女娲洞。此处是天然形成的女性生殖系统模型,体现了远古时期的女性生殖崇拜。女子国也称“女和月母之国”。

《山海经·大荒西经》:“有女子之国。”《山海经·海外西经》:“女子国在巫咸北,两女子居,水周之。一曰居一门中。”《山海经·大荒东经》:“有女和月母之国。”地象在女娲洞。月母,女娲之谓,女娲洞也就是月母洞。《淮南子·墬形训》:“凡海外三十六国,自西北至西南方,有……女子民……”《三国志·魏书·乌丸鲜卑东夷传》云:“有一国亦在海中,纯女无男。”《后汉书·东夷列传》云:“或传其国有神井,窥之辄生子云。”女子国一说在辽西走廊。辽宁省葫芦岛市的南方(兴城一带),山川望祭的神主是清一色的女子,或许是《山海经》所说的“女子国”。

牛河梁还有“帝之二女”。《山海经·中山经》:“东南一百十里曰洞庭之山。……帝之二女居之,是常游于江渊。”二女地象应在今河北省平泉县王杖子村北,大山的形态是两名女子,地象清晰,造型生动,在跪坐欧丝女子之北,或许是《山海经》所说的“帝之二女”山。

《山海经·大荒西经》:“有寒荒之国,有二人:女祭、女薎。”女祭、女薎之山应在今河北省宽城县板城镇。《山海经·海外西经》:

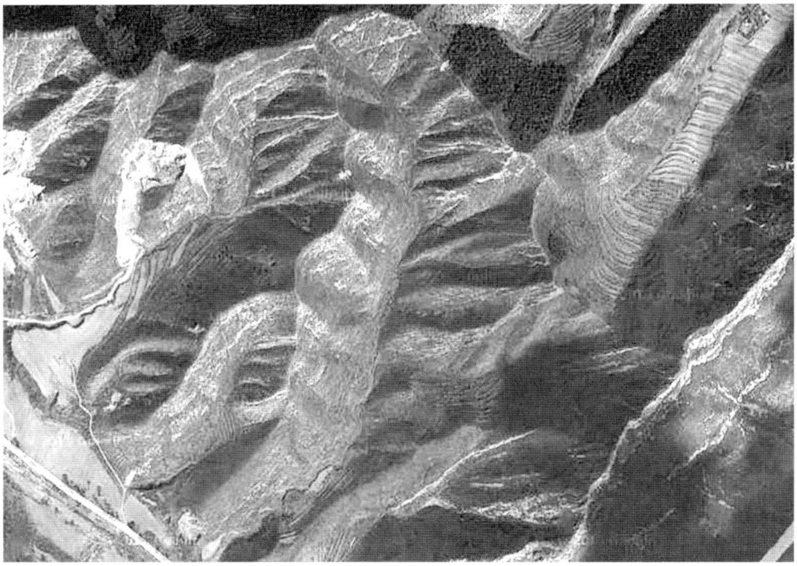

欧丝女子北面的大山：帝之二女山地象

“女祭、女戚在其北，居两水间。戚操鱼䱇，祭操俎。鵹鸟、鶬鸟，其色青黄，所经国亡。在女祭北。鵹鸟人面，居山上。一曰维鸟，青鸟、黄鸟所集。”俎，案板，为女祭所持，板城镇地象。板城镇有山川望祭之所，神主应为女祭、女蔑。女蔑，一说即女戚。

108 欧丝之野和嬴母之山

《山海经》记录了中国人养牛、养马、养猪、养羊、养狗（犬封）、养蜂（骄虫）、养蚕（欧丝之野）、养鸡生蛋（沃之野）、打鱼（张弘国）、打猎（君子国、中容）甚至驯养野兽的史迹和民俗，反映了上古时期畜牧业的状况。

中国在五千年以前就发明了养蚕和缫丝之法。《山海经》中有“欧丝之野”，是先民缫丝的场所。《山海经·海外北经》：“欧丝之野在大（反）踵东，一女子跪据树欧丝。三桑无枝，在欧丝东。”欧丝，即吐丝。欧丝之野的所在是上古“五帝”祭祀区，为山川望

欧丝之野地象

祭之所。

据史籍记载,发明养蚕的是轩辕黄帝之妻嫘祖。嫘祖在牛河梁为织女星,是桑麻之神。牛河梁女神庙为蚕神庙,是祭祀蚕神嫘祖的场所。《山海经·海外北经》说“一女子跪据树欧丝”,是一个跪坐的女子正在吐丝，讲的是嫘祖发明蚕桑之事，地象在今河北省平泉县南五十家子乡小马杖子村北。跪坐的女子，即中国最早的“女”字。记住这个字,走在山里就不会迷路,其实是一幅远古时期的地图。

《山海经》还记载了“嬴母之山”,也是一处嫘祖遗迹①,在今河北省承德县上谷村西。《山海经·西山经》:“西水行四百里,曰流沙,二百里至于嬴母之山。神长乘司之,是天之九德也。其神状如人而犳尾。其上多玉,其下多青石而无水。”嬴母,即嫘祖,为嫘祖生前之名;长乘,嬴母之山山神的名字。《山海经·海内经》:“有嬴民,鸟足。”嬴民,嫘祖的后代,秦人的祖先。

①“嬴”,通“螺”。螺母，是嫘祖生前的称谓,死后称“嫘祖”。

109 彭魮之山与弇兹山

河北省承德县上谷村西的大山，为嫘祖所在的大山，即嬴母之山，当地称“朋必山尖”。朋必山，《山海经》有述，即彭魮之山。《山海经·北山经》：“又东三百里，曰彭魮之山。其上无草木，多金玉，其下多水。蚤林之水出焉，东南流注于河。肥水出焉，而南流注于床水，其中多肥遗之蛇。”肥遗之蛇，指地象是一首两身之蛇。

燧人氏之妻弇兹所在的大山，为弇兹山，也称“崦嵫之山”，在凌源市东营子村东。《山海经·西山经》：“（鸟鼠同穴山）西南三百六十里，曰崦嵫之山，其上多丹木，其叶如谷，其实大如瓜，赤符而黑理，食之已瘅，可以御火。其阳多龟，其阴多玉。苕水出焉，而西流注于海，其中多砥砺。有兽焉，其状马身而鸟翼，人面蛇尾，是好举人，名曰孰湖。有鸟焉，其状如鸮而人面，蜼身犬尾，其名自号也，见则其邑大旱。”孰湖，瑞兽形状的大山。又说：“凡《西次四经》自阴山以下，至于崦嵫之山，凡十九山，三千六百八十里。其神祠礼，皆用一白鸡祈，糈以稻米，白菅为席。”

弇兹山：跪坐取火的女神

弇兹山前的祭坛

崦嵫山的形状如同是一位跪坐取火的女神，即弇兹，位于东营子上古“三皇”祭祀区内，面部已经有所残损。[①]弇兹的正西有一处平台，是古人望祭之所，为祭祀弇兹和燧人氏的祭坛。弇兹山的东北有一座人形的山梁，神主应为陪祀于弇兹身旁的燧人氏。[②]

弇兹是发明了钻木取火的远古女科学家，她通过钻木引燃艾灸获取火种，是一位给人类带来光明和温暖的女神，也是给人类带来健康和长寿的女神。她钻木取火所用的艾灸之法也是远古时期的一种医疗措施，后世将之与伏羲氏“制九针”[③]合称为“针灸”。

①因当地修筑铁路，女神弇兹面部被削去了将近一半，形成了数十米高的断崖。

②燧人氏之山，一说为发神，是一位燧人氏梳理头发的侍者。

③《太平御览》卷七二一引《帝王世纪》：“（伏羲氏）乃尝味百药而制九针。”

110 平丘甘柤

平丘甘柤，为两山夹两丘的地貌，为牛河梁南方朱雀地象。《山海经·海外北经》：“平丘在三桑东，爰有遗玉、青鸟、视肉、杨柳、甘柤、甘华，百果所生。有两山夹上谷，二大丘居中，名曰平丘。”两山夹上谷，是说上谷村处于两山之间，即今河北省承德县上谷乡上谷村。两山，其一为屏蓬之山，即“并封之山”“平逢之山”，是两个对称的兽首，也称“比肩兽”，《山海经》中称为“跊踼”，同时也是“三青兽”的所在，《山海经》中称为“双双”。平逢之山的发现，为确定《山海经》中诸山的位置提供了一处重要的地理标志点。《山海经·大荒西经》:“有兽,左右有首,名曰屏蓬。”三桑,一说即三株树,地象在赤峰,三桑东,应为今敖汉旗所在。杨柳,即高柳,为牛河梁柳宿所在。《山海经·海内西经》:“雁门山,雁出其间,在高柳北。高柳在代北。”甘柤,一说即甘蔗,其状如竹节,故甘柤与寻竹为同一地象。此为一说。平丘,也称“鎈丘”。《山海经·海外东经》:“鎈丘爰有遗玉、青马、视肉、杨柳、甘柤、甘华,百果所生。在东海,两山夹丘,上有树木。一曰嗟丘。一曰百果所在,在尧葬东。”

上谷村在远古历史文化中占有重要地位。村东为平逢之山,是历代崇拜和祭祀蜂神的场所,村西为嬴母之山,代表了嫘祖永不磨灭的精神和灵魂,是历代崇拜和祭祀蚕神嫘祖的场所,轩辕黄帝陪祀其旁。上谷呈现出“两山夹两丘”的地貌。两丘,即上谷村北的山丘,但此处的山丘明显不止两处。多出的山丘应是祭祀蚕神嫘祖的祭坛(祭祀广场),也可能是陵墓、神庙或城堡的废墟。

111 岐舌国与厌火国

岐舌,是把嘴唇卷成筒状,为吹风炙火之状。岐舌国,一说即厌火国。吹风炙火,即排橐之术,为女娲所发,用于炼石补天。排橐,成排的皮囊,即大功率的风箱,需要多人协同操作才能满足冶炼之需。橐,完整的羊皮或牛皮。

另一说,岐舌国即弇兹国。弇兹为燧人氏之妻,发明了钻木取火之术,岐舌即引火之状。弇兹山为弇兹所在的大山,在凌源市东营子村东。山形是一个跪着取火的妇女,即女神弇兹。弇兹是上古时期的女科学家,与女娲共同形成了后世的女娲形象。弇兹山,一作“崦嵫山”,也称“弇州之山”。

《山海经·海外南经》:“岐舌国在其东。一曰在不死民东。昆仑虚在其东,虚四方。一曰在岐舌东,为虚四言。”不死民,今万寿。昆仑虚,即轩辕台。《山海经·海外南经》:“厌火国在其国南,兽身黑

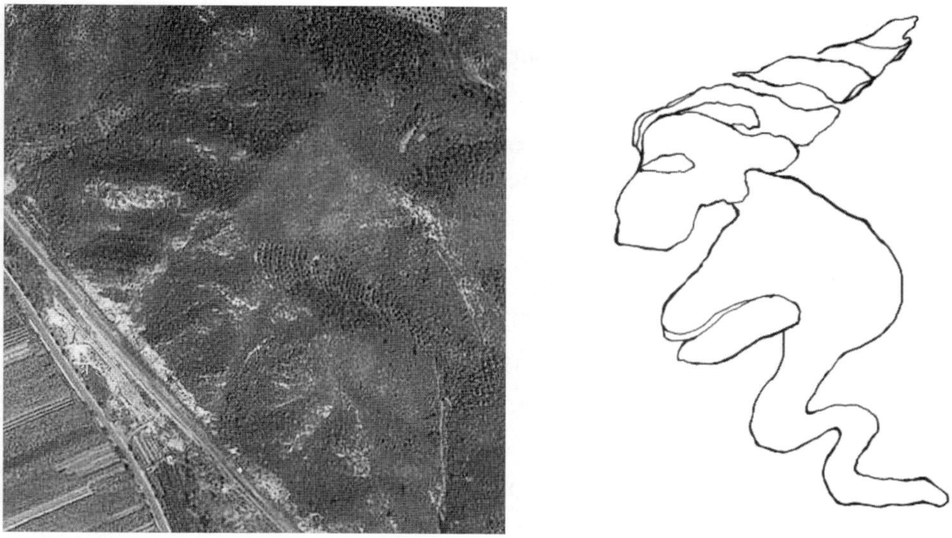

跪坐取火的妇人：凌源东营子弇兹山地象及线描图

色，生火出其口中，一曰在讙朱东。三株树在厌火北。”生火出其口中，为吹风炙火之状。三株树，地象在今内蒙古赤峰。

112 穷奇、穷山和困民国

穷奇，为牛河梁北部地象，也称“穷奇食人”，大山的形态是一只被称为穷奇的怪兽正在吃一个人，且头已被咬掉的样子。《山海经·海内北经》：“穷奇状如虎，有翼，食人从首始，所食被发，在蜪犬北。一曰从足。”所食被发，是说吃人的穷奇是披头散发的样子，与牛河梁所见者合。蜪犬，即天犬，是天犬趴在地上的样子，地象在今辽宁省凌源市热水汤村。穷奇所在称“穷山”，也称“困民国”或“劳民国”。困，穷也。

《山海经·海外西经》：“轩辕之国在此穷山之际，其不寿者八百岁。在女子国北。人面蛇身，尾交首上。穷山在其北，不敢西射，畏轩辕之丘。在轩辕国北。其丘方，四蛇相绕。”穷山，黄帝之子孙穷奇所居，故名“穷山”，地象在牛河梁天犬之北，一说为今富山；不寿者八百岁，为地名解释，今叶柏寿（“越百寿”），为寿麻地象所在；轩辕之丘，即昆仑丘，今牛河梁；女子国，即女娲洞。《山海经·海内北经》：“蟜，其为人虎文，胫有膂。在穷奇东。一曰，状如人。昆仑虚北所有。”状如人，指穷奇食人。昆仑虚，指牛河梁。蟜，即蟜极，墓为牛河梁第二地点一号冢 4 号墓。

穷奇为黄帝之孙，少昊之子，有称其为“不才子”，即不成龙者也。《左传·文公十八年》：“少皞氏有不才子……天下之民谓之穷奇。”《史记·五帝本纪》：“少皞氏有不才子，毁信恶忠，崇饰恶言，天下谓之穷奇。”《神异经·西北荒经》：“西北有兽焉，状似虎，有翼能飞，便剿食人。知人言语。闻人斗，辄食直者；闻人忠信，辄食其鼻；闻人恶逆不善，辄杀兽往馈之。名曰穷奇。亦食诸禽兽也。”穷奇虽不成龙，但盛赞者亦多，民间恒以为辟邪之器，如麒麟、貔貅之制。《后汉书·礼仪志》：“穷奇、腾根共食蛊。”东晋郭璞《山海经图赞》：“穷奇之兽，厥形甚丑。驰逐妖邪，莫不奔走。是以一号，号曰神狗。”

穷奇后裔，又有困民国、劳民国之名。《山海经·大荒东经》：“有困民国，勾姓而（黍）食。有人曰王亥，两手操鸟，方食其头。王亥托于有易、河伯仆牛，有易杀王亥，取仆牛。河伯念有易，有易潜出，为国于兽，方食之，名曰摇民。帝舜生戏，戏生摇民。”穷奇食人的山神叫“王亥”，包括“有易”和“摇民”两部分，正在吃人的叫“有易”，被吃的叫“摇民”。《山海经·海外东经》：“劳民国在其北，其为人黑。或

穷奇食人地象及线描图

曰教民,一曰在毛民北,为人面目手足尽黑。"《山海经·海内北经》:"王子夜之尸,两手、两股、胸、首皆断异处。"王子夜,即王亥,日本学者小川琢治《穆天子传地名考》认为,"夜"是"亥"的形伪,从此说。王亥为商族祖先,为后世崇祀。

113 人首蛇身之神

人首蛇身,或作"人面蛇身""龙首蛇身",是伏羲、女娲的形象。伏羲、女娲葬于大蛇的头部,因此后世传为人首蛇身的形象,成为了蛇神,是中国古代的重要图腾。大蛇,即螣蛇,蛇头在大庙村。

伏羲、女娲的后世子孙以蛇为图腾,形成了多个人首蛇身的部族,如《山海经》中的"轩辕国""钟山之神""相柳""鬼国""琴虫""延维""窫窳""烛龙"("祝融"),皆为人首蛇身。《文选》卷十一王延寿《鲁灵光殿赋》:"伏羲鳞身,女娲蛇躯。"唐李善注:"《列子》曰:'伏羲、女娲,蛇身而人面,有大圣之德。'"《淮南子·说林训》:"黄帝生阴阳,上骈生耳目,桑林生臂手,此女娲所以七十化也。"东汉高诱注:"黄帝,古天神也。始造人之时,化生阴阳。上骈、桑林,皆神明。女娲,王天下者也,七十变造化,此言造化治世非一人之功也。"

《山海经·海外西经》:"轩辕之国……人面蛇身,尾交首上。"

女娲山:女娲怀孕时的形象

《山海经·海外北经》:“钟山之神……其为物,人面,蛇身,赤色,居钟山下。”“相柳者,九首人面,蛇身而青。不敢北射,畏共工之台。台在其东。台四方,隅有一蛇,虎色,首冲南方。”《山海经·海内北经》:“鬼国……为物人面蛇身。”《山海经·大荒北经》:“有虫,兽首蛇身,名曰琴虫。”“共工之臣名曰相繇,九首蛇身,自环,食于九土。”“有神,人面蛇身而赤。”《山海经·海内经》:“有神焉,人首蛇身,长如辕,左右有首,衣紫衣,冠旃冠,名曰延维,人主得而飨食之,伯天下。”《山海经·海内西经》:“窫窳者,蛇身人面,贰负臣所杀也。”《山海经·北山经》:“其神皆人面蛇身。”

114 三青鸟与鸐鸟

三青鸟,为牛河梁南方朱雀地象,即比翼鸟。比翼鸟之后,在其南方又发现了一只鸟,合称“三青鸟”。《山海经·大荒东经》:“东北海外又有三青马、三骓、甘华,爰有遗玉、三青鸟、三骓、视肉、甘华、甘柤,百谷所在。”三青马,三座马形的大山,地象在今辽宁省凌源市东沟门。视肉,指红白相间的大山,样子看上去是一块肉。《山海经·大荒西经》:“有三青鸟,赤首黑目,一名曰大鵹,一名曰少鵹,一名曰青鸟。”第三只鸟是口衔羽毛的形象。《韩非子·说林下》:“鸟有周周者,重首而屈尾,将欲饮于河则必颠,乃衔其羽而饮之。”所述“周周鸟”,即牛河梁南部的三青鸟。

三青鸟还有“鹝(鵸)鵂”之名,是三只鸟的统称。《山海经·南山经》:“有鸟焉,其状如鸡而三首六目,六足三翼,其名曰鵸鵂,食之无卧。”意思是说,鸟有三头、六目、六足、三翼,人们佩带这样的装饰就不会贪睡。食,音嗣,供奉,恭敬地使用。佩戴这样的装饰之所以不会贪睡,是凤鸣朝阳之意。神鸟面朝东方,迎着朝阳鸣叫,为唤醒之意,故言“食之无卧”。

三青鸟还被称为树鸟、鸐鸟,是六只鸟的合称。《山海经·海内西经》:“开明南有树鸟,六首,蛟、蝮、蛇、蜼、豹、鸟秩树,于表池树木，诵鸟、鶽、视肉。”树鸟、鸓鸟，音同通假，为同一事物。《山海经·大荒西经》：“有青鸟，身黄赤足，六首，名曰鸓鸟。”伏羲、女娲之时，人们发现了牛河梁南部的一只鸟；到了少皞挚的时候，发现了第二只鸟，称为“比翼鸟”。到了夏代，发现了第三只鸟，衔着羽毛。到了商初，人们发现此处大地表面总共有六只鸟。

115 三天子鄣山与章尾山

上古时的所谓“三天子”，指尧、舜、禹而言。三天子并葬一山，故称“三天子山”，此为一说。三天子山或许为牛河梁第十六地点。因为赤水女子献以袂鄣面，故名为“鄣山”。赤水女子献，即黄帝女魃。所以“三天子山”“鄣山”“都山”“都州”都是一个地方，只是名字不同。《山海经·海内南经》：“三天子鄣山在闽西海北，一曰在海中。”《山海经·海内东经》：“浙江出三天子都，在其东，在闽西北，入海，余暨南。庐江出三天子都。入江，彭泽西。一曰天子鄣。”闽西海，宿次在牛河梁，今瓯闽为其分野。《山海经·海内经》：“有山名三天子之都。”《山海经·海内东经》：“都州在海中，一曰郁州。”

三天子鄣山，也称“章尾山”，是太阳神的所在，即祝融山。《山海经·大荒北经》：“西北海之外赤水之北有章尾山。有神，人面蛇身而赤，直目正乘。其瞑乃晦，其视乃明，不食、不寝、不息，风雨是谒。是烛九阴，是谓烛龙。”意思是说，章尾山有天神，人面蛇身，浑身通红，目光直射热烈。他闭上眼睛，天就黑了，睁开眼睛，天就亮了。他不吃、不睡也不喘息，他能抵挡大风大雨。他能照亮一切黑暗，他的名字叫“祝融”（“烛龙”）。乘，音剩，通盛；谒，通遏；烛龙，即“祝融”一声之转。

116 三珠树与琅玕树

三珠树，其状如柏，也称“柏树”，“桂林八树”之一。也作“三株树”“三棵树”，或谓之“三桑”，生于赤水之上，地象在今内蒙古自治区赤峰市北。《山海经·海内西经》：“开明北有视肉、珠树、文玉树、玗琪树、不死树。”《山海经·海外南经》：“三株树在厌火北。生赤水上，其为树如柏，叶皆为珠。一曰其为树若彗。”彗，扫把。所述为赤峰北的地象。三株树为柏树，一说为桑树，故也称“三桑”。《山海经·海外北经》：“三桑无枝，在欧丝东，其木长百仞，无枝。”

琅玕树，牛河梁大遗址南部的地象，“桂林八树”之一。《山海经·海内西经》：“服常树，其上有三头人，伺琅玕树。”《山海经·大荒西经》：“沃之野……爰有甘华、甘柤、白柳、视肉、三骓、璇瑰、瑶碧、白木、琅玕、白丹、青丹，多银铁。”《山海经·海内南经》：“桂林八树在番隅东。”番隅，古圣之名，亦为星名，地象在牛河梁南方朱雀之内。

葫芦岛南票的地象，是一棵神树，应为《山海经》中所说的“琅玕树”，一说为“玗琪树”。1921 年 6 月，瑞典地质学家安特生在南票沙锅屯东南 1.5 千米处发现了新石器时代古人类活动的洞穴遗址。

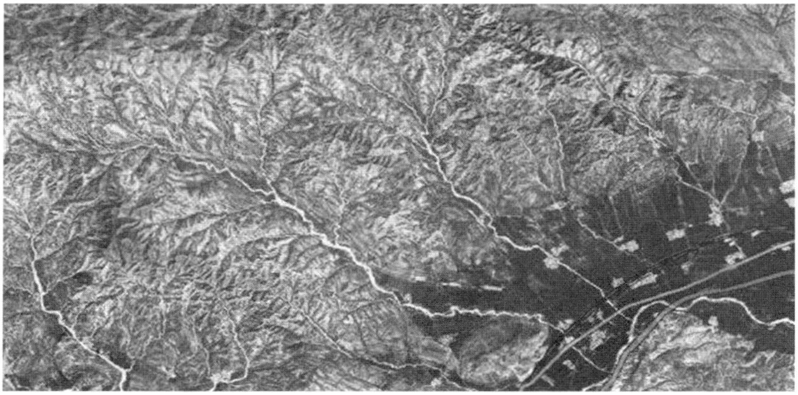

内蒙古赤峰市北的三珠树地象

发掘出的遗物主要有石刀、细石器、饰压“之”字纹和绳纹的夹砂灰陶筒形罐、彩陶折腹盖盆、红陶双耳壶、骨锥、骨针、石环、石兽纹饰等，还出土了24个个体的人骨。20世纪80年代，考古专家对该遗址又做了进一步的调查发掘，认为这是一处以墓葬为主兼具祭祀性质的后红山文化遗址。

117 蛇山蛇水和燕山燕水

蛇山蛇水，山水的样子如蛇，故名。《山海经·海内经》：“北海之内，有蛇山者，蛇水出焉，东入于海。”牛河梁北方玄武的山梁如同长蛇，山下是伴行的水系，与蛇山蛇水之述吻合。

蛇山，也称为“蛇巫山”。《山海经·海内北经》：“蛇巫之山，上有人操柸而东向立。一曰龟山。”蛇巫之山，牛河梁神蛇之谓；龟山，神龟之谓。

燕山，是牛河梁朱雀地象，即凌源南部的比翼鸟，也有伴行的水系，应为燕水。《山海经·北山经》：“北百二十里，曰燕山，多婴石。燕水出焉，东流注于河。”婴石，即燕石，带有条纹的石头。牛河梁大遗址内有龟山、蛇山蛇水、燕山燕水、鸟山、龙山、猩猩等，山是动物的形象，遂以此为名。

118 蛇巫山与十巫

蛇巫山，为牛河梁龟蛇所在。《山海经·海内北经》：“蛇巫之山，上有人操柸而东向立。一曰龟山。”《山海经·大荒南经》：“有巫山者，西有黄鸟。帝药，八斋。黄鸟于巫山，司此玄蛇。”《山海经·大荒西经》：“有巫山者。”

蛇巫山上有十巫，正在医治窫窳。十巫，即群巫，应是史前历史人物死后化成的大山。《山海经·海内西经》："开明东有巫彭、巫抵、巫阳、巫履、巫凡、巫相，夹窫窳之尸，皆操不死之药以距之。窫窳者，蛇身人面，贰负臣所杀也。服常树，其上有三头人，伺琅玕树。"《山海经·海外西经》："巫咸国在女丑北，右手操青蛇，左手操赤蛇，在登葆山，群巫所从上下也，并封在巫咸东，其状如彘，前后皆有首，黑。"《山海经·大荒西经》："有灵山，巫咸、巫即、巫盼、巫彭、巫姑、巫真、巫礼、巫抵、巫谢、巫罗十巫从此升降，百药爰在。"

119 使四鸟之神

《山海经》记载了使四鸟之神，是以四鸟为图腾标志的部族，为黄帝后裔。四鸟，长着翅膀的虎、豹、熊、罴。黄帝得道，鸡犬升天，他的虎、豹、熊、罴也长出了翅膀。上古的部族有很多是鸟图腾的部族，如"芀国""中容"("祝融")"司幽""白民国""黑齿""玄股""三身""张弘国"("长臂国")"先民之国""叔歜国""北齐之国""毛民之国"。鸟图腾的部落是蚕神嫘祖的后裔，是秦族人的祖先。

《山海经·大荒东经》："有芀国，黍食，使四鸟：虎、豹、熊、罴。""中容人食兽、木实，使四鸟：豹、虎、熊、罴。""有司幽之国……食黍，食兽，是使四鸟。""白民销姓，黍食，使四鸟：虎、豹、熊、罴。""帝俊生黑齿，姜姓，黍食，使四鸟。""有国曰玄股，黍食，使四鸟。"《山海经·大荒南经》："有人三身，帝俊妻娥皇生此三身之国，姚姓，黍食，使四鸟。""海中有张弘之国，食鱼，使四鸟。"张弘，即长臂。《山海经·大荒西经》："西北海之外，赤水之西，有先民之国，食谷，使四鸟。"《山海经·大荒北经》："颛顼之子，黍食，使四鸟：虎、豹、熊、罴。""有北齐之国，姜姓，使虎、豹、熊、罴。""有毛民之国，依姓，食黍，使四鸟。"

先民所使的四鸟，是长出翅膀的虎、豹、熊、罴。上古时期，伏羲、女娲驯服了牛马，方便了生产和生活。到了炎帝、黄帝时代，人们开始驯服猛兽，作为代步工具，也是作战的需要。《史记·五帝本纪》说轩辕黄帝“教熊罴、貔貅、貙虎”，即指此事。黄帝与蚩尤作战，虎、豹、熊、罴一起上阵，最终打败了蚩尤的大军。因为黄帝与猛兽亲近，他死后成仙，虎、豹、熊、罴也长出了翅膀，变成了鸟的样子，与他一同飞仙而去，成了先民的图腾。

120 寿麻

寿麻，也称“不死草”“天柱”“不死树”“寻竹”“帝药”等，有多个名称，其宿次分野所在后世称“柱州”。麻，八谷之一。寿麻为天地之中，是牛河梁小宇宙的黄道所在，地象在叶柏寿。

寿麻，也为古国及其首领之名。《山海经·大荒西经》：“有寿麻之国。南岳娶州山女，名曰女虔。女虔生委格，委格生寿麻。寿麻正立无景，疾呼无响。爰有大暑，不可以往。”南岳，四岳之一，掌管南方朱雀的大神，颛顼时的重要官员；正立无影，为天地之中（赤道）的表现；大暑，十分炎热，指天地之中（赤道）的气候。

《山海经·大荒西经》：“有轩辕之国。江山之南栖为吉。不寿者乃八百岁。”《山海经·海外西经》：“轩辕之国在此穷山之际，其不寿者八百岁。在女子国北。人面蛇身，尾交首上。”穷山，一说今富山；不寿者乃八百岁，地名谜，“叶柏寿”之占。

121 舜葬

舜葬，帝舜所在的大山，即舜山，也指舜的墓葬。葬，藏也。舜葬，即帝舜的山川望祭之所。[1]《山海经·大荒南经》：“赤水之东，有

[1] 远古时期的陵墓观念与后世有很大不同。陵，为山陵，是王者的山川望祭之所。墓，为葬所。帝舜的陵墓，史称“零陵”。《史记·五帝本纪》：“（舜）南巡狩，崩于苍梧之野，葬于江南九疑，是为零陵。”

舜山：帝舜的山川望祭之所

苍梧之野，舜与叔均之所葬也。爰有文贝、离俞、鴟久、鹰贾、委维、熊、罴、象、虎、豹、狼、视肉。”《山海经·海内南经》：“苍梧之山，帝舜葬于阳，帝丹朱葬于阴。”

帝舜之山在平泉县王杖子村南，即《山海经》中的“苍梧之野”和“苍梧之山”。确定神主为帝舜的理由主述如下：

其一，大山的形态为戴头巾、大胡子的男子，从外形来看，神主符合上古首领的形象。

其二，陪祀其侧的有三位女神，应为娥皇、女英和登比氏，为帝舜之妻。

其三，卫星地图上可见熊头和虎头地象，与《史记·五帝本纪》中帝舜“以朱虎、熊罴为佐”的记载相符。

其四，舜山附近有象山，是一头大象的形象，应是象征舜弟象，与《史记·五帝本纪》中舜“爱弟”“封弟象为诸侯”的记载相符。

其五，陪祀其侧的有一座虎山，形制巨大，神态生动逼真，与帝舜身份相符。又有象山。与《山海经·大荒南经》的记载相符。虎山，一说为獒山。

其六，舜山旁边有帝尧之子丹朱的望祭之所，与《山海经·海内南经》“帝舜葬于阳，帝丹朱葬于阴”的记载吻合。帝尧、帝喾所在的大山也在附近，可复证帝舜身份。

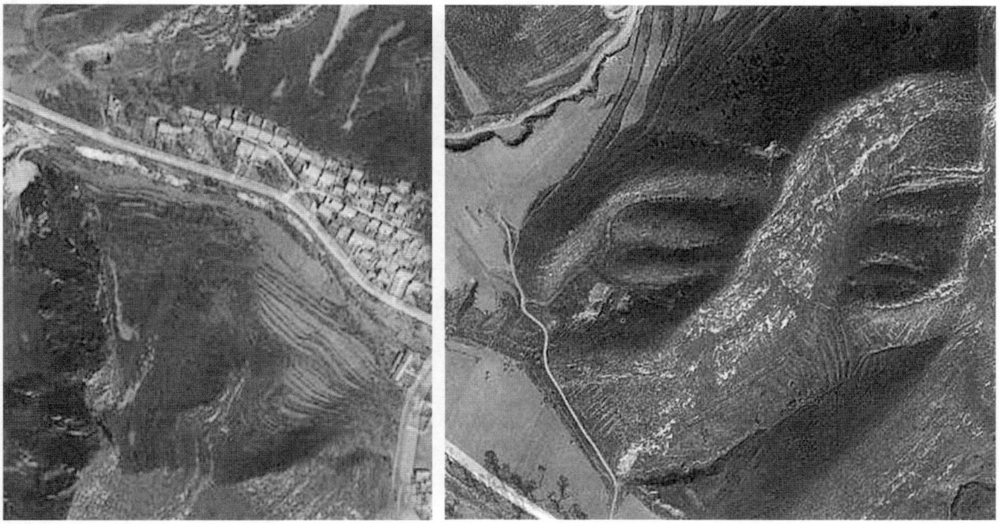

陪祀于帝舜之旁的朱虎（左）和熊罴(右)地象

据此，王杖子村南大山的神主应为帝舜，为中华人文初祖之一，其所在地为《山海经》所记载的“苍梧之野”和“苍梧之山”。

122 天犬与犬戎

天犬，地象在牛河梁大遗址北，夸父逐日之东，穷奇食人之南。其所在称“犬戎”，也称“犬封”“环狗”“崮狗”“蜪犬”。《山海经·大荒西经》：“有赤犬，名曰天犬，其所下者有兵。”《山海经·海内北经》：“蜪犬如犬，青，食人从首始。” 蜪，东晋郭璞注：“音陶。或作蚼，音钩。”天犬与并封合称“犬封”，均在牛河梁之北。天犬共两只，牝犬和牡犬，即一雌一雄，在热水汤村东。历史上的犬戎，为黄帝后裔，是一个狗崇拜的部族，骁勇善战，西周即为犬戎所灭。

《山海经·大荒北经》：“大荒之中，有山名曰融父山，顺水入焉。有人名曰犬戎。黄帝生苗龙，苗龙生融吾，融吾生弄明，弄明生白犬，白犬有牝牡，是为犬戎，肉食。有赤兽，马状，无首，名曰戎宣王尸。”白犬有牝牡，指两只天犬，一雌一雄，趴在地上的为雄犬，

旁边还有一只仰望苍天的雌犬。《山海经·大荒北经》:“有国名曰赖丘。有犬戎国。有神,人面兽身,名曰犬戎。”《山海经·海内北经》:“犬封国曰犬戎国,状如犬。”犬戎的地象是条狗。“环狗,其为人兽首人身。一曰猬状如狗,黄色。袜,其为物人身黑首从目。戎,其为人,人首三角。”《山海经·海内经》:“有青兽如菟,名曰菌狗。”菌,即菌,小也。

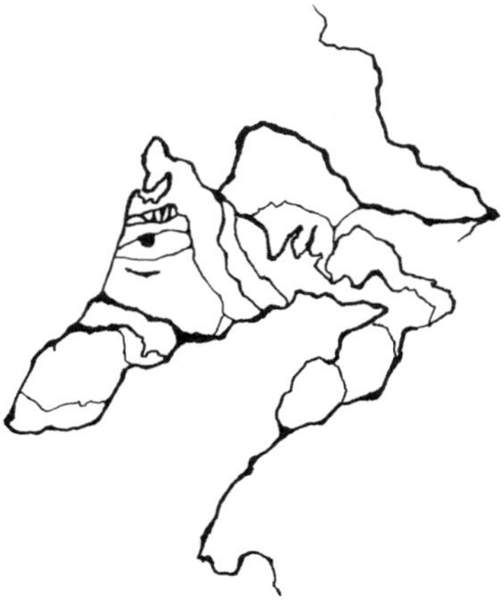

牡犬地象及线描图

123 无骨与无肠

《山海经》中的“国”,通“域”,茔域,指坟茔地而言。牛河梁上有无骨之国和无肠之国,是两个人的坟茔地。墓主一个没有骨架,一个没有内脏。无骨,没有骨骼入葬。无肠,去除内脏入葬。

《山海经·大荒北经》:“有牛黎之国,有人无骨,儋耳之子。”儋耳,即大耳,指代轩辕黄帝之妻嫘祖。有人无骨,冢内没有人骨,应指牛河梁第二地点二号冢中心大墓而言。墓主重黎为儋耳之子,即黄帝与嫘祖的儿子,按辈分是颛顼之叔父。《山海经·海外北经》:“无肠之国在深目东,其为人长而无肠。”《山海经·大荒北经》:“又有无肠之国,是任姓。无继子,食鱼。”无继,一说即无肾国。[①]《山海经·大荒北经》:“有继无民。继无民,任姓,无骨子,食气、鱼。”

①无膂,人名,意为没有腿肚子。

《山海经·大荒北经》:“有儋耳之国,任姓,禺号子,食谷。北海之渚中有神,人面鸟身,珥两蛇,践两赤蛇,名曰禺强。”《山海经·海外北经》:“北方禺强,人面鸟身,珥两青蛇,践两青蛇。”禺强,东晋郭璞注:“字玄冥,水神也。庄周曰:‘禺强立于北极。’一曰禺京。一本云:北方禺强,黑身手足,乘两龙。”北极,投射点在牛河梁第十六地点。

124 犀兕

犀兕,即犀牛,在牛河梁西北,在猩猩知人语的西北。兕,雌性的犀牛。《山海经·海内南经》:“狌狌西北有犀牛,其状如牛而黑。”狌狌,即猩猩,也称猩猩知人语。又:“兕在舜葬东,湘水南,其状如牛,苍黑,一角。”此湘水的宿次分野当在牛河梁。[②]犀牛一说在吉林

②《史记·五帝本纪》说黄帝“南至于江,登熊、湘”,一说熊、湘均在牛河梁大遗址之内。

犀牛之状的大山

省蛟河市天岗镇，西有山如犀牛，或许是一处分野。

牛河梁大遗址从东向西依次分布有“九尾狐”“并封”“鳖鱼”“龟蛇”“窫窳”“天狗”“穷奇食人”“二龙戏珠”“夸父逐日”“猩猩知人语”“犀牛”“巴蛇吞象”“猼訑”“驺吾”的地象；西部自北而南依次分布着“朧疏”“一手”“一目”“一鼻孔”的地象；东部自北而南依次分布着“三凤鸟”。这些大地美图，神态活泼，是宝贵的自然遗产和历史文化遗产。

125 西王母与月母

西王母，即女娲，也称“月母”，其豹尾虎齿，梯几戴胜，为上古时期的瑞兽符拔。《山海经·大荒东经》：“有女和月母之国。”月母，以蟾蜍为代表形象。蟾蜍，蛙也，代表华夏始祖母女娲。《开元占经·甘氏外官·月星占七十四》：“月明刑度，光生蟾蜍。”女娲为上古圣王，善于杀伐决断，因此为虎齿豹尾的形象。

《山海经·海内北经》：“西王母梯几而戴胜，其南有三青鸟（乌），为西王母取食。在昆仑虚北。”青乌，青色的乌鸦，指太阳神，为太昊伏羲。太阳神为三足乌。此三青鸟也可能为三足乌。《山海经·大荒西经》：“西海之南，流沙之滨，赤水之后，黑水之前，有大山，名曰昆仑之丘。有神——人面虎身，有文有尾，皆白——处之。其下有弱水之渊环之，其外有炎火之山，投物辄然。有人，戴胜，虎齿，有豹尾，穴处，名曰西王母。此山万物尽有。”昆仑之丘，即牛河梁之谓；人面虎身之神，指西方白虎神；弱水之渊，女子国地象。炎火之山，指祝融山，牛河梁第十六地点，一说指寿麻、天地之中；穴处，南天门下有穴，曰“神仙洞”，即女娲洞，史前为西王母之处，或曰“月母洞”。《山海经·西山经》：“又西北三百五十里，曰玉山，是西王母所居也。西王母其状如人，豹尾虎齿而善啸，蓬发戴胜，是司天之厉及五残。”司天之厉，天煞之意；五残，流星之谓。《开元占经·妖星占上·五残十三》：“《河图》曰：‘五残主奔亡。’《河图》曰：‘填星之

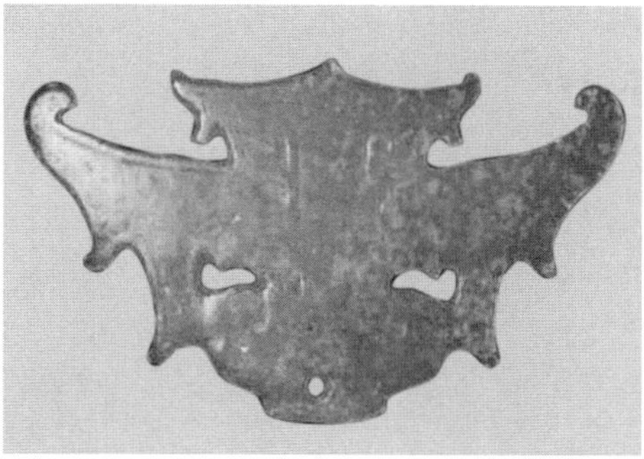

山西陶寺遗址出土的西王母(女娲)玉面

四川广汉三星堆出土西王母铜面

精,流为五残。’……《黄帝占》曰:‘五残者,五行之变,出于东方,名曰五残,木之气也。’巫咸曰:‘五残星出正东方之野,星状类辰星,可去地六七丈,大而白。’”《开元占经·妖星占中·天残二十八》:“《春秋纬》曰:‘天残主贪残。’”

上古时期的西王母为瑞兽形象,不同于后世的王母娘娘。此时的西王母为女娲,是黄帝的前辈偶像,与黄帝(天帝)没有夫妻关系。西王母即为月母,是月神,与太阳神(即三足乌)是夫妻。太阳神,最早是太皞伏羲,与女娲是夫妻。山西陶寺遗址出土了一件戴胜啸咏的女神玉面,应为女娲像,也就是西王母的像。四川广汉三星堆也出土有西王母的铜面。

126 夏耕之尸

夏耕之尸,在巫山,宿次应在牛河梁第十六地点。《山海经·大荒西经》:“有人无首,操戈盾立,名曰夏耕之尸。故成汤伐夏桀于章山。克之,斩耕厥前。耕既立,无首,丢(走)厥咎,乃降于巫山。”商代成汤与夏桀作战,斩夏耕。夏耕后被尊为神,无首,处于巫山。

夏耕之尸是夏末商初的人,为无首之神。牛河梁上另一个无首的神，称“刑天”，是颛顼时的人，葬于常阳之山。夏耕之尸是《山海经》中出现较晚的神，可作为《山海经》的断代依据。

127 啸咏之神

啸咏，撮口发出的声音，为歌唱的一种状态。一说为打口哨。《山海经·西山经》说西王母“豹尾虎齿而善啸”。在“三皇”“五帝”的山川望祭区内，有呈现出啸咏状态者，是天界作为喊叫和接引的神灵。一说神主为驩头，即讙兜，为人面鸟喙之状，《山海经》有载。一说与其呈互补之状的虚空中的男子为讙兜。

《诗经·召南·江有汜》：“江有沱，之子归，不我过！不我过，其啸也歌。”《诗经·小雅·白华》：“啸歌伤怀，念彼硕人。”《晋书·载记四·石勒上》载石勒“倚啸上车门”，“王衍见而异之，顾谓左右曰：‘向者胡，吾观其声，视有奇志，恐将为天下患。’驰遣收之。会勒已去”。两晋时，司马谢奕、阮籍、孙登、刘琨善啸。唐孙广作《啸旨》一书，介绍了啸咏的种类，惜已失传。

山西吉县卦甲山出土了一幅史前的岩画，为史前的图画文字，系“凤歌鸾舞”四字。“歌”字的写法是一个呈啸咏状态的人物形象。人物戴胜，鳞身，张口而啸，为一位王者形象，系一个古字“歌”字。内蒙古自治区赤峰市敖汉旗出土的啸咏人物，神态与之相似。

在远古战争中，啸咏发挥着神奇的作用。远古时期作战主要依靠野兽的牙齿和利爪制造杀伤，轩辕黄帝与蚩尤作战，动用了虎、豹、熊、罴组成的部队。《史记·五帝本纪》说轩辕黄帝“教熊罴、貔貅、貙虎”，说益“让于诸臣朱虎、熊罴”，又说帝舜“以朱虎、熊罴为佐”。对野兽的招呼和控制，啸咏是必要的手段。牛河梁蚕神庙中出土了熊的泥塑和熊的下颌骨，是庙中的供奉，应是蚕神嫘祖的坐骑。嫘祖对黄熊的控制，也应该是通过啸咏或打口哨的方式实现的。此外，啸咏在某种情况下还能呼风唤雨。

128 猩猩知人语

猩猩，牛河梁地象，也称“猩猩知人语”，一作“狌狌”“狌狌知人名”，在大行伯北，天狗西北。猩猩知人语是牛河梁大遗址的一个重

以手扶地聆听人语的猩猩地象及线描图

要的地理单元,占地十分空阔。《山海经·海内经》:“有青兽,人面,名曰猩猩。”《山海经·海内南经》:“氾林方三百里,在狌狌东。狌狌知人名,其为兽如豕而人面。在舜葬西。狌狌西北有犀牛,其状如牛而黑。”舜葬,即牛河梁第十六地点,一说在平泉县西,为舜山所在。《山海经·南山经》:“有兽焉,其状如禺而白耳,伏行人走,其名曰狌狌,食之善走。”猩猩地象呈扶地行走的状态,佩戴这样的玉饰,就会善于奔走。食,音嗣,供奉,恭敬地使用。之所以佩戴猩猩的玉器善走,是因为猩猩之下即为夸父逐日,关系极近,可互用。夸父,是善走者。

猩猩知人语,进而衍为“猩猩能言”“猩猩知人名”。猩猩的地象是一手扶地聆听说话的样子,故名。《礼记·曲礼上》:“鹦鹉能言,不离飞鸟;猩猩能言,不离禽兽。”猩猩,《山海经·海内北经》称为“闒非国”,为人面兽身,一身青毛。

129 熊山与魑武罗

熊山,是轩辕黄帝的发端之所,牛河梁大遗址内有多座如熊的大山。熊山的所在,本在南方。《史记·五帝本纪》:“(黄帝)南至于江,登熊、湘。”熊,即熊山。后来,牛河梁又发现了一处熊山,形态如趴在地上酣睡的老熊。①此处的熊山,也有说是鲧发现的。《山海经·中山经》:“又东一百五十里,曰熊山。有穴焉,熊之穴,恒出神人,夏启而冬闭。是穴也,冬启乃必有兵。其上多白玉,其下多白金。其木多樗柳,其草多寇脱。”此所述地象与牛河梁所见相符。熊山,牛河梁对面的山,其中有两只并立的熊状大山,一老一小。熊之穴,即有熊之穴,是有熊氏的巢穴,洞穴内可能供奉有熊神的塑像。

轩辕黄帝称“有熊氏”,是一个熊崇拜的部族。牛河梁不仅有熊山,蚕神庙内还发现熊神的塑像残件,反映了熊神崇拜的普及。历史上,鲧死后化为黄熊,是一位远古的生肖神。《山海经·海内经》东晋郭璞注引《归藏启筮》:“鲧死三岁不腐,剖之以吴刀,化为黄龙

①牛河梁的熊山,一说有两处。与熊山并立,还有一处老熊,在小熊之东。

熊山

(熊)。”《国语·晋语八》:“昔者鲧违帝命,殛之于羽山,化为黄熊,以入于羽渊。”《天问》:“阻穷西征,岩何越焉?化为黄熊,巫何活焉?”在传统文化中,鲧为熊神,力大无穷,是一位大力神,用于托举重物,为传统建筑或器物上的装饰图案。

熊山的山神名字叫“武罗”,为瑞兽符拔。《山海经·中山经》:“又东十里,曰青要之山,实惟帝之密都。是多驾鸟。南望墠渚,禹父之所化,是多仆累、蒲卢。魋武罗司之,其状人面而豹文,小要而白齿,而穿耳以鐻,其鸣如鸣玉。”南望墠渚,禹父鲧之所化。黄熊,指牛河梁的熊山,在承德上谷轩辕黄帝祭祀区有一座熊山,凌源东营子“三皇”祭祀区内有两座熊山。鲧化为黄熊,是说鲧葬在了这处黄熊之状的大山。武罗,有穷氏后羿的大臣,为寒浞所害。

黄帝部落史称“有熊氏”,是一个熊崇拜的部落。熊崇拜的对象起初并不是自然界中的熊,而是黄帝的出生地熊山。所谓熊山,是因形而名,是一座如熊的大山,在黄帝的南方老家。后来,黄帝迁居于北方,在北方的牛河梁也找到了一座熊形的大山,即熊山,山神称“猎猎”。《山海经·大荒北经》:“有黑虫如熊状,名曰猎猎。”猎猎,

蚕神庙的熊塑件

音昔昔。蚕神庙中出土了熊的塑像，其中有熊的下颚骨。此熊应为蚕神嫘祖的坐骑，称“猎猎”，死后葬于蚕神庙内。

130 玄股、交胫与跂踵

玄股之国，也称“交胫”“交趾”“跂踵”“反踵”。玄股，两腿交叉的样子。交胫，也是两腿交叉的样子。跂踵国，即交趾，脚后跟朝上，是盘膝而坐的神像。①东山嘴遗址出土的女娲坐像，与真人等大，是盘膝而坐的孕妇形象，意为“交胫”“玄股”“跂踵”“反踵”或“交趾”。

①一说为跪坐。

《山海经·大荒东经》：“有招摇山，融水出焉。有国曰玄股，黍食，使四鸟。”意思是说，招摇山是融水的源头。有玄股之国，以黄黍为食，以四鸟为图腾。招摇，星宿之名。招摇山，是招摇星在大地表面的投射点，也作“招瑶”。张衡《西京赋》：“建玄弋，树招摇。”《史记·天官书》：“（北斗）勺端有两星：一内为矛，招摇；一外为盾，天锋。”

《山海经·海外东经》：“玄股之国在其北。其为人衣鱼食鴎，使两鸟夹之。一曰在雨师妾北。"意思是说，玄股之国位于雨师妾的北部，以鱼为衣服，以鳋为主食，在比翼鸟中间的位置。两鸟，即比翼鸟之简。玄股，郭璞注释为"黑腿"，"玄"为"黑"之意，误。玄股，是两腿交叉的样子，两腿交叉，组成了一个汉字，就是"玄"字，如果加上人的头部、躯干和上肢，就是一个"交"字。跂踵，两脚交叉的样子，也就是"交趾"。所以，"交胫""玄股""跂踵""交趾"都是两腿交叉的状态，组成了一个"交"字或"玄"字。

《山海经·海外南经》："交胫国在其东，其为人交胫。一曰在穿匈东。"《山海经·海外北经》："跂踵国在拘缨东，其为人大，两足亦大。一曰大(反)踵。"人大，指大人国。跂踵国主为蛴极，是嫘祖之孙。《山海经·东山经》："又南水行五百里，曰流沙。行五百里，有山焉，曰跂踵之山。"跂踵，两腿交叉的样子。反踵，脚后跟朝上，是两腿交叉的样子(一说为跪坐)。"玄股""交胫""跂踵""反踵"，也就是后来的"交趾"，《墨子·节用中》："尧治天下，南抚交趾①，北降幽都，东西至日所出入。"

①"交趾"，一作"交阯"。

牛河梁第二地点一号冢4 号墓，是一座较完整的石棺墓。墓口长1.98米，宽0.4~0.5米，墓顶以石块封堆，下搭有石盖板，棺壁为石板立置。尸身头向东，仰身直肢。随葬3件玉器，头下枕1件斜口筒形玉器，胸部置2件玉熊，两背相对，寓意为牛河梁南部的两座熊山。墓主两腿交叉，即《山海经》中的"玄股""交胫"和"交趾"，为古"交"字，是一个人名占。"交"，通"蛴"。墓主即是黄帝和嫘祖之孙蛴极。蛴极在民俗中为瑞兽的形象，即蛟，也称"蛟龙"，是中华民族的重要图腾。

131 轩辕台和轩辕丘

轩辕之台，也称"昆仑虚""轩辕之国"，是祭祀轩辕黄帝的祭坛，即牛河梁第五地点中央的方形祭坛。方坛为地坛规制，反映了古代道家"人法地"的观念。轩辕之丘，也称"昆仑之丘"，即牛河梁。

《纲鉴易知录》卷一："少典国君之妃曰附宝者，感电光绕斗而有娠，生帝于轩辕之台，因名轩辕，姓公孙。"此说应误。轩辕台，是黄帝的葬地所在，而非生地。

《山海经·大荒西经》："有轩辕之台，射者不敢西向射，畏轩辕之台。"《山海经·海外西经》："轩辕之国在此穷山之际，其不寿者八百岁。在女子国北。人面蛇身，尾交首上。穷山在其北，不敢西射，畏轩辕之丘。在轩辕国北，其丘方，四蛇相绕。"《山海经·西山经》："又西四百八十里，曰轩辕之丘，无草木。"《山海经·大荒西经》："有轩辕之国，江山之南栖为吉，不寿者乃八百岁。"《山海经·海外南经》："昆仑虚在其东，虚四方。一曰在岐舌东，为虚四方。"岐舌国，一说为厌火国；昆仑虚，即轩辕台；不寿者乃八百岁，地名占，"叶柏寿"之谓；穷山，今称"富山"。

132 穴居之神

穴居是远古人类的一种生存模式，牛河梁大遗址内已发现两处洞穴遗址，一处为女娲洞，在南天门断崖之下，另一处在葫芦岛市南票区。南票为神树地象，应为《山海经》中所说的"琅玕树"或"玗琪树"，为"桂林八树"之一。

《山海经·南山经》："尧光之山……有兽焉，其状如人而彘鬣，穴居而冬蛰，其名曰猾褢，其音如斫木，见则县有大繇。"繇，通徭，徭役。尧光之山，或为"摇光之山""瑶光之山"，北斗七星第一星的地表投射点为其一处分野，应是伯夷所在的大山。《山海经·中山经》："又东一百五十里，曰熊山。有穴焉，熊之穴，恒出神人，夏启而冬闭。是穴也，冬启乃必有兵。其上多白玉，其下多白金。其木多樗柳，其草多寇脱。"《山海经·大荒西经》："昆仑之丘……有人，戴胜虎齿，有豹尾，穴处，名曰西王母。"

133 窫窳与肥遗

窫窳，也称“相柳氏”，俗称“九头蛇”“九头虫”。也作“相繇”。共工台上的蛇首人身像，为共工之台和众帝之台的镇墓兽，名字应为“窫窳”。《山海经·大荒北经》：“共工之臣名曰相繇，九首蛇身，自环，食于九土。”《山海经·海外北经》：“相柳者，九首人面，蛇身而青。”“共工之臣曰相柳氏，九首，以食于九山。相柳之所抵，厥为泽溪，禹杀相柳。”《楚辞·招魂》：“雄虺九首，往来倏忽，吞人以益其心些。”《天问》：“雄虺九首，倏忽焉在？”雄虺九首，即九头蛇。

《山海经》记载贰负与贰负之臣危杀窫窳。《山海经·海内西经》：“贰负之臣曰危，危与贰负杀窫窳。帝乃梏之疏属之山，桎其右足，反缚两手与发，系之山上木。在开题西北。”“开明东有巫彭、巫抵、巫阳、巫履、巫凡、巫相，夹窫窳之尸，皆操不死之药以距之。窫窳者，蛇身人面，贰负臣所杀也。服常树，其上有三头人，伺琅玕树。”另一说，窫窳为人面、马足、牛身的吃人怪兽，或许是“穷奇食人”的异解。《山海经·北山经》：“有兽焉，其状如牛，而赤身、人面、马足，名曰窫窳，其音如婴儿，是食人。”《山海经·海内经》：“有窫窳，龙首，是食人。”《山海经·海内南经》：“窫窳龙首，居弱水中，在狌狌知人名之西，其状如龙首，食人。”猩猩地象之西有一座龙形的大山，应为《山海经》所记述的窫窳之山。故而牛河梁的窫窳地象应有两处。

九头蛇信仰在民间颇为流行，为食疫鬼之神。日本藤原京二条大路遗址曾出土唐代木札，墨书文字四行，正面三行，北面一行。内容为：“南山之下有不流水，其中有一大蛇，九头一尾，不食余物，但食唐鬼，朝食三千，暮食八百。急急如律令。”

《山海经》还提到一首双身的蛇，是只有一个脑袋却有两个身子的连体兽，称“肥遗”。《山海经·西山经》：“(英山)有鸟焉，其状如

河北省博物馆藏铜鎏金肥遗兽

䳭，黄身而赤喙，其名曰肥遗，食之已疠，可以杀虫。”《山海经·北山经》：“（浑夕之山）有蛇，一首两身，名曰肥遗，见则其国大旱。”又说：“（彭毗之山）其中多肥遗之蛇。”1968年，河北满城汉墓（刘胜墓）出土铜鎏金肥遗兽1件，高11.9厘米，长16.5厘米，一首双身，双身作90度夹角展开。兽首高昂，两角细长微卷，拖于背上。身饰飞翼，长尾卷扬，四肢矫健有力。通体鎏金。夹角内侧附有朽木，应是木器角饰件。

134 瑶崖与姑媱山

瑶崖，炎帝女瑶姬所在。一本作“瑶岸”，乃“瑶崖”之误。瑶崖位于钟山之东，应是钟山东部的一处断崖。《山海经·西山经》：“又西北四百二十里曰钟山，其子曰鼓，其状人面而龙身，是与钦䲹杀葆江于昆仑之阳，帝乃戮之钟山之东曰瑶崖，钦䲹化为大鹗，其状如雕而黑文白首，赤喙而虎爪，其音如晨鹄，见则有大兵。鼓亦化为鵕鸟，其状如鸱，赤足而直喙，黄文而白首，其音如鹄，见则其邑大旱。”钟山，一说为山形如钟。

瑶崖也称“姑媱之山”。《山海经·中山经》:“又东二百里曰姑媱之山。帝女死焉,其名曰女尸,化为䔄草。其叶胥成,其华黄,其实如菟丘,服之媚于人。”这是说,瑶姬的坟上长出了䔄草,瑶姬的骨肉转化成了草,她的生命便以草的形式延续。李贺《天上谣》:“王子吹笙鹅管长,呼龙耕烟种瑶草。”瑶草,即䔄草。

姑媱之山即瑶姬死后化成的大山,在东营子“三皇”祭祀区之内,女娲之山之南有一处断崖,是祭祀瑶姬的祭坛,即瑶台所在。① 附近有山如钟突出,应为古之钟山。从卫星地图看,姑媱山山形如同一只大鸟(大鹗),位置在昆仑(牛河梁)之南,即昆仑之阳;又有人面之形的大山,应为《山海经》所说之“钟山之子”,名为“鼓”。

①瑶台应为两处,一处为瑶姬所葬之处的祭坛,一处为姑媱山之前的祭坛。

大鹗地象(凌源三道河子乡)

135　一目、一手和一鼻孔

一目,是人左眼的模样,地象在今河北省平泉县东。因一目略呈南北走向,所以也称“纵目”。《山海经·大荒北经》:“有人一目,当面中生。一曰是威姓,少昊之子,食黍。”意思是说,有人生活在一目那个地方,其地面的中央有一只人眼。一种说法是此地的人姓威,少昊之子,以黄黍为主食。面,地面,旧训为“人面”,误。

《山海经·海外北经》:“一目国在其东,一目中其面而居。一曰有手足。”意思是说,一目国在钟山东,有一只眼睛位于地面的中央。还有一种说法是,地面中央有一只手臂和眼睛的样子。《山海经·海外北经》:“深目国在其东,为人举一手一目,在共工台东。”深目国是一手和一目的统称。内蒙古自治区赤峰市白庙子山有一幅“举一手”岩画,表示远古时期的深目国。

《山海经·海外西经》:“一臂国在其北,一臂一目一鼻孔。有黄马,虎文,一目而一手。”一手,地象在今河北省承德县,为一只右手,作在空中飞舞之状;也作“一手把缨”,是一只手在抓帽子上的缨穗,此说的描述更生动具体。一臂国,即应为一手国。一目形成的原因可能是一颗小行星的撞击。一目,是天目星在大地表面的投射点,也作“纵目”“深目”。一鼻孔,地象在一目之南,大山如同鼻孔之状,在今河北省宽城县。《淮南子·墬形训》:“西北方曰一目,曰沙所。”东汉高诱注:“国人一目,在面中央。沙所,盖流沙所出也。一曰泽名也。”此有人认为“面”为人面,误,当为地面。沙所,古地名,

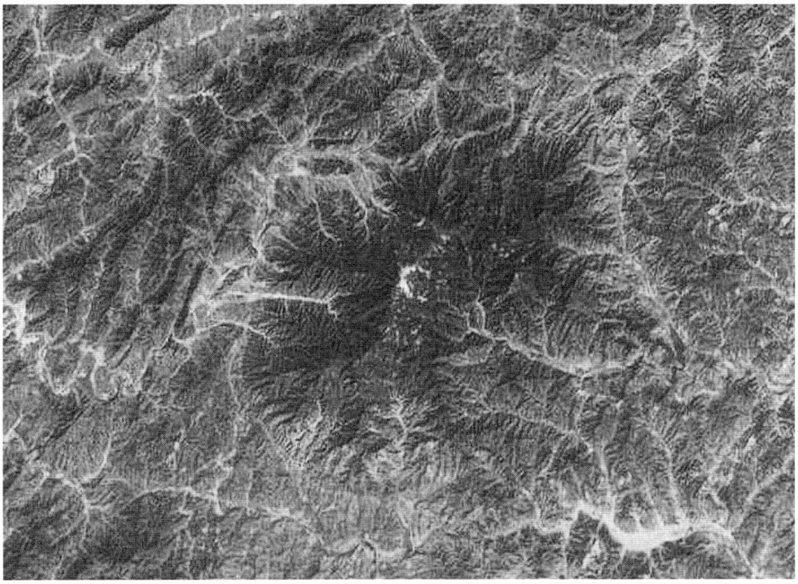

河北省宽城县“一鼻孔”地象

今辽宁省建平县沙海镇。

一目是鬼国地象，也就是远古时期的幽州。同时，也是中国最早的“目”字，是“目”字的发源地。《山海经·海内北经》：“鬼国在贰负之尸北，为物人面而一目。一曰贰负神在东，为物人面蛇身。”东晋郭璞引《尸子》：“四夷之民，有贯匈者，有深目者，有长肱者，黄帝之德尝致之。”深目，应是一目之别称。

136 幽都之门

幽都之门，是进入幽都鬼城的大门，舆鬼之所在，也称“丰沮玉门”，也就是俗中所说的“鬼门关”“玉门关”，地象在今河北省承德县。《山海经·海内经》：“北海之内有山，名曰幽都之山……有大幽之国。”东汉王逸注《楚辞章句》：“幽都，地下后土所治也。地下幽冥，故称幽都。”大幽之国，舆鬼的雅称。《山海经·大荒西经》：“大荒之中有山，名曰丰沮玉门，日月所入。”

舆鬼，也作“鬼臾区”“鬼容区”“鬼方”“穷鬼”“鬼国”“幽都”，是上古时期的重要方国。《山海经·西山经》：“北望诸毗，槐鬼离仑居之。”“东望恒山四成，有穷鬼居之。”《山海经·海内北经》：“鬼国在贰负之尸北，为物人面而一目。一曰贰负神在东，为物人面蛇身。”鬼国，即舆鬼，其民鬼姓。《淮南子·墬形训》：“西北方曰不周之山，曰幽都之门。”

137 禺强和隅阳之山

禺强，即禺阳，黄帝最次妃嫫母所生，也称“禹阳”。《山海经·大荒北经》：“有儋耳之国，任姓，禺号子，食谷。北海之渚中，有神，人

隅阳山

面鸟身，珥两青蛇，践两赤蛇，名曰禺强。”《山海经·海外北经》：“北方禺强，人面鸟身，珥两青蛇，践两青蛇。”禺强，郭璞注：“字玄冥，水神也。庄周曰：‘禺强立于北极。’一曰禺京。一本云：北方禺强，黑身手足，乘两龙。”禺强为北方海神，或谓水神，任姓，字玄冥，是雄踞北方的强大部族。《路史·后纪五》：“次妃嫫母……是生苍林、禺阳。”

《山海经》还记载有“隅阳山”，山名应由禺阳而来，是禺阳的山川望祭之所。《山海经·中山经》：“又东北三百里曰隅阳之山。其上多金玉，其下多青雘。其木多梓桑，其草多茈，徐之水出焉，东流注于江，其中多丹粟。”禺阳为黄帝二十五子之最少子，陪祀“五帝”之旁。平泉县党坝镇有一座大山，神主应为禺强，即隅阳山；一说在朝阳市境内。

138 诸夭之野与载民之国

诸夭之野，地象在凌源之南的比翼鸟，也称“夭野”“沃之野”“卵民国”“载民之国”，名字很多。《山海经·海外西经》：“此诸夭之野，鸾鸟自歌，凤鸟自舞。凤皇卵，民食之；甘露，民饮之，所欲自从也。百兽相与群居。在四蛇北。其人两手操卵食之,两鸟居前导之。”意思是说,诸夭之野,鸾鸟凤凰在鸣啭飞舞,居民吃着鸡蛋,喝着甘甜的水,也过得自由自在。有许多牲畜和禽兽与他们同住,就在四蛇地象的北方。那里的人们拿着鸡蛋而食,前面两只鸟飞舞着引导他们前进。凤凰卵,此指鸡蛋。凤凰,鸡的美称。这反映的是养鸡生蛋的民俗。沃之野的居民以卵为食,故也称“卵民之国”。《山海经·大荒南经》:“有卵民之国,其民皆生卵。”卵民国无耕织之劳苦,养鸡生蛋,百谷自生,丰衣足食,是为乐土。

《山海经·大荒西经》:“有沃民之国,沃民是处。沃之野,凤鸟之卵是食,甘露是饮。凡其所欲,其味尽存。爰有甘华、甘柤、白柳、视肉、三骓、璇瑰、瑶碧、白木、琅玕、白丹、青丹,多银铁。鸾鸟自歌,凤鸟自舞,爰有百兽,相群是处,是谓沃之野。”《山海经·海内经》:“西南黑水之间,有都广之野,后稷葬焉。爰有膏菽、膏稻、膏黍、膏稷,百谷自生,冬夏播琴。鸾鸟自歌,凤鸟自儛,灵寿实华,草木所聚。爰有百兽,相群爰处。此草也,冬夏不死。”《山海经·大荒南经》:“赤水之东,有苍梧之野,舜与叔均之所葬也。爰有文贝、离俞、鴟久、鹰贾、委维、熊、罴、象、虎、豹、狼、视肉。”《山海经·海内南经》:“苍梧之山,帝舜葬于阳,帝丹朱葬于阴。”《山海经·大荒南经》:“有载民之国。帝舜生无淫,降载处,是谓巫载民。巫载民盼姓,食谷,不绩不经,服也,不稼不穑,食也。爰有歌舞之鸟,鸾鸟自歌,凤鸟自舞,爰有百兽,相群爰处。百谷所聚。”百谷,指各种粮食作物。一说为河流,不确。《山海经·海外南经》:“载国在其东,其为人黄,能操弓射蛇。一曰载国在三毛东。”三毛,即三苗国。

139 中容之国

中容,为帝俊(黄帝或帝喾、帝舜)之后,即祝融氏。“中容”与“祝融”同音而转,即祝融氏。“祝融”有“烛龙”“重”“钟”“中容”的别称,名字很多。国,通“域”,即茔域、坟茔地。中容之国,即祝融氏的

"三皇"祭祀区内的祝融山

葬地,今牛河梁第十六地点。

《山海经·大荒东经》:"东荒之中,有山名曰壑明俊疾,日月所出。有中容之国。""大荒之中,有山名曰合虚,日月所出。有中容之国,帝俊生中容,中容人食兽、木实,使四鸟:豹、虎、熊、罴。"合虚山,即不周山,应为牛河梁第十三地点。虚,无也。

第四篇　牛河梁问玉

140 窥管和离珠

古代的窥管，为观天察远的器具，也就是古代的望远镜。牛河梁出土了玉珠和玉管多件，长的叫“窥管”，短的叫“离珠”。离珠，也称“离瑜”，古玉之名，也为星神。其外形为亚腰形，为一古“玄”字，所以也称“玄珠”。

离珠呈亚腰状，两端面光平，近椭圆形，中部有一道由两面对钻而成的长孔。牛河梁第二地点一号冢21号墓出土离珠，长3.8厘米，宽3.2厘米，孔径1.1~1.4厘米，通高2.8厘米，淡绿色岫岩玉，放置在墓主人上腹部偏中部。圆柱，束腰，横断面外廓近方形，内廓钻一大圆孔。上面和下底均呈外高内低状。第三地点7号墓出土离珠，通高2.6厘米，两端长径相等，为2.9厘米，壁厚0.7~0.9厘米。孔上径1.5厘米，下

离珠

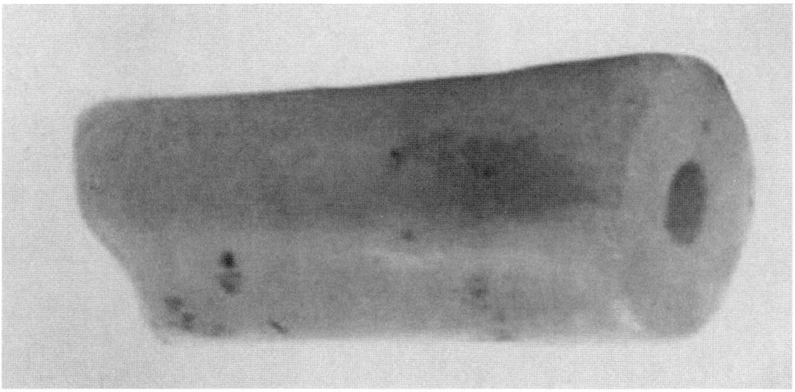
窥管

径1.3厘米，最细处1.1厘米，距下端0.65厘米。放置在墓主人右胸部。第十六地点79M2墓内出土玉珠，亚腰柱状，高1.1厘米，直径1.2厘米，孔径0.4厘米。为便于观察，离珠的横截面都做了一个与眼球的生理弧度一致的凹陷。同时，为了方便持握，器身做成了束腰形。使用时滴入清水，利用水的表面张力形成的镜面达到放大望远的功能。此为一说。《庄子·天地》："黄帝游乎赤水之北，登乎昆仑之丘，而南望还归，遗其玄珠。"昆仑之丘，即牛河梁。玄珠，即离珠。

第二地点一号冢26号墓出土玉管，黄绿色，微有束腰，通体光洁，无纹饰。长4厘米，粗端径2.1~2.2厘米，细端径1.7~2厘米，孔径0.6~0.8厘米，出土于墓主右胸部。窥管的应用常见于古时记载。《山海经·海内南经》："枭阳国在北朐之西。其为人，人面长唇，黑身有毛，反踵，见人笑亦笑，左手操管。"左手操管，即左手拿着窥管。

141 生生不息的女祖

女祖，即女性生殖器，是女性外阴的形象。[①]牛河梁出土和征集红山文化玉器女祖多件，外形是古代的"娲"字，应称为"娲字佩"。

女性生殖器，是人出生的地方。在古代汉字体系中，这是一个"娲"字。娲，代表了华夏女始祖女娲，是一个人名专用字。所以，以

① 男性生殖器为"祖"，女性生殖器为"娲"。此处称"女祖"，是对"娲"的解释，不是正规用语，或可称"玉娲"。

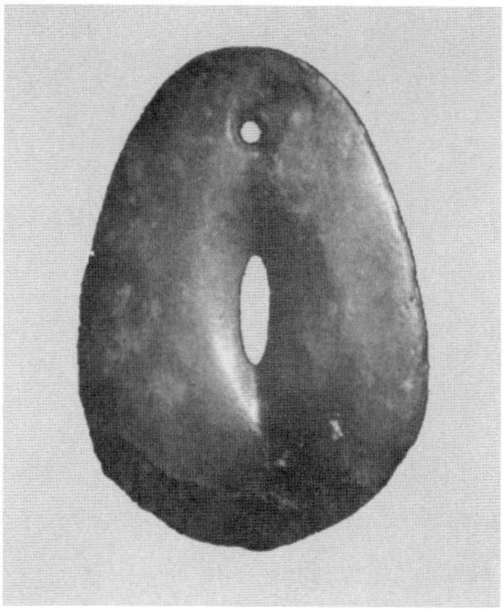

黑龙江亚布力出土的娲字佩

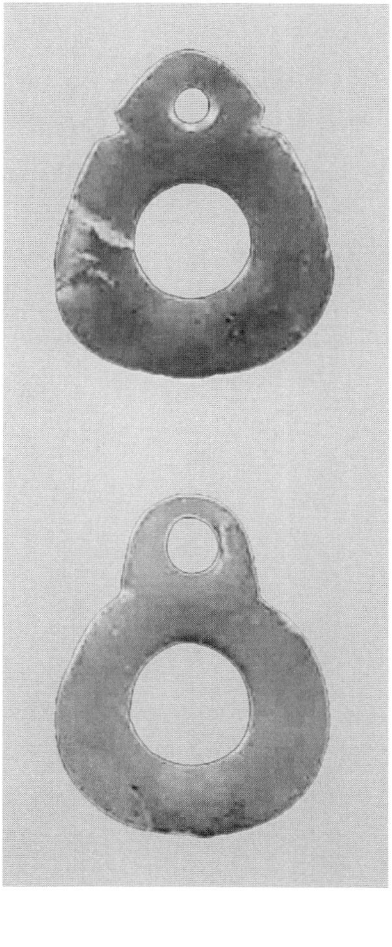

牛河梁第二地点一号冢 21 号墓出土的双孔娲字佩

女性外阴为形象的玉佩，可以统称为"娲字佩"。娲字佩旧认为是"双联璧"或"三联璧"，误。玉璧在早期是天文用器，起源于对天象的认识，用来表示日、月运行的环形轨道和周期运动的规律，也可能表示日、月的光芒。而娲字佩起源于女性生殖器和女性生殖崇拜。二者产生的文化根基完全不同，所以"娲字佩"不可称"璧"。

第二地点一号冢21号墓出土玉器女祖2件，叠置于右肩部。一件通长5.5厘米，最宽4.7厘米，厚0.3厘米，另一件通长6.1厘米，最宽4.9厘米，厚0.3厘米。器体上小下大，上端呈半圆形或圆弧形，下端接近正圆形或略呈方圆形，中部的两个钻孔亦上小下大。器体内外侧边缘磨薄，上下体相接处的两侧各有一道凹痕。牛河梁玉器有明器、礼器、实用器之分。"娲字佩"应是一类明器，是为丧葬专门准备的，而不是日常的装饰品。

"娲字佩"无论三孔还是双孔，甚至是两玉佩联合在一起的四孔，都是女外阴的艺术化描述，是女性生殖崇拜和生育文化的表现。因为这是人出生的地方，故还可训为"生"字。出土所见，墓主佩戴两件“娲字佩”，表达的是“生生不息”的生命观。这是原始先民长生的思想：只有后继有人，民族才能永续，才能享国长久。

142 玉龟和玉龟壳

龟是北方玄武之神，故玉龟为瑞器，所有者在古代中国地位显赫。牛河梁大遗址出土5件玉龟。其中，第五地点一号冢1号墓出土2件，第二地点一号冢21号墓出土1件，阜新市胡头沟红山文化1号墓出土2件。

玉龟2件，牛河梁第五地点一号冢1号墓出土，长9厘米，宽7.8厘米，厚1.9厘米。黄绿色岫岩玉，表面有白色和黄色斑纹，左侧边缘部分有纹理。头部前伸，背部呈多边形，光滑，无龟背纹。有足和短尾，仅右足刻画阴纹。另一件与此类似，长9.4厘米，宽8.5厘米，厚2厘米。该墓墓主考定为中华人文初祖轩辕黄帝。出土玉龟与牛河梁神龟的形态一致，说明玉龟是牛河梁神龟的地象图。神龟既是神器，手持玉龟表明墓主对神龟有控制权；也有使用的价值，是早期的地图。

第二地点一号冢21号墓出土玉龟壳1件，背长5.3厘米，背宽4.1

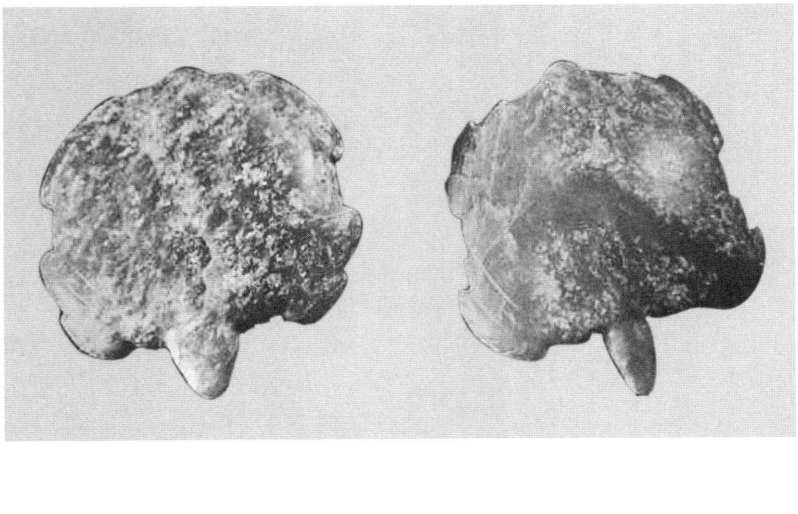

第五地点一号冢1号墓墓主手持的2件玉龟

厘米，腹残长4.5厘米，腹宽3.8厘米，腹甲圆凹直径2.3厘米，通高2.7厘米。玉质为浅绿色岫岩玉，腹甲边缘有红色沁。呈龟壳形，龟背有三道棱脊，用阴线刻出规整有序的龟背纹。腹甲边缘刻画出凹线，在龟背两边中央部位刻有双曲线阴文，表示头和尾。背腹之间前后穿空，并与腹甲大圆孔相互贯通。

阜新市胡头沟红山文化墓出土玉龟2件，墓主手持。《山海经·海外东经》说："(雨师妾)一曰在十日北，为人黑身人面，各操一龟。"各操一龟，应为双手各操一玉龟，为远古丧葬现象，与牛河梁所见相同。

143 大玉璧：日月光明

古时"以苍璧礼天"，璧是古时的天文用器，包括"肉"和"好"两部分。中间的圆孔为"好"，玉体为"肉"，长度比例一般为1∶1。玉璧象征太阳、月亮的光芒照耀四方，是牛河梁出土较多的玉器，属于典型器物。

出土所见玉璧多为方圆璧，外廓似圆又方，靠近一侧长边有一个或两个钻孔，个别钻三孔，中心部位有一较大的圆孔，内外侧边缘磨薄。也有近方形的玉璧，孔较小，一边有钻孔，近似钺的形态。

第五地点一号冢1号墓墓主所枕的大玉璧

第二地点一号冢21号墓出土玉璧10件，第二地点一号冢11号墓出土玉璧1件，第十六地点79M2墓出土玉璧2件。

方圆形玉璧

红山玉璧体现了天圆地方的传统观念。方形的玉璧表示大地，四角被打磨圆滑，外观为长圆形，这是远古时期的大地观，并在《老子》一书中有所反映。《老子》四十一章："大方无隅。"意思是说，四方的世界，却没有棱角。玉璧是礼天之器，以玉璧为葬，是礼制的反映。如第五地点中心大墓，墓主把象征日月光明的大玉璧枕于头下，为轩辕黄帝，神格极高。

144 象下出命符

象下出命符，即勾云形大玉佩，是牛河梁出土的代表性器物。《开元占经·甘氏中官·天皇大帝占一》引《黄帝占》曰："天皇大帝，名耀魄宝，主天女，象下出命符。"勾云形玉佩是远古时期号令天下的神器。《史记·五帝本纪》称："(黄帝)官名皆以云命，为云师。"又说："(黄帝)旁罗日月星辰水波土石金玉。"牛河梁出土的勾云形玉佩是身份的象征，佩戴勾云玉佩的人，应为《史记》所言的"云师"，具有很高的身份等级。轩辕黄帝的官员有很高的科学文化素质，又皆以云命，故史称"云师"。

牛河梁第五地点一号冢1号墓(轩辕黄帝墓)出土勾云形大玉佩1件，长20.9厘米，宽12.4厘米，厚0.9厘米。青绿色岫岩玉。表面有黄土色斑纹，似为玉质本身所有，非沁色。正面中央部位刻画出镂

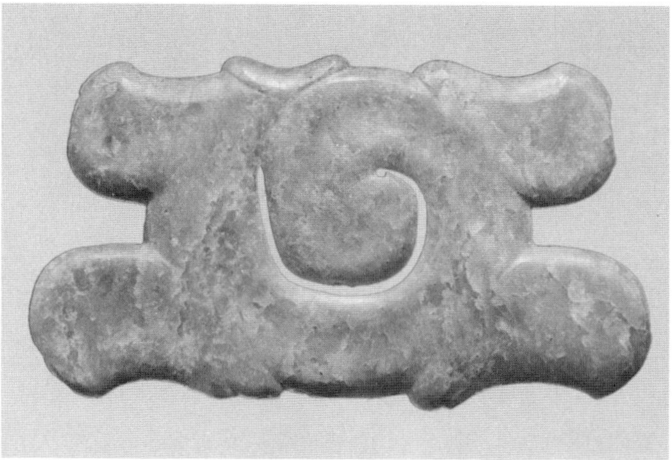

牛河梁第五地点一号冢1号墓出土的勾云形大玉佩

空的瓦沟纹，形似弯钩。两端上下均凸出，中间凹，呈“凹”字形。上下两端不对称，均上短下长。上下边缘磨制出不规则的弧形。背面图样与正面一样。在镂刻的弯钩外侧分别钻出两对鼻状孔，两两相对。该玉佩出土于墓主人右下臂内侧右胸下部，竖直，反面朝上。

第二地点一号冢27号墓出土勾云形大玉佩1件，竖高9.5厘米，横宽28.6厘米，最厚0.5厘米。深绿色岫岩玉，间有黄斑。正反面纹饰大致相同，反面内凹，略呈弧形，两面均饰别致的瓦沟纹。正面的纹饰较规整。中央部位上端有一小圆孔，孔两侧有对称的弧形镂孔。镂孔下有对称的小圆孔，孔下有瓦沟纹，粗细均匀对称。纹间左右各有三个对称镂孔，左右两端均为对称瓦沟纹和一条细长镂孔，叩之铿锵有声。

第二地点一号冢9号墓出土勾云形玉器1件，长6.2厘米，最宽2.4厘米，厚0.4厘米。淡绿色岫岩玉，表面有白斑，两端呈圆弧状，上端呈弧线状，边缘有刃，中央有一小孔，小孔下方左右有一对稍大圆孔。第二地点一号冢21号墓出土小型勾云玉佩1件，放置在墓主人左肩部上部。器体较短，中心部位镂空做圆孔，两侧外伸，勾角弯曲度较小。两面光平，四周边缘抹薄，靠近一侧边缘中部斜钻一圆孔。通长8.8厘米，宽4.3厘米，孔径1.2厘米，厚0.5厘米。第二地点一号冢14号墓出土勾云形玉器1件，出土时已断为两段。器体中心部位镂空作勾云盘卷状，外围琢磨出相应走向的浅凹槽纹络，两侧外伸，勾角弯曲明显。通长15.8厘米，宽6.9厘米，厚0.6厘米。第十六地点79M2墓出土勾云纹玉器1件，淡绿色，通体抛光，放在墓主头部，通长22.5厘米，宽11.4厘米，厚1厘米。形体硕大，表明墓主身份显赫，据考墓主应为帝尧。

145 玉熊

玉熊，原释为“玉猪龙”，并无传统和文献基础，应误。玉熊是牛河梁熊山的地象图，墓主佩戴这样的玉饰，表达了对故土的思念。玉器刻画的动物是熊，也是熊山的基本状貌，可作为实用的地图。《史记·五帝本纪》：“(黄帝)南至于江，登熊、湘。”熊，指熊山。牛河梁有一处如同老熊的山峰。这是轩辕黄帝生前无比崇敬和热爱的一座大山。

轩辕黄帝称“有熊氏”，是熊崇拜的部族。《山海经·中山经》：“又东一百五十里，曰熊山。有穴焉，熊之穴，恒出神人。”又说：“熊山，席也。其祠：羞酒，太牢具，婴毛一璧。干儛，用兵以禳；祈，璆冕舞。”《史记·五帝本纪》说轩辕黄帝“教熊罴、貔貅、貙虎”。牛河梁蚕神庙出土了熊颚和熊爪的泥塑残件，是有熊氏崇拜的熊。

牛河梁出土的玉熊，代表了黄帝部族有熊氏。玉熊的样式，一是立体的圆雕，二是平面的线刻。第二地点一号冢4号墓出土玉熊2件。一件高10.3厘米，宽7.8厘米，厚3.3厘米。为淡绿色岫岩玉，背面呈现少许红色沁，是牛河梁地下铁矿石长期锈蚀的结果。它刚出土时

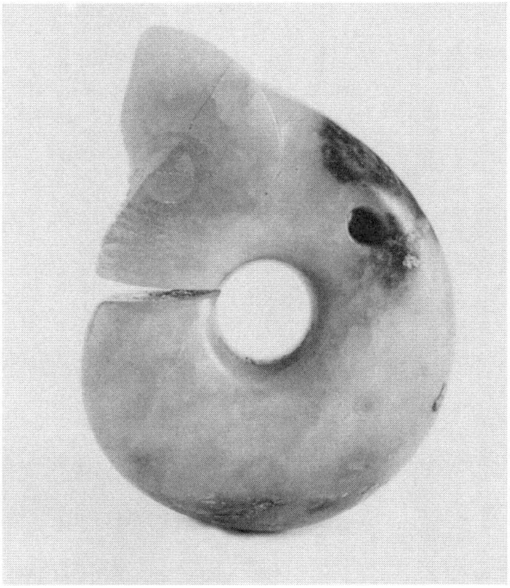

玉熊

布满黑沁，处理后呈现碧绿的玉质。玉熊整体弯曲，头部硕大，额部突起，两只大耳高高竖起，耸出头顶，似在微微扇动，极有动感。圆睛略微突起，正视前方，炯炯有神。鼻间至吻部有多道阴刻皱纹，吻部前突，首尾缺口完全断开，尾部较圆滑。中央有一大圆孔，背部靠颈际有一小圆孔。出土时为一对，背靠背置于墓主人胸前。另一件形似略小，为白色蛇纹石，通高7.9厘米，宽5.6厘米，厚2.5厘米。

第二地点一号冢21号墓出土熊面玉牌1件，熊面玉牌放置在墓主人的腹部正中处，高10.2厘米，最宽14.7厘米，厚0.4厘米，为淡黄色岫岩玉。头部扁平展开，两耳对称，大而外扬，两耳根分别有阴线纹，两圆形钻孔似为双目。表面虽经磨制，但并不光滑。熊面玉牌，是熊山的平面展开，也是熊山的地象图，同时也是一个古文字，即“熊”字。

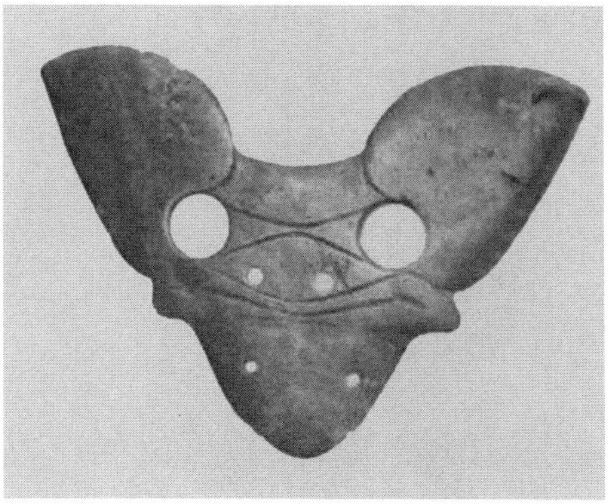

熊面玉牌

146 神秘的三孔玉饰

三孔玉饰的造型是变形的“娲”字，源自于三孔娲字佩，只是使用的方式由竖向变成了横向，并且在两侧增加了魌头或熊的图案。

第二地点一号冢17号墓出土1件魌头三孔玉饰，长6.8厘米，最宽3.1厘米，厚0.6厘米，大孔直径1.5厘米。通体呈白色，表面有黄褐色斑纹。中间有三个较大的圆孔相连，上端三个半弧形相连，下端边缘处每个圆孔下各钻一孔。两端为形象相同的人首。顶部用阴线刻画出头发，用一条横阴纹分出凸出的额头，眼睛略凸，蒜头鼻子最为明显，嘴微微张开，尖下巴微微上翘。两端的人首，古称“魌头”，是黄帝之妻嫫母的形象。

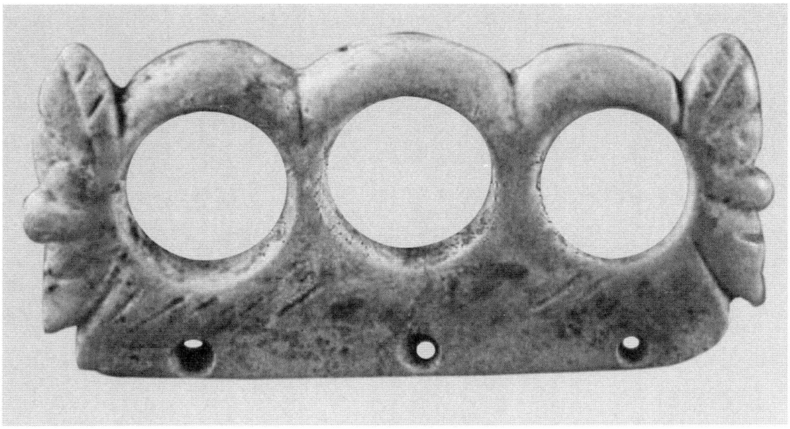

第二地点一号冢17号墓出土三孔玉饰

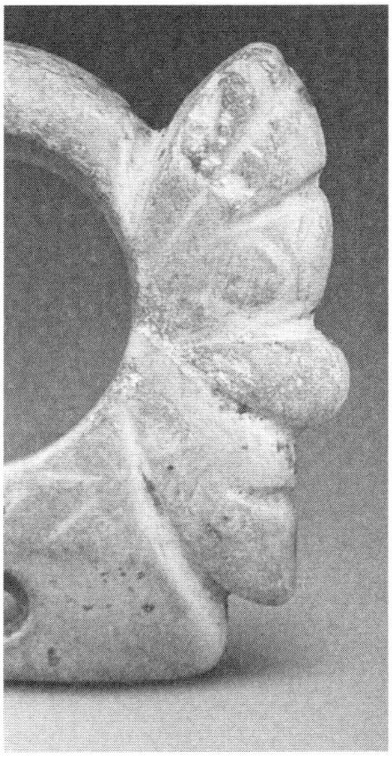

三孔玉饰与女神(嫫母)头像侧面的对比

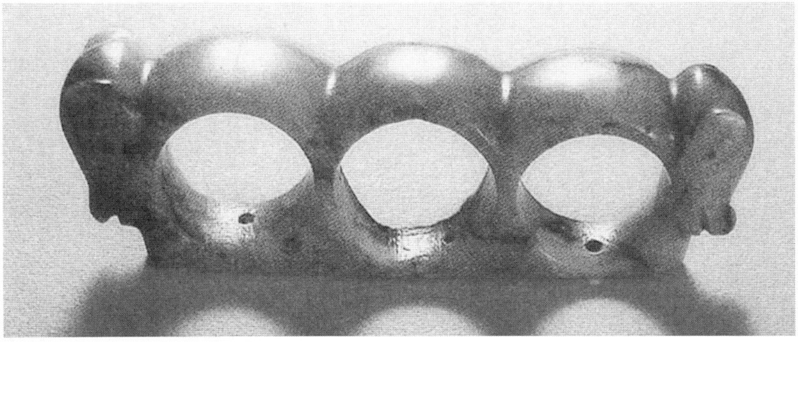

第十六地点79M1墓出土三孔玉饰

双熊首三孔玉饰，第十六地点79M1墓出土1件，长8.9厘米，高2.6厘米，厚1.7厘米，圆孔直径1.9厘米。青白色岫岩玉，玉质中杂有较大面积的黑色瑕斑。形体为三孔相连，每个孔底均钻一个小孔。器形上端为三个半弧形相连，两端为兽首。兽首用写实手法雕出，短圆耳，菱形目，凸而宽的额头，吻端圆而上翘，应为熊首。整个玉雕精细，磨制光滑。熊是有熊氏的身份标志，出土双熊三孔饰，表明墓主是轩辕黄帝的直系后裔。另外，内蒙古自治区巴林右旗那斯台采集1件，两端没有纹饰。

147 玉蚕：先蚕的象征

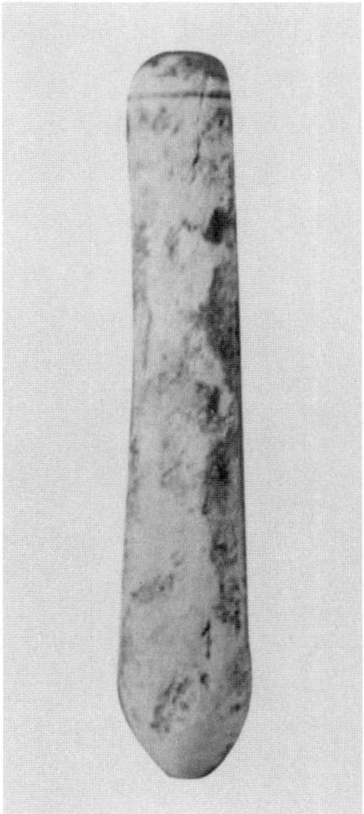

玉蚕

牛河梁大遗址出土2件玉蚕，代表了远古时期养蚕和缫丝技术的发展。《山海经·海外北经》："欧丝之野在大(反)踵东，一女子跪据树欧丝。三桑无枝，在欧丝东。"欧丝，即沤丝，也就是缫丝，就是把蚕茧抽成蚕丝，纺纱之用。

中国是发明养蚕和缫丝技术的国家，发明者为轩辕黄帝之妻嫘祖，被称为"先蚕"。中国人世传养蚕和缫丝之法，以至于今。第二地点一号冢11号墓出土蚕形玉器，长12.7厘米，最大径1.9厘米，玉质润洁。蚕的形态刻画生动，尤其是两只眼睛，又大又圆，炯炯有神。第五地点上层积石冢一号冢地层出土玉蚕1件，玉质呈纯白色。短身，扁圆体整体显圆而厚，似蚕蛹，长6.1厘米。

148 玉鸟:象征南方

鸟,象征南方,是牛河梁的南方朱雀地象,是秦人的图腾。古人以朱雀的地象设计了"鸟"字的形态,故而鸟山的形态就是早期的"鸟"字。

第十六地点4号墓出土玉鸟1件，通长约20.43厘米，最大宽约12.71厘米,最厚1.24厘米。淡绿色玉,边缘部分有白、黑、淡红色自然沁色。用阴线刻画出长长的喙,喙紧贴于背部,高高的额头下刻画出微微突起的眼睛,回头望着羽毛。长长的颈上扬,贴着身躯。颈与身躯的间隙镂空出月牙之状。用三条阴线刻画出鸟的翅膀,用弧形阴线刻画出凤的尾部。体态层次清楚,线条优美流畅。背面有四对横穿隧孔。玉鸟的形态,一说为远古的"凤"字。

绿松石鸟1件，出土于喀左县东山嘴方形基址东外侧黑土层中,宽2.8厘米,高2.4厘米,厚0.4厘米。绿松石质,片状,分两层,绿松石面上用细线纹雕出鸟的头部及翘尾的羽毛。背面黑石皮,正中对穿单孔。

第十六地点 4 号墓出土的玉鸟

149 玉箍

红山玉器不只是神器，也有一定的实用价值，如玉龟、玉龙、玉鸟、玉璜等，是大山的地象图，人们佩戴这样的装饰，走在山里就不会迷路。又如发箍，是束发用具。上古时期，男性是留长发的，用发箍束起长发。玉箍是一说是束发用具，有很强的装饰作用，属于生活用品。之所以用高大的玉箍束发，有戴胜之意，表示身份地位等级。①

①玉箍，一说为祭祀用具，由玉龟壳演化而来。

牛河梁出土玉箍至少有7件，属于常见器型。第二地点一号冢4号墓出土玉箍，通长18.6厘米，平口长径7.4厘米，斜口最宽10.7厘米，厚0.3~0.7厘米。玉质为碧绿色岫岩玉。长筒形，筒扁圆，长筒面略有内弯，筒内有明显割痕，一端斜口且较大，口沿薄似刀，有明显残缺，一端平口且口小。平口一端两侧各钻一小孔，筒内外表层均有黄土色沁。该玉箍枕于墓主人头下，长面在上，因形似马蹄形，也称“马蹄形玉箍”。第五地点一号冢1号墓出土玉箍，直径6.1厘米，通长4.2厘米，最厚0.9厘米。黄绿色岫岩玉，质甚匀。边缘略有褐红色斑纹，为自然沁色。内壁平直，外形如鼓，整体规则，色泽纯正，通体光洁。

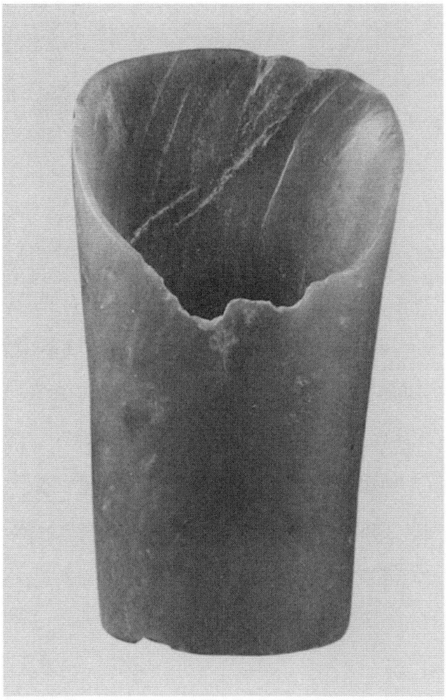

第二地点一号冢4号墓出土的玉箍

150 摇光与玉臂章

第三地点9号墓出土的玉臂章，光泽圆润，做工精巧。这个玉器正式的名字应该叫“摇光”，也作“瑶光”。通高6.2厘米，弧长8厘米，宽3厘米，厚0.3厘米。浅绿色岫岩玉。弯板状，上部圆弧形，近顶端中央有一圆形小孔，中下部两侧突出呈刀形。刀形靠近边缘处各钻出上下两个小圆孔，底部平整。正面磨出多道规整匀称的瓦沟纹。通体琢磨光滑，透着亮光。

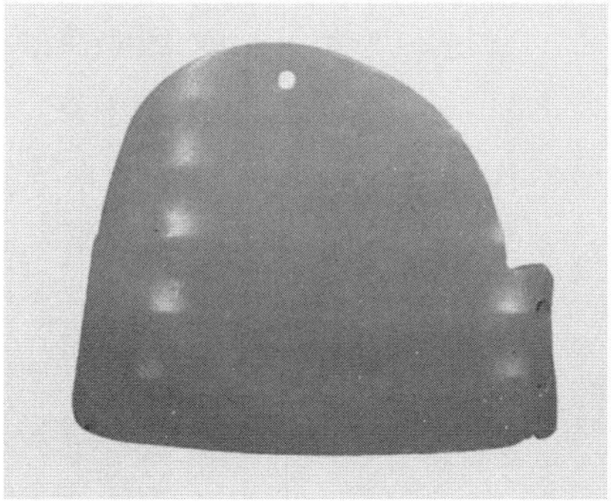

摇光之器

臂章绑在胳臂上，作为装饰，以示肩膀很有力量，与众不同。此是因形设占，为星名占，所期者为摇光，为北斗七星的第一星。摇光所陪葬的，应为尧时大臣伯夷，也称“伯夷父”。他制作刑典，对百姓依法管理。《山海经·海内经》：“伯夷父生西岳，西岳生先龙，先龙是始氐羌，氐羌乞姓。”东晋郭璞注：“伯夷父颛顼师，今氐羌其苗裔也。”《国语·郑语》：“姜，伯夷之后也。”《尚书·吕刑》：“伯夷降典，折民惟刑。”摇光的发现，是寻找和确认伯夷父墓的重要参照。

151 通天的玉人

第十六地点出土玉人1件，黄绿色岫岩玉。通高18.5厘米，最厚

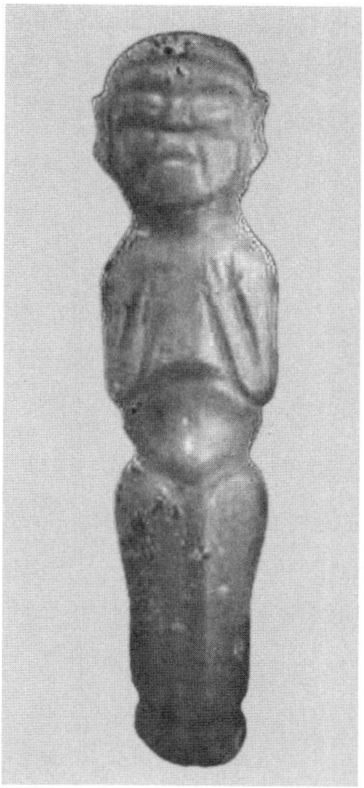
第十六地点4号墓出土的玉人

2.34厘米，头宽4.42厘米，脚宽2.88厘米。头顶部、肩部、下肢等部位有红色自然沁色。头部用瓦沟纹分别刻画出头顶、额头、眼睛、鼻子、嘴，两耳较大，面部表情栩栩如生。双臂弯曲上举，五指张开，贴放于胸前。再用瓦沟纹刻出微微隆起的小腹，又用瓦沟纹刻出并拢的双腿双脚。人为站立式，通体抛光。玉人表情肃穆、凝重、虔诚，是很神圣的状态。额头一纵目，是玉人第三只眼睛，意为天目。

玉人额头上的装饰，古称“雕题”。雕，刻也；题，前额之谓。《山海经》记载有“雕题国”。“雕题”一云“摄提”，为东方角宿中的一颗大星，位于龙头的前额之处。

152 玉环与玉镯

玉环，也称“玉镯”，最初为天文用器，表示行星运行的轨道，不同于后世的装饰品。《山海经·海外西经》：“大乐之野，夏后启于此儛九代，乘两龙，云盖三层。左手操翳，右手操环，佩玉璜。在大运山北。”玉鸟、玉环、玉璜为夏后启入葬时的埋藏。翳，指翳鸟。左手操翳，意为左手操玉鸟，《山海经·海内经》：“有五采之鸟，飞蔽一乡，名曰翳鸟。”玉镯也是身份地位的标志。《周礼·地官·司徒》：“以金镯节鼓。”《说文解字》：“镯：钲也，从金蜀声。军法：司马执镯。”

玉环是红山文化玉器中数量最多的器型之一。均为正规的圆形，肉较窄，且剖面呈三角形，外径一般在不大于68.5毫米，内径一般不大于56.5毫米，多适合套于腕上作手镯用。从出土位置看，绝大部分位于尸体的手腕处，即用作手镯；也有少数出土于脚、胸或腰等其他部位。有的玉镯已经断裂，断口处有钻口，表明玉镯也可能有兵符的作用，以断者为合，有调兵遣将的功能。

153 玉棒形器

玉棒形器，或称“锥形器”，为细长的棍棒形，可能是纺织用具。第十六地点79M1墓出土玉棒形器3件。白色蛇纹石质地，局部有土沁。尖端呈椭圆形，粗端呈圆尖状，尖部锋利。分别长15.5厘米，粗端直径1.4厘米；长14.8厘米，粗端直径1.5厘米；长22.2厘米，粗端直径2.1厘米。

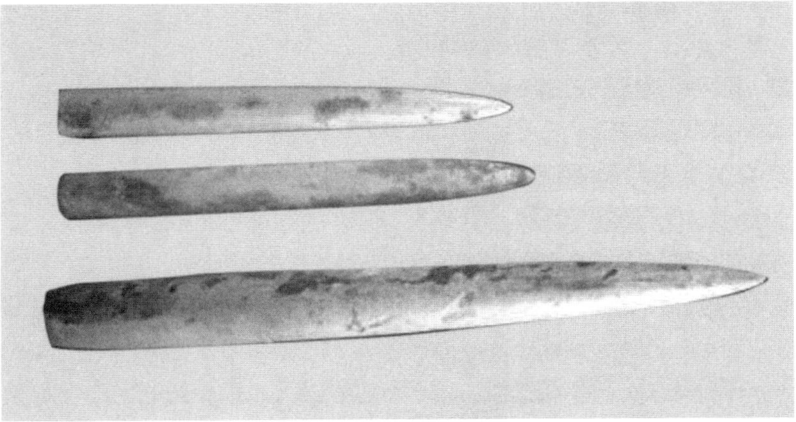

牛河梁第十六地点出土的玉棒

154 玉璜：虹字佩

喀左县东山嘴遗址处于牛河梁大遗址的龙头之上。遗址内出土玉璜1件，出土于方形基址南墙基内侧，淡绿色，长4厘米，璜形，一面雕纹,另一面无纹,中部对穿一孔。两端各作一龙首,较长,吻向前伸,上唇翘起,口微张,目作菱形框,身饰瓦沟纹。东山嘴,《山海经》中称为"东口之山"。

玉璜起源于对大山的自然崇拜,为并封之器。并封,是山神,在牛河梁龟蛇之南,是对称的两只兽首的形象,河北省承德县上谷村也有一座并封之山。玉璜的制作参照大山的形态,是并封之山的地象图。玉璜是装饰物品,表达了主人对家乡的怀念和热爱,也有实用的价值。玉璜是大山的地图,佩戴着它走在这座大山里就不会迷路。玉璜之状的大山,即桥山,黄帝所葬之处。

《山海经·大荒西经》:"有兽,左右有首,名曰屏蓬。"《山海经·大荒南经》:"南海之外,赤水之西,流沙之东,有兽,左右有首,名曰跊踢。"在南海之外,赤水的西边,流沙的东边有神兽,左右各有一个头,名叫"跊踢"。《山海经·海外西经》:"并封在巫咸东,其状如彘,前后皆有首,黑。"意思是说,并封神兽生在巫咸的东边,长得像老虎,左右各有一头,黑色的。彘,老虎的样子。《山海经·南山经》:"(浮玉之山)有兽焉,其状如虎而牛尾,其音如犬吠,其名曰彘,是食人。"彘,神兽,像虎,一说像猪。

虹,是降水神兽所化,探入江河吸水,故璜两端为兽首。玉璜的形态来自并封之山,这也就是最早的"虹"字。所以,这件玉璜也可称为"虹字佩"。在战国至汉初的墓葬中,常出土见有拱桥形的铜质小件,旧训为"桥形币"或"铜璜"。[①]此应是虹字佩的历史延续。其起源古远,史传为"尧布"之说应不误。尧布,一说为玉质,即玉璜。

①徐基:《是桥形币还是铜璜》,载《中国钱币》2002年第2期。

155 红山玉鹗

红山文化遗址出土两鸟形的玉佩2件,造型是两只鸟联合在一起,训为"玉鹗"。两鸟中间镂空,也许是大泽的形象。一件是对称的两只鸟,另一件不对称,也被称作"龙凤佩"。[②]

第二地点一号冢26号墓出土玉鹗,黄绿色,局部有白色瑕斑,

②龙凤佩之说或许有可商榷之处,因为未见有典型的龙鳞装饰。龙鳞是确定龙的图案的重要参考。

第二地点一号冢 26 号墓出土的玉鹗

第二地点一号冢 23 号墓出土的玉鹗(一作龙凤佩)

精磨,光泽度高。板状,边缘磨薄,有正面、背面之分。正面雕有似鸮的兽首,上下对称。兽首有立耳,额中起凸尖,耳端圆,目椭圆,嘴端圆。中部镂空。背面无纹饰,磨光,有三组"品"字形的隧孔。通长12.9厘米,宽9.5厘米,厚0.6厘米。第二地点一号冢23号墓出土玉鹗,形态抽象,青白玉,有正面、背面之分。中间镂空。背面平,无纹饰,有三组隧孔。通长10.3厘米,宽7.8厘米,厚0.9厘米。应为朝阳凤凰山早期地图。

玉鹗是罕见的玉器类型,造型与《山海经》有关,其中讲述了鹗的形态和来源。《山海经·西山经》:"又西北四百二十里,曰钟山。其子曰鼓,其状如人面而龙身,是与钦䲹杀葆江于昆仑之阳,帝乃戮之钟山之东曰瑶崖。钦䲹化为大鹗,其状如雕而墨文白首,赤喙而虎爪,其音如晨鹄,见则有大兵;鼓亦化为鵕鸟,其状如鸱,赤足而直喙,黄文而白首,其音如鹄,见即其邑大旱。"瑶崖,瑶姬所在的山崖。钟山,祝融山。大鹗的地象在今辽宁省凌源市三道河子乡五道河村,瑶崖、钟山也在此处。

玉鹗中间镂空处为大泽。《山海经·海外北经》:"夸父与日逐走,入日,渴欲得饮,饮于河渭。河渭不足,北饮大泽。未至,道渴而死。弃其杖,化为邓林。"《山海经·海内西经》:"大泽方百(千)里,群鸟所生及所解。在雁门北。"《山海经·大荒西经》:"有大泽之长山。"大泽,今贝加尔湖及其周边的湿地,在俄罗斯境内。那里古时是百鸟所集的地方。《穆天子传》卷四:"北至于旷原之野,飞鸟之所解其羽,千有九百里。"意思是说,向北至旷原之野,飞鸟在这儿将羽毛解掉。

156 菱形饰的用途

第二地点一号冢21号墓出土菱形饰1件，淡绿色，精磨，光泽圆润，呈薄片状，平面近似菱形，边缘磨薄似刃，中部偏上有一个椭圆形的钻孔。体长4.8厘米，宽4.7厘米，厚0.35厘米。

这个玉件的用途，可能是盛水于小孔中，利用水滴的表面张力所形成镜面的放大作用观察细小的物体，是一个简易的放大镜。此为一说。

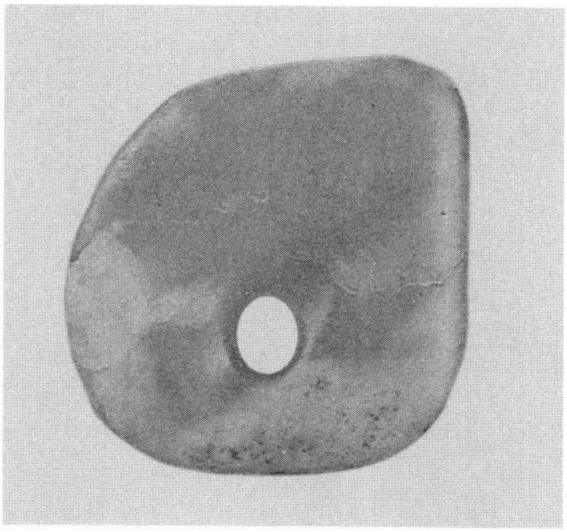

菱形玉饰

牛河梁的玉器，有的是实用器，为日常生活中使用的。有的是明器，是为丧葬专门设计制作的，属于神器之类。有的是礼器，表示身份地位和等级。此玉件属于实用器，不是死后使用的明器。

157 陶朘：寓意生男

上古时期生殖崇拜流行，民间可见远古的玉祖。男性生殖器的形象，便是中国最初的“祖”字。牛河梁没见有玉祖出土，但陶制的男孩生殖器的衍生物经常见到，此即陶朘。

喀左县东山嘴遗址出土陶朘1件。朘，男孩的生殖器，《老子》五十五章："未知牝牡之合而朘作。"以陶朘为器，潜台词是"生男"，表达了古人要生育男孩、要后继有人的祈愿，是一种求子的民俗。作为祭祀用具，陶朘表达了上古帝王"赤子婴儿"的思想，也就是说，统治者要像婴儿那样，把人民群众视作自己的母亲。《老子》五十五章："含德之厚，比于赤子。"牛河梁出土了许多陶朘的陶片，第二地点二号冢出土陶朘1件，泥质红陶，双口部，颈部呈椭圆形，覆钵状底座。通高55厘米，上腹径18厘米，束腰径15厘米，底径44.6厘米。

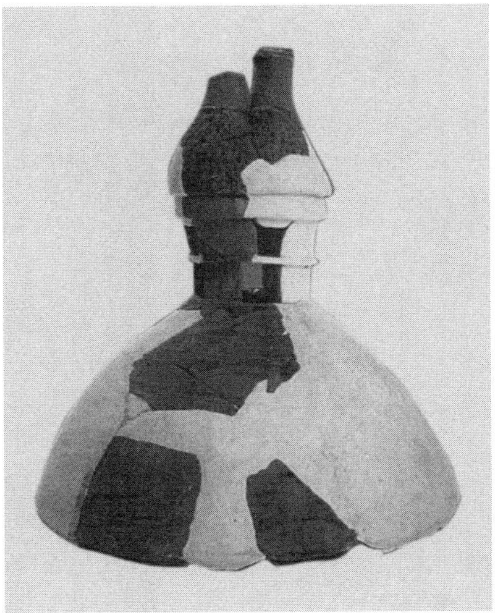
第二地点二号冢出土的陶朘

158 蛇形玉坠和玉钻芯

珥双蛇，是古代的一种民俗，即佩戴蛇形的耳坠。华夏部族的始祖是伏羲和女娲，为人首蛇身的形象，是蛇神。后世以蛇为装饰，表达了对伏羲、女娲的怀念。耳饰是中国所见最早的史前玉器。先红山文化的遗址出土了玉玦，被认为是耳饰。[①]

①玉玦，一说为鼻饰。

凌源市三家子乡田家沟第四地点9号墓为单人仰身直肢葬，右耳边随葬蛇形玉坠1件，同时出土玉钻芯1件，位于墓主胸部。钻芯，是制作中空玉器，如玉镯、玉箍时掏空部分的剩余物。随葬的意义不明。

159 调兵遣将的玉兵符

牛河梁第二地点一号墓14号冢，墓主为成年女性，45岁左右。出土勾云形玉佩，通长15.8厘米，宽6.9厘米，厚0.6厘米，系左右两块拼合而成。但是，这种断裂并非是埋藏后保存不当导致的断裂，而是本来就分为两片使用。这应该是古代的兵符，调兵遣将之用。

《越绝书》卷十一引用风胡子说："至黄帝之时，以玉为兵，以伐

玉兵符

玉兵符及其持有者：第二地点一号冢14号墓复原图

树木为宫室，凿地。夫玉亦神物也，又遇圣主使然，死而龙藏。”意思是说，到黄帝的时候，以玉器为兵符，调遣兵将，又砍伐树木建造房舍，房舍是凿地而建的。玉是通神的器物，又有圣明的君王的赋予玉以神奇的功能，人们死的时候选择龙形的大山为葬地，并有玉器随葬。龙形的大山，此处指牛河梁东部和南部的大山。

这里所说的黄帝使用的玉兵是玉兵符，是号令天下的神器，而非玉兵器。古时调动军队作战，或者调动民众从事生产劳动，都是靠兵符实现的。兵符在后世长期存在，只是随着青铜时代的来临，原来玉质的兵符转换成了铜质的兵符。这是一种高度符号化的器物，象征着对军队的控制权。《史记·五帝本纪》说黄帝“北逐荤粥，合符釜山”。合符，即指合兵符；荤粥，即獯鬻；釜山，即富山，音同通假，今属辽宁省建平县。

160 印章形器

玉质印章形器1件，也称“玉碑状器”，出土于牛河梁第二地点四号冢灰坑内，黑色滑石质。体小而规整，系磨制而成，表面光滑，两侧边各有数道刻画痕。有长方形底面、长条形器体和饰对称三凸尖的顶部，底部与器体之间起一道甚细的纽带状凸棱，总体形似一印章。高3.4厘米，底边宽0.55~1厘米，体宽0.5~1.1厘米，厚0.35~0.45厘米。与以往发现的玉璧、玉环、勾云形玉器相比，这种形制的玉器很少见。印章，古称“钤”。在中国古代天文中，有“钩钤”一星。

印章形器

161 玉蜂和玉蝗

牛河梁第五地点上层二号冢9号墓出土玉蜂1件，长5.5厘米，玉质青绿色，有瑕斑，精工雕刻出头部、腹部和双翅。身体部分只勾勒出了轮廓，腹部对钻穿孔。旧认为是“玉蝈蝈”，误。

牛河梁第十六地点积石层中出土玉蝗1件，淡绿色，线条粗简，但表达清晰，振翅的状态很逼真。长5.4厘米，宽1.4厘米，高2.35厘米。此处所说的“蝗”，也是蜜蜂，前人训诂失误所致。玉蜂反映了先民对蜜蜂的崇拜。玉蜂的形体狭长，不是一只普通的蜜蜂，而是一只蜂王的形象。

蜜蜂是华夏部族的早期图腾，如同蚕神之制。中国至少在六七千年以前已经开始养殖蜜蜂。蜜蜂之神，称“骄虫”，《山海经》记载了祭祀蜜蜂的古俗。《山海经·中山经》：“（平逢之山）有神焉，其状如人而二首，名曰骄虫，是为螫虫，实惟蜂蜜之庐。其祠之：用一雄鸡，禳而勿杀。”“平逢之山”即“并封之山”，在今河北省承德县上谷村。此述山神之名为“骄虫”，是养蜂之神。上谷村为中国最早的养蜂之地，同时也是人类养蜂的发端之地。祭祀蜂神之所以在此进

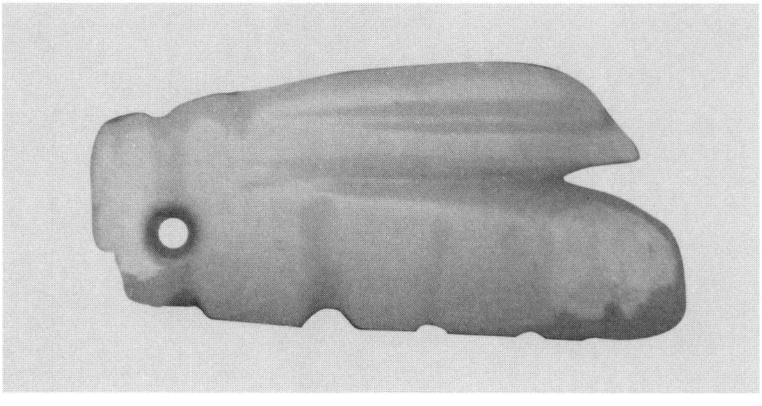

玉蜂

行，也可能是因为这发明养蜂者的埋骨之所。《山海经·中山经》："有兽焉，其状如蜂，枝尾而反舌，善呼，其名曰文文。"《山海经·海内北经》："大蜂，其状如螽。"《老子》五十五章："蜂虿虺蛇弗螫。"《诗经·周颂·小毖》："莫予荓蜂，自求辛螫。"《左传·僖公二十二年》："蜂虿有毒，而况国乎！"

黄帝时期，畜牧业已经很是发达。《史记·五帝本纪》说："(轩辕黄帝)淳化鸟兽虫蛾。"鸟，指驯化鸟类、养鸡生蛋之事；兽，指驯化虎豹熊罴、养猪、养牛马之事；虫，指养蜂之事；蛾，蚕蛾，指养蚕之事。可见，养蜂和蜂蜜之术是古代畜牧业的一部分。

蜂蜜是古代中国的一项重要发明，不仅满足日用之需，还是中药制剂的基质。中药和蜜为丸，称"蜜丸"。因而，蜂蜜的发明对中医中药的发展起到了很大的推动作用。

162 玉鱼：渔民的艺术

辽宁阜新县胡头沟为古之大壑，少昊之墟。胡头沟3号墓中3号、5号石棺内各出土绿松石鱼1件。鱼呈片状，表层绿松石，底层是黑色石皮。线条简朴流畅，头、尾、鳍俱全。头部有钻孔，既用来表示眼睛，也用于佩戴。出土于头骨附近，应为耳饰。

绿松石鱼，显示了远古的鱼图腾。《山海经·大荒西经》："有鱼偏枯，名曰鱼妇，颛顼死即复苏。风道北来，天及大水泉，蛇乃化为鱼，是为鱼妇。"意思是说，有一座大山像一条半枯的鱼，山神的名字叫"鱼妇"。它是颛顼死

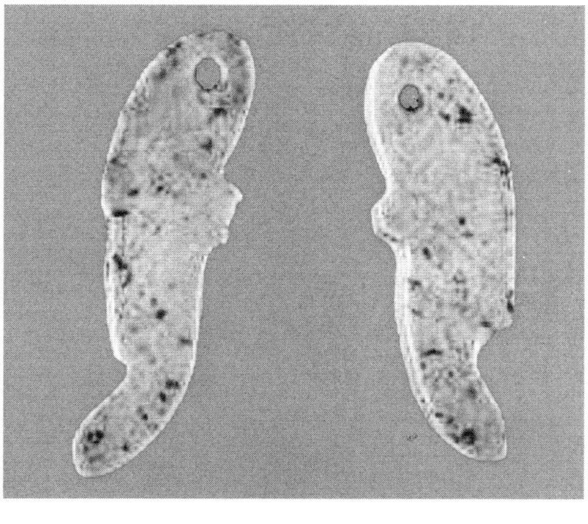

阜新胡头沟出土的绿松石鱼

阜新胡头沟出土的玉鱼

后变化而成的。如果有从北方来的风，泉水便被风吹得溢出，有条蛇便在这时变化为鱼，这便是鱼妇。鱼妇，是渔民部落的图腾，是美人鱼的形象。《山海经·海内南经》："氐人国在建木西，其为人人面而鱼身，无足。"氐人国是以美人鱼为图腾的部族。美人鱼是人面鱼身，没有双脚，双脚之处是鱼的尾巴。

美人鱼为华夏早期图腾，与西方不同之处在于，是一个已婚妇女。黄帝之妻彤鱼氏就来自一个鱼图腾的部族。《山海经》中有长臂国，是一个渔民部落。《山海经·海外南经》："长臂国在其东，捕鱼水中，两手各操一鱼。一曰在焦侥东，捕鱼海中。"可见，长臂国在渤海边，人民以打鱼为业。

163 玉凤首

玉凤首，出土于第二地点一号冢17号墓东壁外0.5米处。滑石质，淡黄色，表皮间深褐色。形小，片状。正面以较粗的阴线雕出如钩的喙弯，目如古写的"臣"字。头顶有冠，为窄带之状。背面磨平，中央钻有坠孔。长3.1厘米，最厚处0.7厘米。

玉凤首着力展示的应是牛河梁南方第二只鸟的形象，为古时的地图，宣示着对这块土地的所有权。玉凤首也是早期的文字，即"燕"字。中国早期的文字为地图文字，既是地图也是文字，牛河梁亦见多处，如"龟""虹""目""龙""蜀"等。《说文解字叙》说："黄帝之史仓颉，见鸟兽蹄迒之迹，知分理之可相别异也，初造书契。"又说："仓颉之初作书，盖依类象形，故谓之文；其后形声相益，即谓之字。

字者，言孳乳而浸多也。”西晋皇甫谧《帝王世纪》：“其史仓颉，又取象鸟迹，始作文字。史官之作，盖自此始。记其言行，策而藏之，名曰书契。”这里所说的鸟兽之迹，最初应指牛河梁鸟形、兽形的大山。

第二地点一号冢17号墓外出土的玉凤首

164 球状玉珠

球形玉珠1件，出土于牛河梁第五地点二号冢2号墓墓主颈部，淡绿色玉，半球体，平底处斜向对钻一穿孔。底径1.7厘米，高1.6厘米。从出土位置看，是颈部的装饰品，应是墓主生前的实用物。

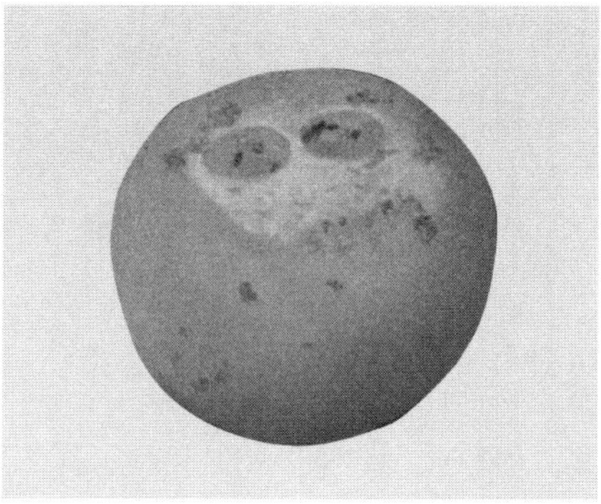

第五地点二号冢2号墓出土的球状玉珠

第五篇　牛河梁民俗典故

165 白虎

白虎，史前瑞兽，为地理名词，最初指虎形的大山，也是西方星宿白虎座在大地表面的投射点，从虎尾到虎头、虎爪依次为奎、娄、胃、昴、毕、觜、参七宿。这些投射点俗称“龙穴”，一般是古代墓葬和神庙的所在。龙，是指极有成就的中国人。

白虎，又名“驺吾”“驺虞”。《山海经·海内北经》：“林氏国有珍兽，大若虎，五采毕具，尾长于身，名曰驺吾，乘之日行千里。”牛河

翁牛特旗北部的白虎虎头地象及线描图

梁西也有白虎地象，卫星地图上可见有清晰虎头和虎爪。内蒙古自治区翁牛特旗白庙子山史前岩画上刻有七星图案，为西方白虎七宿。从卫星地图上看，翁牛特旗北部的大山清晰显示出了白虎的图案，包括虎尾、虎梁、虎爪以及埋入地中的虎头和露在地面上的双眼，形象十分生动。

翁牛特旗的白虎，是天然形成的巨大雕像，是大自然的杰作。如果一个雕像有篮球那么大，它是一个艺术品，可以放在屋子里；如果有房子那么大，它仍是一个艺术品，可以放到院子里；如果有一栋楼那样大，就成了一座建筑，可以放到广场上；如果再大，比一个国家还要大，那么它就是一个神，就只能放在心里了。《庄子·知北游》："天地有大美而不言。"当远古人类看到脚下的神兽，可以想象得到他们的震惊和虔诚，这就是他们的自然崇拜。

河南偃师二里头文化二期遗址出土了1件绿松石镶嵌青铜牌饰，是一只趴在地上的白虎形象，反映了上古时期一脉相承的虎文化，是驺吾之兽的艺术表达，其原型应是翁牛特旗北部的白虎地象，即地象图所在。

二里头文化二期遗址出土的绿松石镶嵌驺吾之兽

166 狴犴

狴犴，龙生九子之一。狴犴形似虎，生平好讼，有威力，立于狱门，为狱神，执掌狱事。狱门上部虎头形的装饰是其遗像。又名"宪章"，即"卷章""老童"。《史记·楚世家》："高阳生称，称生卷章，卷章生重黎。”卷章，即老童之讹，为颛顼之孙。一说为颛顼之子。颛顼墓在牛河梁，老童墓也应在牛河梁。老童，一说即老子。

狱神还有伯夷父，一说他是颛顼的叔父，他制作了刑典，所以为狱神。狱神还有一说为皋陶。伯夷父墓和皋陶墓也在牛河梁。

167 辟火

辟火，是一类驱逐火神的器物，相当于古代的消防员和灭火器。祝融氏为火神，是上古轩辕黄帝的大臣。相传人类发明钻木取火以后，不会管火和用火，祝融氏跟火亲近，是管火用火的能手，黄

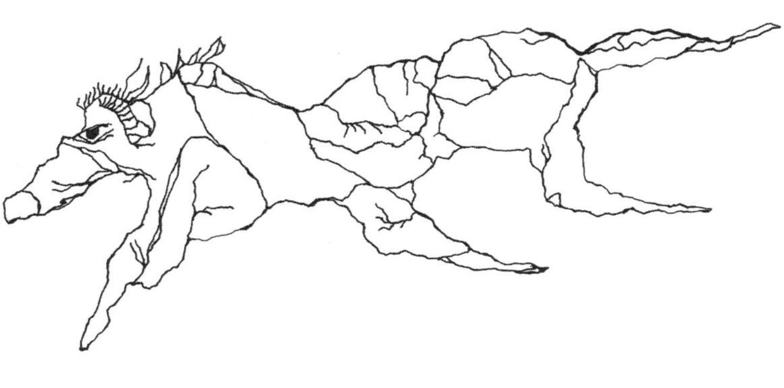

河北滦平的朦疏地象及线描图

帝就任命其为"火正"。祝融氏为火的使用做出了贡献，被后世奉为火神。火的使用给人类带了巨大的益处，但也带来了无尽的烦恼。频频发生的火患，促使了辟火的使用。中国古时有女子为祝融的历史。牛河梁第十六地点13号墓、14号墓墓主为二次葬的成年女性，可能为女神祝融。

《山海经·海外南经》："厌火国在其国南，兽身黑色，生火出其口中，一曰在讙朱东。三珠树在厌火北。"厌火，意即辟火。《山海经·北山经》："有兽焉，其状如马，一角有错，其名曰臛疏，可以辟火。"臛疏，为马生角的瑞兽，是上古时期的辟火，地象在今河北省滦平县。[①]《后汉书·西羌传》："羌人云爰剑初藏穴中，秦人焚之。有景象如虎，为其蔽火，得以不死。"《山海经·中山经》："有鸟焉，状如鸮而赤身白首，其名曰窃脂，可以御火。""有兽焉，其状如龟，而白身赤首，名曰蛫，是可以御火。"可见，古代的御火神有多种，是瑞兽的形象。

辟火，有秘戏题材的钱币，旧语常称为"两个妖精打架"，描写的是男女交媾的情景。相传火神祝融氏是个老小姐，未嫁而终，虽然性子泼辣，但到底是未嫁的女孩，看到热辣的春宫秘戏，自然十分害羞，吓得退避三舍。火神被赶跑了，因此也就免除了火患。

现代的防火设备与古代已经完全不同。但是，防火的观念仍然是第一位的。只有防火的安全意识，才能避免火灾的发生。因此，辟火的观念虽然古老，但并没有过时。

①臛疏，一说为旄马。《山海经·海内南经》："旄马，其状如马，四节有毛。在巴蛇西北，高山南。"巴蛇，为牛河梁北部地象。

民间的辟火：秘戏钱

168 朝鲜

朝鲜，古国名，《山海经》中也称“长臂国”，也作“奇肱国”“张弘国”“长肱国”，黄帝之妻彤鱼氏的部族。彤鱼氏葬于牛河梁。

《山海经·海外西经》：“奇肱之国在其北，其人一臂三目。”奇肱，即长臂。奇，通畸，异常之意。《山海经·大荒南经》：“有人名曰张弘，在海上捕鱼。海中有张弘之国，食鱼，使四鸟。”张弘，即长肱，长臂之意。《山海经·海内北经》：“朝鲜在列阳东，海北山南。列阳属燕。”

169 乘蹻

乘蹻，是古代的飞行之术，是一种滑翔技术。蹻，早期作“交”，是交叉的“十”字，为古代的滑翔用具。三国魏曹植《升天行》：“乘蹻追术士，远之蓬莱山。”东晋葛洪《抱朴子·杂应篇》：“若能乘蹻者，可以周流天下，不拘山河。凡乘蹻道有三法，一曰龙蹻，二曰虎蹻，三曰鹿卢蹻。或服符精思，若欲行千里，则以一时思之；若昼夜十二时思之，则可以一日一夕行万二千里，亦不能过此。”龙蹻，是龙形的飞行器；虎蹻，是虎形的飞行器；鹿卢蹻，鹿卢形的飞行器。乘蹻是中国古代科学技术的重要成就，牛河梁是其发源地之一。熊山的峰顶，悬崖峭立，或许是远古时期从事乘蹻活动的场所。

古时还有另外一种飞行器，称为“凫舄”。南朝梁沈约《善馆碑》：“霓裳不反，凫舄忘归。”南宋洪迈《自鸣山》诗：“天上真人蹑凫舄，移文休勒此山名。”凫，飞。舄，鞋。凫舄，仙履，凌空飞翔的大鞋，

新疆维吾尔自治区哈巴河县多尕特山谷史前岩画中的虎蹻、鹿卢蹻和凫舄(照片由新疆博物馆鲁礼鹏提供,陈龙摄)

指中国早期的载人飞行器被设计成鞋的样子。

2012年,新疆维吾尔自治区哈巴河县多尕特山谷发现多幅飞行器的史前岩画,包含乘蹻的多个种类,客观反映了古代乘蹻之术的面貌。岩画中有东晋葛洪《抱朴子·杂应篇》提到的“龙蹻”“虎蹻”“鹿卢蹻”,还有形如火箭的“凫舄”。

170 螭

螭,也称“螭龙”或“螭虎”,是中国传统图腾,瑞兽之一,无角,形体似龙,又似虎。螭,是古代流行的装饰图案,在工艺美术品、建筑物中常有所及。《论衡·订鬼篇》引古本《山海经》:“北方有鬼国,说螭者谓之龙物也。”三国魏曹植《桂之树行》:“上有栖鸾,下有盘螭。”

螭的历史人物原型是魑，为蚩尤的大臣“魑魅魍魉”之一，主军谋。魑魅魍魉战败之后被杀，尸骨应葬于轩辕台下，今牛河梁第五地点三号冢1号墓。

171 鸱吻

鸱吻，民俗中龙生九子之一，其性好登高望远，也作“螭吻”。鸱吻的历史人物原型应为倭，黄帝后裔，是一位远古时期的地理学家。牛河梁的鸱吻立于龟背之上，故与神龟合称为“鸱龟”。[①]《楚辞·天问》：“鸱龟曳衔，鲧何听焉？顺欲成功，帝何刑焉？”

①鸱龟，后世解作龟鹤。龟鹤齐寿，寓意健康长寿。

鸱吻

鸱为一首三身的神鸟，以三身为图腾，应是三身后裔。三身，黄帝之子，一说为帝喾之子，一说为帝舜之子。《山海经·西山经》：“（三危之山）有鸟焉，一首而三身，其状如鹣，其名曰鸱。”牛河梁第二地点一号冢7号墓为三身墓，第五地点二号冢9号墓可能是倭的墓。

172 赤县

赤县,中国的代名词,今内蒙古赤峰。古时“赤县”与“神州”并称,称“赤县州”,均在牛河梁大遗址区。《史记·孟子荀卿列传》:“中国名曰赤县神州。”《太平御览》卷三八引《尸子》:“赤县州者,实是昆仑之墟,玉红之草生焉。”《太平御览》卷四九七引《尸子》:“赤县洲(州)者,实为昆仑之墟,其东则(侧)有卤水岛。山左右蓬莱,玉红之草生焉。”昆仑之墟,牛河梁之谓。

赤峰红山,《山海经》中称之为“大比赤阴”“赤国妻氏”“始州国”,后世也称为“赤县州”“赤县”,是中国最早的邦国所在地。《山海经·海内经》:“大比赤阴,是始为国。”《山海经·大荒西经》:“有赤国妻氏。有双山。”双山,即红山前和红山后。《山海经·大荒北经》:“有始州之国,有丹山。”始州国,邦国开始的地方,即大比赤阴;丹山,即红山。大比赤阴有水,名“赤水”,炎帝之妻所生,亦为炎帝之女所居。屈原《楚辞·远游》:“仍羽人于丹丘兮,留不死之旧乡。”丹丘,即丹山,今赤峰红山;不死之旧乡,地名,今辽宁省建平县万寿镇。

173 戴胜

戴胜,头上的装饰,远古时期用以显示身份地位。牛河梁南方朱雀头上的装饰,仿佛是一顶桂冠,古称为“戴胜”。《礼记·月令》:“鸣鸠拂其羽,戴胜降于桑。”《山海经·大荒西经》:“有人戴胜,虎齿,有豹尾,穴处,名曰西王母。”《山海经·西山经》:“西王母其状如人,豹尾虎齿而善啸,蓬发戴胜,是司天之厉及五残。”《山海经·海

古“鸾”字：山西吉县卦甲山岩画戴䍐的鸟

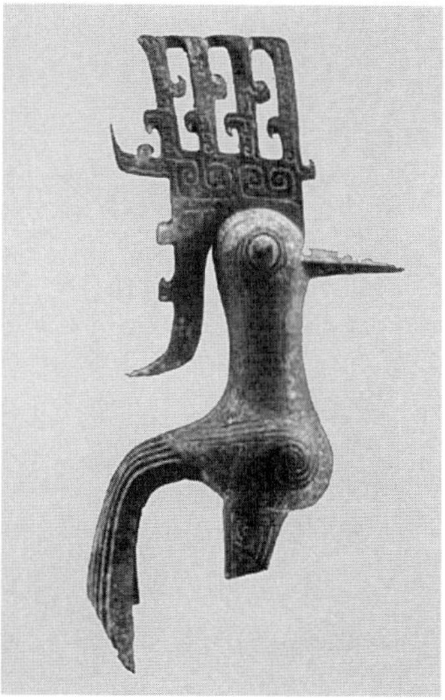

四川广汉三星堆出土的铜鸾

内北经》“西王母梯几而戴胜。”蓬发戴胜，头发竖起，戴着玉胜。胜，发上的玉饰。《山海经·海内西经》：“凤皇、鸾鸟皆戴䍐。”戴䍐，即戴胜之意。

山西吉县卦甲山史前岩画有鸟和蛇的图案，都是带着高高的翎羽。四川广汉三星堆出土的铜鸟也戴着高高的翎羽。此即为戴胜，也称“戴䍐”。戴䍐的鸟，是一个古“鸾”字。

174 刀耕火种

刀耕火种，把地上的草木烧成灰做肥料，就地挖坑下种，也作“火耨刀耕”，这是新石器时代的耕作方式，由此产生了中国最古老的农业。唐罗隐《别池阳所居》：“黄尘初起此留连，火耨刀耕六七年。”《旧唐书·严震传》：“梁汉之间，刀耕火耨。”耨，锄草。牛河梁红山文化遗址有农器出土，反映了刀耕火种的历史。

175 雕虫小技

雕虫，即雕刻的昆虫。牛河梁出土了中国最早的玉雕昆虫，有玉蚕和玉蜂，反映了中国上古时期养蚕和养蜂的史情。

雕虫，后来也指书写文字。虫，指鸟虫书，战汉时期汉字的一种字体。雕虫小技，指微不足道的技能。《北史·李浑传》："雕虫小技，我不如卿；国典朝章，卿不如我。"

176 东营子

东营子，传统地名，在凌源市前进乡（雹神庙乡），是上古时期的地理名胜区。营，营建之意，取自于北方玄武第六星营室。东营子的地理位置极佳，堪称人间仙境。这里群山环绕，地象活泼，完整保存有多件史前"三皇"时期的瑞兽之山和望祭之所，是史前"三皇"时期的核心祭祀区。①

中国古人怀有深刻的历史意识，他们营建了山川望祭的场所，象征他们永不消逝的灵魂。东营子为"三皇"时期山川望祭之所，包括神像和祭坛。核心区发现有大小两座祭坛。小型的祭坛位于弇兹山与女娲山之间，是祭祀弇兹和燧人氏的祭坛，也可视为祭祀女娲的祭坛。大型的祭坛利用了天然形成的岗丘加以人工修建而成，是望祭神农、伏羲和女娲的场所。祭祀区之南还有姑媱之山和瑶台，是瑶姬和她的祭坛。

东营子的兽象鲜明，有象山、熊山、龙山。这些瑞兽与各位史前历史人物结合成一体，体现出了人与自然和谐相处的深远意境。

①"三皇""五帝"的说法历史有多种版本。现根据"三皇""五帝"祭祀区内神主的布局和主次关系，确定"三皇"应为神农氏、弇兹氏（燧人氏）、女娲氏（伏羲氏），"五帝"应为少昊、颛顼、帝喾、帝尧、帝舜。轩辕黄帝位在"五帝"之上，单列一区，陪祀于嫘祖之旁。此"三皇"，也称"下三皇"，合称为"人皇氏"。在"三皇"之前，尚有"中三皇"和"上三皇"。"上三皇"合称"天皇氏"，"中三皇"合称"地皇氏"。"上三皇"和"中三皇"的山川望祭之所在晋冀鲁豫四省交界的太行山上。《庄子·胠箧》提及古之十二君（容成氏、大庭氏、伯皇氏、中央氏、栗陆氏、骊畜氏、轩辕氏、赫胥氏、尊卢氏、祝融氏、伏羲氏、神农氏）或可在此找到渊源。

177 二龙戏珠

二龙戏珠，也作“二龙抢珠”，中国传统装饰图案，常用于建筑和家居装饰，是两条龙争抢一颗宝珠的样子。此为牛河梁北部地象，是古代的地图。二龙戏珠处于内蒙古自治区和辽宁省交界之处，东面的龙属于辽宁建平，西面的龙属于内蒙古宁城。悬挂和佩戴这样的地图，走在这山里就不会迷路。二龙，即“二龙戏珠”之简。二龙原为镇，后为村，并入宁城县汐子镇。该处位于穷奇食人以北，地象为两条龙争抢宝珠的样子。《山海经·海外西经》：“大乐之野，夏后启于此儛九代，乘两龙，云盖三层。左手操翳，右手操环，佩玉璜。在大运山北。”两龙，即二龙。

二龙戏珠中的火珠，民间传说是太阳的象征，两条巨龙将太阳吞进吐出，造成了白天和黑夜。因此，火珠之处应为太阳神的所在。太阳神，即火神祝融。祝融氏为乘两龙的形象。《山海经·海外南经》：“南方祝融，兽身人面，乘两龙。”兽身，指文身，身上饰有野兽的花纹，一般指鳞身，即身上装饰着龙鳞，显示自己是龙的传人；两龙，即二龙戏珠。马王堆汉墓出土帛画上有二龙戏珠的图案，火珠中为一披长发的女子，应为女神祝融。①

龙的下颌处有一颗宝珠，称为“骊珠”，后世形成了“探骊取珠”的典故。②二龙戏珠是中国早期的地图，又极具装饰价值，后来成了流行的装饰图案，其最初的地图功能反而被人们逐渐遗忘了。骊珠和火珠，应是早期的冰川遗迹。

二龙戏珠为牛河梁北部地象，直到夏代才被发现和使用，《山海经》中称“两龙”，与“二龙”同义。龙头上有“少阳”“摄提”“青华”“建节”“叶流”“苍帝”“灵威仰”等星宿，《山海经》称此处为“大乐之野”，应是夏启的陵园。两龙角的大小不一，左角小，称为“角”；右角大，称“大角”，也称“天楯”。

①参见安志敏《长沙新发现的西汉帛画试探》，载《考古》1973年第1期；孙作云《长沙马王堆一号汉墓出土画幡考释》，载《考古》1973年第1期。画面中托举重物的力士应是禹父鲧的形象。

②典出《庄子·列御寇》：“夫千金之珠，必在九重之渊而骊龙颔下，子能得珠者，必遭其睡也。使骊龙而寤，子尚奚微之有哉！”

马王堆汉墓出土帛画局部线描图

二龙戏珠东部的一龙应为古籍中的“委羽之山”。《淮南子·墬形训》:“烛龙在雁门北,蔽于委羽之山,不见日。其神人面龙身而无足。”东汉高诱注:“委羽,北方名山也。一曰龙衔烛,以照太阴。盖长千里,视为昼,瞑为夜,吹为冬,呼为夏。”龙衔烛,即二龙戏珠。

178 凤凰

凤凰,中国传统图腾,为神鸟的形象,最初为地理名词,为牛河梁南方地象,即比翼鸟。历史上有“凤鸣朝阳”“丹凤朝阳”“凤倚桐冈”“天凤来仪”“龙飞凤舞”“龙凤呈祥”“鸾歌凤舞”“彩凤求凰”等诸多美誉。《尚书·益稷》:“箫韶九成,凤皇来仪。”

三国魏刘桢有《赠从弟》诗,其三曰:“凤皇集南岳,徘徊孤竹根。于心有不厌,奋翅凌紫氛。岂不常勤苦,羞与黄雀群。何时当来仪,将须圣明君。”孤竹,古国名,在辽西。凤凰是牛河梁南部的大山,即南岳,是鸟的形象,但其形成的年代远比鸟类的出现要早,是在中生代的造山运动中形成的。因此,没有鸟类之前应该就有凤凰了。

179 凤鸣朝阳

凤鸣朝阳，也作“丹凤朝阳”“凤倚桐冈”，即比翼鸟，牛河梁大遗址朱雀地象，为中国上古时期的地理名胜。凤鸟面朝东方，引颈而鸣，似乎在呼唤一轮红日的升起，地象十分活泼。凤鸟，也称“五采鸟”“鸣鸟”等，古时的名字很多。《山海经·大荒西经》：“五采之鸟仰天，名曰鸣鸟。爰有百乐歌儛之风。”《诗经·大雅·卷阿》：“凤凰鸣矣，于彼高冈；梧桐生矣，于彼朝阳。”凤凰、梧桐皆为牛河梁地象。梧桐，“桂林八树”之一，史中也称“苍梧之野”。

牛河梁东北还有朝阳谷，是东北部的若干条山谷的统称，此处也称“朝阳”。《山海经·海外东经》：“朝阳之谷，神曰天吴，是为水伯。在䖭䖭北两水间。其为兽也，八首人面，八足八尾，背青黄。青丘国在其北，其狐四足九尾。一曰在朝阳北。”䖭䖭，在凌源东北，䖭䖭之北两条水系的中间为朝阳之谷，地象是东方苍龙之尾。

2004年，内蒙古自治区翁牛特旗解放营子蛤蟆山赵宝沟文化遗址出土了一件距今约7000年的陶凤杯，造型是一只凤鸟，凤冠、翅、尾形态清晰，与牛河梁的朱雀十分接近。此即“凤鸣朝阳”，反映了史前时期人们对牛河梁比翼鸟地象的认识水平。

赵宝沟文化遗址出土的陶凤杯

180 封禅

封禅，是王者易姓时昭告天地的仪式。人生于天地之间，先有天地而后有人。在远古时期，人的力量十分渺小，不能与自然相争抗衡，人还只是天地宇宙的附属物。远古的封禅，就是要显示人类的成长壮大，宣示其在天地宇宙中的地位，人从此不再是渺小的人，而是与天地并立的人，古代道家的天地人三才之论因而得以确立。《史记·封禅书》："自古受命帝王，曷尝不封禅。"《初学记》卷五引《白虎通》："王者受命，必封禅。封者，增高也，禅者，广厚也。……天以高为尊，地以厚为德，故增泰山之高以示报天，禅梁甫之址以报地。"

牛河梁有两处天坛和地坛。一处在东山嘴，圆形的祭坛为天坛，方形的祭坛为地坛。另一处在牛河梁第二地点，天坛为圆形，地坛为方形。这都是为了表达天圆地方的理念。天坛和地坛是远古时期祭祀天地的场所，典礼隆重庄严。这一祭祀天地的仪式，史中有专门的称谓，称"封禅"。牛河梁的两处天坛和地坛，应是轩辕黄帝和颛顼举行封禅大典的地方。《史记·五帝本纪》说黄帝"登丸山，及岱宗"，又言封禅之事。岱宗，即东岳，牛河梁的东方青龙，今东山嘴所在，为黄帝封禅之处。

181 官营

官营，为传统地名，是九卿内座星的地望所在，是天庭的文官系统。《开元占经·甘氏中官·九卿内座星占四十八》："甘氏曰：'九卿内座三星，在三公北。'《甘氏赞》曰：'三公、九卿、赞谒者、诸侯。'"凌源市有四官营子镇，凌源市乌兰白镇有十二官营子，喀左县有六官营子镇，北票市有西官营子，应是黄帝时期文官茔域在后世的演绎。

曹操高陵也有官营，现分为黄官营和花官营，在今河北省磁县，是因循牛河梁遗址的官营而来。

182 解州

解州，今属山西省运城市。解，音害。蚩尤与黄帝战于涿鹿，蚩尤战败被杀，传示其首。蚩尤被杀之处称为"解"。《路史·后纪四》："(黄帝)传战执尤于中冀而诛之，爰谓之'解'。"《皇览冢墓记》："传言黄帝与蚩尤战于涿鹿之野，黄帝杀之，身体异处，故别葬之。"牛河梁第五地点一号冢中层5号墓出土了1件人头骨，置于轩辕黄帝墓冢之下，脸面朝下，应为蚩尤头骨。

183 黑水

黑水镇，为辽宁省建平县所辖，应为古黑水所在。《山海经·南山经》："又东五百里，曰鸡山。……黑水出焉，而南流注于海。"《山海经·西山经》："(昆仑之丘)黑水出焉，而西流于大杅，是多怪鸟兽。"《山海经·海内西经》："洋水、黑水出(昆仑之丘)西北隅，以东，东行，又东北，南入海，羽民南。"《山海经·大荒南经》："黑水之南，有玄蛇，食麈。"玄蛇食麈，即巴蛇吞象，在黑水镇之南，地理位置符合。《楚辞·天问》："黑水、玄趾，三危安在？"玄趾，即交趾。

黑水，也称"淮水"，即今老哈河。《山海经·海内东经》："淮水出余山,余山在朝阳东,义乡西,入海,淮浦北。”朝阳,即朝阳谷,在今辽宁省建平县北;义乡,今内蒙古自治区宁城县天义镇;洋水,一说为今洋河。

184 皇天后土

皇天后土,是主宰天地的神灵。远古人类祭祀天神和地神,所谓“谢天谢地”,是为了酬劳天神、地神负载万物与生养万物的功劳。《礼记·郊特牲》:“地载万物,天垂象,取财于地,取法于天,是以尊天而亲地也。故教民美报焉。”

古时重黎司天属地,形成了祝融氏,统称为“皇天后土”。牛河梁红山文化遗址中的圆形祭坛和方形祭坛,说明了在五千年前就形成了天圆地方的祭祀定制。与后土的称谓相对应,天极之处的祝融被称为“黄天”或者“皇天”。远古时期,后土是统管地面活动的神,与皇天相对应。《山海经·大荒西经》:“帝令重献上天,令黎邛下地。”《左传·僖公十五年》:“君履后土而戴皇天,皇天后土实闻君之言。”唐孔颖达疏:“后土者,地之大名也。”《周礼·春官·大宗伯》曰:“王大封,则先告后土。”东汉郑玄注:“后土,土神也。”《礼记·檀弓上》曰:“君举而哭于后土。”东汉郑玄注:“后土,社也。”《五礼通考》曰:“此以后土为土官。”

后土,一说为共工之子,称“句龙”。《尚书·武成》:“告于皇天后土。”蔡传:“句龙为后土。”按《五礼通考》曰:“此以后土为人神。”《礼记·祭法》:“共工氏之霸九州也,其子曰后土。”唐孔颖达疏:“共工后世之子孙,为后土之官。”《左传·昭公二十九年》:“故有五行之官,是谓五官……木正曰句芒,火正曰祝融,金正曰蓐收,水正曰玄冥,土正曰后土。……颛顼氏有子曰犁,为祝融。共工氏有子曰句龙,为后土。”《山海经·海内经》:“共工生后土,后土生噎鸣,噎鸣生岁十有二。”《国语·鲁语上》云:“共工氏之霸九州也,其子曰后土,能平九土。”

185 交州

交州，古地名，即交趾，也作“交阯”，简称“交”。交趾是黄帝之孙蛴极后裔的封地。牛河梁第二地点一号冢4号墓墓主两腿交叉，组成了一个“交”字，是一个人名占，为黄帝之孙蛴极。这也是地名，即交趾，即后来的交州。

《山海经》记载有“交胫”“玄股”“跂踵”“反踵之国”，皆为“交趾”之意。《山海经·海外南经》：“交胫国在其东，其为人交胫。一曰在穿匈东。”交胫，即古“交”字，或“玄”字。

186 锦衣玉食

锦衣玉食，穿着华丽的衣服，佩戴着精美的玉器，形容生活的安逸充裕。这是起源于牛河梁的成语，指嫘祖发明蚕桑和黄帝服玉之事。玉食，即服玉，佩戴着精美的玉器。

史载，黄帝之妻嫘祖发明了养蚕，中国人从此穿上了华丽的锦缎。黄帝发明了用玉制度，中国人从此佩戴上了精美的玉器。《山海经·西山经》：“（峚山）是有玉膏，其原沸沸汤汤，黄帝是食是飨。是生玄玉。……黄帝乃取峚山之玉荣，而投之钟山之阳。瑾瑜之玉为良，坚粟（栗）精密，浊泽有而光。五色发作，以和柔刚。天地鬼神，是食是飨；君子服之，以御不祥。”所谓“是食是飨”，就是崇奉供养。食，音嗣，供奉、服侍；飨，享受供奉、服侍。轩辕黄帝墓中出土的玉器，证实了黄帝服玉之事，说明了《山海经》记载的准确。

187 精卫填海

精卫填海，牛河梁朱雀地象，为史前地理名胜，即比翼鸟的第二只鸟。这只鸟的鸟嘴之前有一座山，是一颗石子的样子。这种景象极大激发了人们的想象力，由此产生了精卫填海的神话。

《山海经·北山经》："北二百里，曰发鸠之山，其上多柘木。有鸟焉，其状如乌，文首，白喙，赤足，名曰精卫，其鸣自詨。是炎帝之少女，名曰女娃。女娃游于东海，溺而不返，故为精卫，常衔西山之木石，以堙于东海。漳水出焉，东流注于河。"《述异记》卷上："昔炎帝女溺死东海中，化为精卫，其名自呼。每衔西山木石填东海。偶海燕而生子，生雌状如精卫，生雄如海燕。今东海精卫誓水处，曾溺于此川，誓不饮其水。一名誓鸟，一名冤禽，又名志鸟，俗呼帝女雀。"比翼鸟，这里被称为"誓鸟"和"冤禽"，也称"志鸟""帝女雀"。东晋陶渊明《读〈山海经〉十三首》："精卫衔微木，将以填沧海。"

比翼鸟第一鸟鸟嘴的地方现在是一个大型的水库，古代也是一处低洼储水之地，鸟看起来是在井边喝水的样子。也有人说，这水库也像一粒沙子。所以，比翼鸟以北描述为两只鸟一起扔沙子的样子。这种相向弃沙的举动，被理解为要去填平大海。《山海经·大荒东经》："有五采之鸟，相乡弃沙。惟帝俊下友。帝下两坛，采鸟是司。"

188 绝地天通

所谓"绝地天通"，是断绝天地之间的往来，人与神各居其位，不相沟通交流。牛河梁是颛顼大帝“绝地天通”的历史发生地。《山海经·大荒西经》:“帝令重献上天,令黎邛下地。”《尚书·吕刑》:“乃命重黎,绝地天通,罔有降格。”《国语·楚语下》:“(颛顼)乃命南正重司天以属神,命火正黎司地以属民,使复旧常,无相侵渎,是谓绝地天通。”

绝地天通,即古时的“执无鬼”,是无神论思想使然。中国历史上的“三皇”“五帝”是远古的科学家,有科学家的身份和追求。史前的神鬼之论都是迷信之类,故而被颛顼断绝,此即“绝地天通”。

牛河梁是墓葬区,为上古圣王的埋骨之地,早期的祭祀一并在这里进行。颛顼时,在上谷建立了祭祀区,大型的祭祀活动改在上谷进行,为山川望祭,牛河梁因此停止了墓祭。

189 夸父逐日

夸父逐日,为牛河梁北部地象,史前地理名胜,位置在天犬之西,猩猩知人语之南。大山的样子是夸父向北奔跑,手里拿着一根手杖,一说是戈。夸父留在大地表面的这一神态极大激发了远古人类的想象力,形成了夸父逐日的神话。《山海经·大荒北经》:“夸父不量力,欲追日景,逮之于禺谷。将饮河而不足也,将走大泽,未至,死于此。”《山海经·海外北经》:“夸父与日逐走,入日,渴欲得饮,饮于河渭。河、渭不足,北饮大泽。未至,道渴而死。弃其杖,化为邓林。”

夸父为古之日者,属于祝融氏族。远古时期,中国进行过大规模的山川地理调查,摸清了中国的地脉走向。地理调查不仅辛苦,而且十分危险。古代的地理学家拿着手杖, 跑遍了中国的高山大川,被人们称为“追赶太阳的人”。这个大规模的地理科学调查,最后总结成了“夸父逐日”的神话。夸父逐日的结果,是建立了天文与地象的对应关系,为九州学说提供了科学依据。帝禹因此设立九州州治,开始对国家进行治理。

190 夔一足

夔一足,是中国传统的纹饰。原来的意思是说,像夔这样有贤德的人,有一个就足够了。后世衍为夔只有一只脚,是传统工艺美术中的一种装饰图案。

夔的故事起源于远古时代。夔是帝尧的大臣,通乐律,很有贤德,尧称赞说,像夔这样的人有一个就足够了。这个故事载于《韩非子·外储说左下》:“哀公问于孔子,曰:‘吾闻夔一足,信乎?’”曰:“夔,人也,何故一足?彼其无他异,而独通于声。尧曰:‘夔一而足矣。’使为乐正。故君子曰:‘夔有一足。’非一足也。”因此,在后世形成了“夔一足”的典故,成为一个重要的艺术命题。夔有四只脚,但在具体的艺术创作过程,可采用云雾、身体遮挡等艺术手段只表现其中一只脚,保留“夔一足”的经典主题,以此表达对夔的尊敬之情。

《说文解字》:“夔,神魖也。如龙,一足,从夂;象有角、手、人面之形。”《山海经·西山经》:“是多神䰠,其状人面兽身,一足一手,其音如钦。”䰠,即夔。《山海经》中记载了东海流波山有夔如牛。《山海经·大荒东经》:“东海中有流波山,入海七千里。其上有兽,状如牛,苍身而无角,一足,出入水则必风雨,其光如日月,其声如雷,其名曰夔。黄帝得之,以其皮为鼓,橛以雷兽之骨,声闻五百里,以威天下。”意思是说,东海之中有流波山,在离岸七千里的地方,山上有神兽,样子像牛,身子是青灰色的,头上无角,只有一条腿。它在水中出入则必然带来风雨。它身上光彩夺目,如同日月一般,吼声如雷,名字叫作“夔”。黄帝捕获了它,用皮做成鼓,再用雷兽的骨头做成鼓槌,其响声可以传到五百里的地方。作战时用来增长士气,威震敌群。流波山,即“波母之山”“皮母地丘山”,是牛河梁的另一说法。

夔的图案后来被装饰到战鼓上,装饰到乐器之上,为乐器之神,演变为琴头囚牛和钟钮蒲牢的形象。囚牛,龙生九子之一,音乐之神。囚牛平生爱好音乐,制定了礼乐制度。囚牛常常蹲在琴头上欣赏弹拨弦拉的音乐,因此琴头上便刻上囚牛的遗像。囚牛的历史人物原型应是尧舜时期的音乐家夔和龙。夔为音乐之神,古代的音乐家,墓冢在牛河梁,位于北斗七星之列。他的墓有可能是移葬的,内只有一只脚,所占为“夔一足”。龙的墓也是北斗七星之一,也应在牛河梁。

191 鲲鹏

鲲鹏,是中国古典神话中的神兽,也是佛教中的神兽,也作“大鹏”。大鹏展翅,最初源自于道家。《庄子·逍遥游》说:“北冥有鱼,其名为鲲。鲲之大,不知其几千里也。化而为鸟,其名为鹏。鹏之背,不知其几千里也。怒而飞,其翼若垂天之云。是鸟也,海运则将徙于南冥。南冥者,天池也。”唐李白《上李邕》:“大鹏一日同风起,扶摇直上九万里。假令风歇时下来,犹能簸却沧溟水。”

庄子所说的“鲲鹏”,形体巨大,忽而为鱼,忽而为鸟。但是,“鲲鹏”在自然界确实存在,《山海经》称之为“龙鱼陵居”“大鲠”“鳖鱼”,是牛河梁的一座大山,在辽宁省凌源市万元店镇下河杖子村附近。

192 来龙去脉

来龙去脉,现指事物的前因后果。最初为古代地理名词,出自于牛河梁,指山川河流的布局和走向,也称“地脉”。星宿在大地表面的投射点,民间称“龙穴”,是古代的墓葬或遗址的所在。

牛河梁古称“昆仑丘”，是五龙聚首之地，中国最早的“龙”字起源于牛河梁，是一座大山的模样。

193 乐土

乐土，幸福安乐的地方，在牛河梁朱雀之内，即诸夭之野。《诗经·魏风·硕鼠》：“逝将去女，适彼乐土。乐土乐土，爰得我所。”乐土是古代社会理想的居所，在现实中确实存在。其地之民操卵而食，百谷自生，没有劳作之苦，人与自然和谐相处，生活得自在幸福。

194 立竿见影

立竿见影，是说阳光下竖起竹竿就会立刻见到影子，形容见效之快。立竿见影，最初是古时的测日之法，通过测日影定四季农时，是与夸父逐日有关的一个成语。

夸父，即祝融氏。夸父逐日，是以木棒测日影。这根木棒叫作“表”，以此为基础组成的测时工具称“晷表”。《山海经·大荒北经》：“夸父不量力，欲追日景，逮之于禺谷。”《史记》中有《日者列传》。所谓“日者”，最初是测日影者，后为卜筮算命之人。测日影可以得知太阳光线入射的角度，以此定出四季农时。日影的长度以正午为准，其损益一寸千里。《周髀算经》：“周髀长八尺，其勾之损益，一寸千里。”

夸父为太阳神和火神，而应龙为龙王，是雨神。有太阳时就不能下大雨，下大雨时就不能有太阳，是一对矛盾体。一般而言，应龙（即龙王）处南方，夸父和祝融（即太阳神和火神）处北方，所以南方多雨，北方干旱。

195 龙

龙，中国传统图腾，最初为中国古人崇拜的大山的形态，为地理名词。龙的头上有冠状的装饰物，称为“戴胜”。牛河梁的大山之中，龙的形态十分丰富，有“五龙聚首”“二龙戏珠”“龙凤呈祥”“龙飞凤舞”“飞龙在天”“龙腾虎跃”诸多美誉。龙形的大山的形态，也是中国最早的“龙”字。牛河梁有多条龙，决定了古时“龙”字有多种写法。古人依据龙形大山的形态设计了“龙”字，所以，古代的“龙”字可以作为当地的地图使用。

牛河梁南部的神龙地象和甲骨文中对应的“龙”字

196 龙凤呈祥

龙凤呈祥，也作“龙飞凤舞”，牛河梁东部地象。龙在东方，凤在其南，都是昂扬向上的姿态，给人以激励和鼓舞。《孔丛子·记问》：

“天子布德，将致太平，则麟、凤、龟、龙先为之呈祥。”龙凤呈祥，后来也表示夫妇和谐的关系。龙飞凤舞，后也形容书法笔势有力，灵活舒展。龙飞凤舞，也作“龙飞凤翥”；也作“龙游凤舞”，《易林》：“龙游凤舞，岁乐民喜。”

197 龙生九子

民俗传说中，龙生九子，各有所长，但没有一个成龙。九子，一作十二子，历史人物原型是轩辕黄帝及其子孙。史载，轩辕黄帝二十五子，得其姓者十四人。轩辕黄帝及其后世子孙形成了历史上诸多民族，在人类文明史上占有重要地位。九子，一说为赑屃、螭吻、蒲牢、狴犴、饕餮、蚣蝮、睚眦、狻猊、椒图。九子虽各不成龙，但各有所长，与龙一样，也是中华民族的传统图腾。

龙生九子是“三皇”“五帝”的后裔，各有其用，史籍中却称为“不才子”。《左传·文公十八年》：“少皞氏有不才子……天下之民谓之穷奇。”《史记·五帝本纪》：“少皞氏有不才子，毁信恶忠，崇饰恶言，天下谓之穷奇。”九子之所以被称为“不才子”，是因为他们没有圣王之德，没成为像“三皇”“五帝”一样的圣王，其实是封建时代一种狭隘的人才观。

黄帝的后世子孙在民间为瑞兽的形象，多被百姓供奉。在民间，穷奇为辟邪，是瑞兽符拔。蛟，为蟜极，也是轩辕黄帝之孙，即龙孙，是蛟龙的形象。颛顼之子卷章为狱神，后世称“狴犴”。狴犴形似虎，生平好讼，有威力，立于狱门，执掌狱事，为后世的狱神，又名“宪章”，即“卷章”“老童”。《史记·楚世家》：“高阳生称，称生卷章，卷章生重黎。”卷章，即老童之讹。

198 龙抬头

龙抬头，早期是地理名词，指山势挺拔向上的样子，为东方龙宿之亢宿所在。龙宿在牛河梁的东部和南部，东山嘴有祭祀龙王的龙王庙。

龙抬头，后来成为了传统的民俗节日。农历的二月初二是龙抬头的日子，即民间祭祀龙王的日子。清段玉裁《说文解字注》："鳞虫之长，能幽能明，能细能巨，能短能长，春分而登天，秋分而潜渊。"说的是天上的龙宿。此处所讲的"春分而登天"，说的是"龙抬头"的事情。

199 龙腾虎跃

龙腾虎跃，形容充满活力的样子，早期为地理名词，牛河梁地象。牛河梁的龙昂首挺立，是向上腾起的样子，俗中称为"龙抬头"。牛河梁的白虎奔扑向前，形象十分活泼。牛河梁的青龙和白虎，是对"龙腾虎跃"的具体诠释。

200 垄断

垄断，今指独占性的经营和管理。最初为地理名词，指地域的连接被大山所阻断，《列子·汤问》载愚公移山故事："自此，冀之南，汉之阴,无垄断焉。”垄,即山岭。

“垄断”之事,也见于牛河梁。牛河梁山岭起伏,形态极佳,为古时五龙聚首之地。但也因此导致地域闭塞。牛河梁的木兰山南边是一座蛇形的大山,古人根据其形态,设计了中国最早的“龙”字,出现在甲骨文和金文之中。[①]

①此处山岭在地理学上称“蛇形丘”,是一处重要的古代冰川遗迹。因其堵塞了交通,人们后来凿了一个缺口,龙身因此断成了两截。

201 鸾凤和鸣

鸾凤和鸣,比喻夫妇和谐、家庭美满。典故起自于牛河梁,也作“鸾歌凤舞”“凤歌鸾舞”。鸾凤的形象是牛河梁南部地貌,两只神鸟引颈长鸣,地象十分生动。

《左传·庄公二十二年》记载,春秋时期陈国公子完,因陈乱出奔齐国,齐大夫懿仲想把女儿嫁给他。其妻占之,曰:“吉。是谓凤凰于飞,和鸣锵锵。有妫之后,将育于姜。五世其昌,并于正卿。八世之后,莫之与京。”“鸾凤和鸣”“五世其昌”遂成为婚姻家庭美满的常用语。

202 魅力

魅力,今比作有吸引力、迷惑力,很可爱的模样。魅,为上古魑魅魍魉四鬼之一,蚩尤所率,与黄帝战于涿鹿。魅的地象在牛河梁西南。因处于舆鬼之内,故称为“鬼魅”。

魅因为眼光独特,在古代艺术中被塑造成是纵目的形象,即双目前伸的样子。这里,魅的眼睛的结构被突出和夸大了,这是说眼睛功能的强大,目力很强,勾人魂魄,即所谓的“魅眼儿”或“媚眼儿”。这是中国古代艺术家所秉持的结构与功能之间的辩证法。《山海经·海内北经》:“袜,其为物人身、黑首、纵目。”东晋郭璞注:“袜,即魅也。”

1986年,四川广汉三星堆商代遗址出土了纵目人的青铜面具,所示为天目之神,即鬼魅。面部呈长方形,额部正中有勾云纹和刀状纹饰,纵目。三星堆,顾名思义,是祭祀上古星神的场所。上古以天、地、水三官为三星,今人以福、禄、寿为三星。三星堆文化与牛河梁红山文化有直接的关系,是红山文化的传承和延续。

四川广汉三星堆出土铜魅

203 明察秋毫

明察秋毫,秋天鸟兽身上新长的细毛也能看清,形容人能洞察事理。《孟子·梁惠王上》:“明足以察秋毫之末,而不见舆薪,则王许之乎?”远古时代已传说有视力特别强的人,《孟子·离娄上》:“离娄之明,公输子之巧,不以规矩,不成方员。”清焦循正义:“离娄,古之明目者,黄帝时人也。黄帝亡其玄珠,使离朱索之。离朱,即娄离也,能视于百步之外,见秋毫之末。”

中国在黄帝时期就有了窥管和离珠,也就是古代的望远镜和放大镜,具有了“明察秋毫”的本领。牛河梁出土的玉器中有窥管和离珠。善于使用窥管和离珠的离娄也应葬于牛河梁。

204 男耕女织

男耕女织,一作“女织男耕”,是传统社会的生产模式,家庭的自然分工,也就是男的耕地,女的纺织。明赵弼《青城隐者记》:“女织男耕,桑麻满圃。”

男耕女织的生产方式起源于上古的轩辕黄帝。民俗中,轩辕黄帝为牛神,是牛首人身的形象。他在古代星座体系中为牵牛星,也是农神,负责拉车耕作之事。其妻嫘祖为织女星,负责蚕丝纺织之事。牛河梁第五地点积石冢和第一地点蚕神庙上应牛郎星和织女星,构成了男耕女织的经典主题,后来演绎成了牛郎织女天河配的民间故事。

黄帝虽为牛神,但起初并未有牛耕,而是刀耕火种、象耕鸟耘。据《山海经》记载,后稷之孙叔均开始了牛耕,因而被奉为田祖。自叔均起,中国人有了“两亩土地一头牛,老婆孩子热炕头”的田园生活。

205 牛鬼蛇神

牛鬼蛇神,今作贬语,牛头的鬼,蛇身的神,指喻坏人。历史上,牛神和蛇神为中华民族的人文初祖:牛为炎帝、黄帝,蛇为伏羲、女娲。后世也以周文王姬昌为牛神,以新朝皇帝王莽为蛇神,都是正面人物。

炎黄二帝为农神,是牛首人身的形象。伏羲、女娲为鳞虫之长,是人首蛇身的形象。牛神和蛇神为中华民族的繁衍生息做出了重要贡献,曾广受世俗的崇拜。

206 傩

傩，是古代祭祀和娱神活动。《论语·乡党》："乡人傩，朝服而立于阼阶。"牛河梁蚕神庙出土了女神头像，为轩辕黄帝最次妃嫫母头像，也就是后来的魌头傩面。

嫫母是古代最出名的丑女，她有着良好的道德修养，由于黄帝的推崇成为了六宫的楷模。《楚辞·九章》："妒佳冶之芬芳兮，嫫母姣而自好。"西汉桓宽《盐铁论》卷十："嫫母饰姿而矜夸，西子彷徨而无家。"《太平御览》卷一三五引《列女传》："黄帝妃曰嫫母，于四妃之班居下，貌甚丑而最贤，心每自退。"东晋葛洪《抱朴子·辩问》记述："人情莫不爱红颜艳姿，轻体柔身，而黄帝逑笃丑之嫫母……人各有意，安可求此以同彼乎？"唐代佚名《雕玉集·丑女篇》记载："嫫母，黄帝时极丑女。垂额顑頞，形簏色黑，今之魌头是其遗像。但有德，黄帝纳之，使训后宫。"《路史·后纪五》："次妃嫫母，貌恶德克，帝纳之曰：属女德而不忘，与女正而费襄，虽恶而何伤。是生苍林、禺阳。"北宋张君房《云笈七签·轩辕本纪》："帝又纳丑女，号嫫母，使训宫人而有淑德，奏六德之颂。"

牛河梁第二地点17号墓出土了一件魌头三孔玉饰，两侧装饰了魌头，与蚕神庙出土嫫母头像比较，可知魌头为嫫母的形象，说明墓主与嫫母有直接的亲缘关系。在轩辕黄帝祭祀区内，有嫫母之山，为其山川望祭之所。

207 佩服

佩服，现为"钦佩""信服"之意，最早为服装佩饰。服饰与服装相伴而生，是中国古代的重要发明。服饰反映了一个人的价值观和价值取向，故后世转为“钦佩”之意。牛河梁出土的带有瑞兽形象的玉器有很深刻的教育意义，佩玉可以反映墓主的出身、地位和价值取向。

佩服，指服玉而言，也作“佩玉”。《礼记·玉藻》：“古之君子必佩玉。”“佩玉有冲牙，君子无故，玉不去身，君子于玉比德焉。”《周礼·天官·玉府》：“共王之服玉、佩玉、珠玉。”西汉郑众注：“服玉，冠饰十二玉。”清孙诒让正义：“《弁师》又有玉笄、玉瑱，当亦在服玉之内。先郑不言者，文不具。又《月令》：春服苍玉…… 后郑注彼云：‘凡所服玉，谓冠饰及所佩之衡璜也。’”

牛河梁出土玉器，体现了远古的佩玉制度。《山海经·南山经》：“有鸟焉，其状如鸠，其音若呵，名曰灌灌，佩之不惑。”《山海经·西山经》：“有鸟焉，其状如枭，人面而一足，曰橐𩇯，冬见夏蛰，服之不畏雷。”佩和服，即佩戴刻有鸟兽图案的玉器。

208 貔貅

貔貅，史前瑞兽，亦为上古人名和官名。后世民间认为貔貅可以聚财，故衍为财神。貔貅的历史人物原型是上古时期的驯兽师，为军职，是战神。后世称将军、将领，《三国演义》一百二十回：“总领貔貅镇中土。”清康熙帝《松花江放船歌》：“貔貅健甲皆锐精，旌旄映水翻朱缨，我来问俗非观兵。”

《史记·五帝本纪》说，轩辕黄帝“教熊罴、貔貅、貙虎”，说益“让于诸臣、朱虎、熊罴”，又说帝舜“以朱虎、熊罴为佐”。上古时期的战争是以野兽的牙齿和利爪为武器，所以驯兽师担任着军职，在国家政治生活中有很高的地位。

牛河梁上有多名史前怪兽的墓葬，如蚩尤（年兽）、穷奇（饕餮）、蛴极（蛟）、倭（鸱吻），作为驯兽师的貔貅也应葬在牛河梁上。

209 强梁者不得其死

《老子》四十二章:"强梁者不得其死,吾将以为教父。"强用武力的人不会有好下场,我将用以教化大家。《说苑·敬慎篇》所载《金人铭》中有"强梁者不得其死,好胜者必遇其敌"之句。牛河梁第五地点轩辕黄帝墓下的一座石棺中只有一个头骨,神主应为蚩尤,体现了"强梁者不得其死"的历史。

强梁者不得其死,是一个历史典故,讲的是黄帝战蚩尤之事。强梁者,指蚩尤。蚩尤是远古时期的军事家,且武艺高强,擅长用兵。《日下旧闻考》卷二称蚩尤"好兵而喜乱""铜头啖石,飞空走险"。《太平御览》卷十五引《黄帝玄女战法》称"黄帝与蚩尤九战九不胜"。但黄帝沉着应对,抓住了战机,一举毙敌,完成了华夏部族的统一。汉魏时期的谶纬之书《龙鱼河图》记载了黄帝蚩尤的战争,一定程度上反映了上古的历史。录文如下:

> 黄帝摄政前,有蚩尤兄弟八十一人,并兽身人语,铜头铁额,食沙石子,造立兵杖刀戟大弩,威振天下,诛杀无道,不仁不慈。万民欲令黄帝行天子事,黄帝仁义,不能禁止蚩尤。遂不敌,仰天而叹。天遣玄女下,授黄帝兵信神符,制伏蚩尤,以制八方。蚩尤没后,天下复扰乱不宁,黄帝遂画蚩尤形象,以威天下。天下咸谓蚩尤不死,八方万邦,皆为殄伏。

210 穷鬼

穷鬼,瑞兽之名,即穷奇,为轩辕黄帝之孙。穷奇处于舆鬼之处，所居为穷山，称“穷鬼”，穷奇后裔称“有穷氏”，地象在牛河梁西南。《山海经·西山经》：“东望恒山四成，有穷鬼居之。”穷鬼所居为三桑地象，故也称“穷桑”。

穷奇虽不成龙，但赞者亦多。《山海经·海内北经》：“穷奇状如虎，有翼，食人从首始，所食被发，在蜪犬北。一曰从足。”蜪犬，即天犬；穷奇，即后世的饕餮。《左传·文公十八年》：“少皞氏有不才子……天下之民谓之穷奇。”《史记·五帝本纪》：“少皞氏有不才子，毁信恶忠，崇饰恶言，天下谓之穷奇。”《神异经·西北荒经》：“西北有兽焉，状似虎，有翼能飞，便剿食人。知人言语。闻人斗，辄食直者；闻人忠信，辄食其鼻；闻人恶逆不善，辄杀兽往馈之。名曰穷奇。亦食诸禽兽也。”《后汉书·礼仪志》：“穷奇、腾根共食蛊。”东晋郭璞《山海经图赞》：“穷奇之兽，厥形甚丑。驰逐妖邪，莫不奔走。是以一号，号曰神狗。”

民间旧有“送穷鬼”的习俗。胡朴安《中华全国风俗志》下编载《洛阳风俗琐录》：“腊月三十送穷鬼，与南方送更饭相同。”唐训方《里语征实》引《四时宝鉴》：“正月晦日，衣敝食糜。是日祀于巷，曰送穷鬼。”唐姚合《晦日送穷》诗云：“年年到此日，沥酒拜街中。万户千门看，无人不送穷。”唐韩愈《送穷文》李翘注：“予尝见《文宗备问》云：颛顼高辛时，宫中生一子，不着完衣，宫中号为‘穷子’。其后正月晦死，宫中葬之，相谓曰：‘今日送却穷子。尔相承送之。’”

西汉错金穷奇之兽
(一说为年兽)

211 三过家门而不入

三过家门而不入，亦作“三过其门而不入”，言忘我的敬业精神，是大禹治水的故事。《孟子·滕文公上》：“禹疏九河……八年于外，三过其门而不入。”《史记·夏本纪》：“禹伤先人父鲧功之不成受诛，乃劳身焦思，居外十三年，过家门不敢入。”

帝禹为上古圣王，是传统文化中的水官，主水之神，天、地、水三官之一。帝禹的葬所应在天极之上，今牛河梁第十六地点。另有帝禹之山。

212 三头六臂

三头六臂，形容一个人拥有很大的本领，也是中国道教造像经常涉及的题材。典故最早出自于牛河梁。第二地点四号冢7号墓为三首国，一个人有三个脑袋。牛河梁也有三身国，即第二地点一号冢第7号墓，墓中有三个脑袋、六只胳膊。“三首国”和“三身国”在《山海经》中有记载。《山海经》还记载了“三头人”，是“三首国”的另一个说法。

213 沙海

沙海镇，今属辽宁省建平县，应为古之流沙所在。《山海经》多次提到流沙，是确定昆仑丘的重要地理标志点。《山海经·大荒南经》："南海之外，赤水之西，流沙之东，有兽，左右有首，名曰跊踢。"《山海经·大荒西经》："西海之南，流沙之滨，赤水之后，黑水之前，有大山，名曰昆仑之丘。""西南海之外，赤水之南，流沙之西，有人珥两青蛇，乘两龙，名曰夏后开(启)。"《山海经·大荒北经》："西北海外，流沙之东，有国曰中輴，颛顼之子，食黍。"《山海经·海内经》："西海之内，流沙之中，有国名曰壑市。西海之内流沙之西有国，名曰氾叶。流沙之西，有鸟山者，三水出焉。……流沙之东，黑水之西，有朝云之国、司彘之国。……流沙之东，黑水之间，有山名不死之山。"

214 禅让

牛河梁第十六地点为天极所在，是天、地、水三官的祭祀之所，也应该就是尧、舜、禹的葬地。禅让制，即出于帝尧。

禅让，上古圣王的退休制度，即把岗位让给年富力强之人。身退之说出于帝王，是谓禅让，为帝尧首倡，故也称"陶唐妙理"。《老子》九章保留了帝尧的禅让之说："持而盈之，不如其已；揣而锐之，不可长保；金玉满堂，莫之能守；富贵而骄，自遗其咎。功遂身退，天之道也。"功成身退，是古代知识分子追慕的人生理想。西晋左思《咏史》："功成不受爵，长揖归田庐。"唐李白《留别王司马嵩》："愿一佐明主，功成还旧林。"

215 上谷

上谷，即上谷村，中国最早的古村落之一，距今约有七千年的历史，位于今河北省承德县。《山海经·海外北经》："平丘在三桑东，爰有遗玉、青鸟、视肉、杨柳、甘柤、甘华，百果所生。有两山夹上谷，二大丘居中，名曰平丘。”上谷，即今上谷村。上谷村是一处重要的古村落，在史前历史文化中的地位不亚于朝阳牛河梁和敖汉兴隆洼，是中国历史地理学领域的重要发现。

上谷村四面环山，为“两山夹两丘”地貌，也称“平丘”，地理位置极佳。上谷村东的大山为平逢之山，是祭祀蜂神的场所。上谷村西的大山为嬴母之山，是嫘祖与轩辕黄帝的望祭之所。嫘祖为西陵氏女首领，发明了养蚕和成衣之法，为蚕神，深受百姓爱戴。轩辕黄帝为表达对嫘祖的崇敬和爱，通过“海誓”“山盟”，娶嫘祖为妻，有熊氏与西陵氏也合并为一体，成为可以与南方蚩尤相争抗衡的重要力量，为涿鹿之战的胜利打下了基础。

216 神州

神州，中国的代名词，起源古远，亦名“赤县州”。远古之赤县神州，也就是现在的北方红山文化区。《史记·孟子荀卿列传》：“中国名曰赤县神州。”《太平御览》卷三八引《尸子》：“赤县州者，实是昆仑之墟，玉红之草生焉。”《太平御览》卷四九七引《尸子》：“赤县洲(州)者，实为昆仑之墟，其东则(侧)有卤水岛。山左右蓬莱，玉红之草生焉。”“赤县州”“昆仑之墟”，皆为牛河梁之古谓。

中国是一个崇神的国度，故以神州为名。中国古有“华夏”“九州”“赤县”“神州”“震旦”等名。东汉郑玄注《尚书》引《河图》及《禹所受地说》：“昆仑东南地方五千里，名曰神州。”神州为昆仑所在，方五千里，也就是牛河梁大遗址向外延伸的全部地域。《山海经·海外东经》：“帝命竖亥步，自东极至于西极，五亿十选九千八百步。竖亥右手把算，左手指青丘北。一曰禹令竖亥。一曰五亿十万九千八百步。”古时一百万为亿，五亿十万九千八百步，即五百一十万九千八百步，每步以今1.2米计算，约为6000千米。[①]据此可知帝禹时期神州的范围，也是夏代主要的统治区域。

①一步的标准，一说为0.6米。

217 生生不息

生生不息，成语，是说新事物的产生和发展永远不会停息，子孙后代永不断绝。《周易·系辞传上》："生生之谓易。"北宋周敦颐《太极图说》："二气交感，化生万物，万物生生而变化无穷焉。"《周易·乾》："天行健，君子以自强不息。"后世将二者整合在一起，即为生生不息。

牛河梁第二地点一号冢21号墓出土2枚娲字玉佩，是女性生殖崇拜的表现。娲字佩为女性外阴的结构，是人出生的地方。两枚娲字佩一起使用，意为生生不息，子子孙孙世代传递，没有穷尽。

218 生肖

生肖崇拜是古代道家文化的重要内容。生肖崇拜的现象起源古远，华夏之初就有了生肖的概念，是广受崇拜的神灵。史前的生肖有多种，到隋唐时方总结为十二生肖。牛河梁所见的远古生肖神有熊、狗、马、鸟、龙、虎、蛇、龙鱼、穷奇、羊、蚕、蜜蜂等。

熊神，为鲧的化身，为传统的大力神。《山海经·海内经》东晋郭璞注："鲧死三岁不腐，剖之以吴刀，化为黄龙(熊)。"《国语·晋语八》："昔者鲧违帝命，殛之于羽山，化为黄熊，以入于羽渊。"《天问》："阻穷西征，岩何越焉？化为黄熊，巫何活焉？"鲧为熊的形象，也为力士的形象，用于托举重物。鲧为传统的大力神，也为龟的形象，称"赑屃"，为龙生九子之一，用于驮碑负重，称"龟趺"。

牛神，为炎黄二帝的后身。炎黄二帝为牛首人身的形象。

马神，为辟火之神。《山海经·北山经》："有兽焉，其状如马，一角有错，其名曰讙疏，可以辟火。”

蛇神，为伏羲、女娲及其子孙的形象，风姓之族。牛河梁上多人首蛇身之神。

羊神，黄帝之孙张挥始为张姓，为羊神。

鸟神，也作“凤皇”“鸾鸟”，秦人图腾。牛河梁多使四鸟之神。鸟神，后世也作“鸡神”。又有三足乌，为太阳神。

龙王，为雨神，牛河梁有乘两龙之神。

龙鱼，美人鱼的形象，为羌氏图腾，为女神，名“鱼妇”。

狗神，即天犬，为犬戎图腾。

穷奇，有翼怪兽，有穷氏、困民国的图腾。后世称“饕餮”。

蜜蜂，神名骄虫，为蜜蜂之神。《山海经·中山经》：“有神焉，其状如人而二首，名曰‘骄虫’，是为螫虫，实惟蜂蜜之庐。”“有兽焉，其状如蜂，枝尾而反舌，善呼，其名曰文文。”

蚕神，织女星，先蚕嫘祖之名。

虎神，战神，主军事，武将的崇拜偶像。

狐狸，九尾狐，远古时为水伯，主水之官。远古时期的九尾狐并无贬义。

猩猩，也称“猩猩知人语”，瑞兽之一。

犀牛，或称“兕”，瑞兽之一。

青蛙（或蟾蜍），象征华夏先祖女娲。

“上三皇”祭祀区内的鸡神之山

猪，即天豕，奎宿，造字之神。

鸡，即昴宿，战神。

大象，耕战之神。

鳄鱼，远古生肖，寓意不明。

豹，战神。

兔，盖为主医药之神。

219 四岳

四岳，东岳、西岳、南岳和北岳，即古之“四象”，均在牛河梁大遗址区。四岳为山神，也是远古时期管理行政事务的官员。《史记·五帝本纪》：“择吉月日，见四岳诸牧，班瑞。”牛河梁的“四象”，为左青龙、右白虎、前朱雀、后玄武，也是中国最初的“四岳”所在。四岳，后加入了中岳，称“五岳”。玄武，亦称“真武”，为宋时避先祖赵玄朗讳改。

220 太岁

太岁，为早期的地神、死神和战神，主管地事，原型人物是远古时期的蚩尤。太岁与穷奇皆为神兽，但太岁的神格比穷奇要高出很多。穷奇，即后来的饕餮，为轩辕黄帝之孙，为“龙生九子”之一。而太岁与轩辕黄帝并称，辈分比“龙生九子”要高，故不在“龙生九子”之列。

岁，年也。所以太岁也称“年”或“年兽”，是远古时期的一种神兽，为先民的特怖，与图腾相反。对年的特怖，形成了“过年”“守岁”的习俗，是中国最重要的传统节日。年兽为蚩尤，“好兵而喜乱”“铜头啖石，飞空走险”①。他武艺高强，精于作战，是远古时期的军事家，曾与黄帝战于涿鹿。蚩尤后被擒杀，为中国早期的战神，也为地神、死神，称“太岁”，主杀。

① 《日下旧闻考》卷二。

牛河梁第五地点有轩辕台，也称“太岁坛”。太岁坛下埋葬的是魑魅魍魉四鬼，是蚩尤的四位干将。蚩尤葬在太岁坛旁边，所以太岁坛也是蚩尤墓的地面标志物。轩辕黄帝墓冢之下葬有一个颜面朝下的人头骨，应为蚩尤头骨。

221 探骊

探骊，或探骊双珠，为猜谜的一种形式。取名于“探骊取珠”的典故。黑龙颌下有宝珠叫“骊”，想取者必须探海寻龙，自取其珠。双珠，两颗宝珠，即两个谜底。探骊格要求谜条上只写谜面和谜格，不标谜目。探骊双珠格就是只有一个谜面，猜谜目和两个谜底。古谜语中最多有探骊三珠的谜格。此典出于《庄子·列御寇》：“夫千金之珠，必在九重之渊而骊龙颌下，子能得珠者，必遭其睡也。使骊龙而寤，子尚奚微之有哉！”

黑龙及其颌下骊珠，为牛河梁北部地象，为二龙戏珠的龙头所在，在今内蒙古自治区宁城县二龙村。②龙头下可见有三到四颗圆形的珠子，为文献中记载的骊珠，验证了《庄子》的记载。骊珠地貌的形成，可能来自早期的冰川作用，由冰斗发育而来。

②二龙村属内蒙古自治区宁城县，但龙头和骊珠在辽宁省建平县境。二龙戏珠为两条龙，一条在宁城县，另一条在建平县。

222 饕餮

饕餮，古代瑞兽符拔，是后世对穷奇食人的异说，地象在牛河梁北。饕餮，一说为“龙生九子”之一。商周时期，饕餮纹饰在青铜礼器上广泛应用，是一类常见的辟邪。

饕餮贪残多欲，食人未半而身死，商代和西周以此为禁忌，将其图案铸在青铜礼器表面，祭祀时，下面以炭火焚烧，上面以热水蒸煮，使其备受折磨和煎熬，以示惩戒。饕餮纹是周鼎的常见纹饰，表达了《老子》“不欲”的思想。《吕氏春秋·先识览》言周鼎著其形象有首无身，食人未咽，害及其身。北宋《宣和博古图》亦称周饕餮鼎“以示饮食之戒”。

饕餮食人，早期为穷奇食人，吃人先从人头吃起，地象十分生动。《神异经·西荒经》：“西荒中有人，面目手足皆人形，而胁下有翼，不能飞，名曰苗民。”《山海经·海内北经》：“穷奇状如虎，有翼，食人从首始，所食被发，在蜪犬北。一曰从足。”蜪犬，即天犬，地象在热水汤村。

223 天高地厚

天高地厚，形容恩德深厚，也比喻事关重大，最初为帝王封禅一事。《初学记》卷五引《白虎通》：“王者受命，必封禅。封者，增高也，禅者，广厚也。……天以高为尊，地以厚为德，故增泰山之高以示报天，禅梁甫之址以报地。”《诗经·小雅·正月》：“谓天盖高，不敢不局；谓地盖厚，不敢不蹐。”《荀子·劝学》：“不登高山，不知天之高也；不临深溪，不知地之厚也；不闻先王之遗言，不知学问之大也。”

牛河梁有两处大型的祭坛遗址，一处在东山嘴，另一处在第二地点。大型的祭坛是祭祀天地的场所，表达了古人对天地自然的无限热爱和崇敬之情。祭祀天地，古时人们举行祭祀天地的仪式，感谢天地自然怡养万物的恩德，即“谢天谢地”，感念“天高地厚”之意。

224 天尽头

天极，也称“极疏”，民间称“天边”“天尽头”。因为地球的自转，整个星空看起来都是在围绕着北极星在旋转，所以北极星的所在就成了天边和天尽头。北极星在大地表面的投射点也称为“天尽头”。

牛河梁大遗址中，天极的投射点在第十六地点，是一处远古时期的神庙群，是火神庙、三官殿和朝云观的所在，在古代历史中的地位极其显赫。

225 天义

天义镇，古称“义乡”，今属内蒙古自治区宁城县，为牛河梁的白虎之尾。对应的星宿为天大将军星，是白虎座第一星奎宿里的一颗大星。《山海经·海内东经》：“淮水出余山，余山在朝阳东，义乡西，入海，淮浦北。”朝阳，即朝阳谷，在今辽宁省建平县北。义乡，今天义镇，属内蒙古自治区宁城县，为宁城县驻地；一说为今义县，应误。淮水，也称“黑水”，今老哈河。

中国传统地名包括地象、地象图、地名、地名解释、典故、星宿若干要素，因而传统村落可在天空中找到其相应的位置。而后来的和现代的地名完全不具备这一功能。这是传统地名与新地名的鉴别要点。天义在天空中有其位置，古籍中有记载，可见这是一处远古时期的村落。地象图，古时称“山海图”，东晋陶渊明《读〈山海经〉十三首》：“泛览周王传，流观山海图。俯仰终宇宙，不乐复何如。”

226 田神

田神，即农耕之神，原型人物为上古时期的后稷和叔均。后稷为帝喾之子，为尧舜时期的农正。叔均为后稷之孙，一说为侄，他始作牛耕，结束了刀耕火种、象耕鸟耘①，后世奉为田祖，即田神。《史记·封禅书》："自禹兴而修社祀，后稷稼穑，故有稷祠，郊社所从来尚矣。"唐王维《凉州郊外游望》："野老才三户，边村少四邻。婆娑依里社，箫鼓赛田神。洒酒浇刍狗，焚香拜木人。女巫纷屡舞，罗袜自生尘。"

凌源田家沟为稷星地象，是祭祀农神后稷和田祖叔均的场所，是后稷和叔均的葬地所在。此处发现了方形的祭坛，为社稷坛，后世也称"先农坛"。

①象耕，使用大象拉犁耕种土地。象，大象，一说为人名，舜之弟。《文选》卷五《吴都赋》："象耕鸟耘，此之自与。"唐李善注引《越绝书》："舜死苍梧，象为之耕；禹葬会稽，鸟为之耘。"《史记·五帝本纪》："舜父瞽叟顽，母嚚，弟象傲，皆欲杀舜。"

227 捅娄子

捅娄子，惯用语，是说做事不当或说话不当惹出麻烦，引起纠纷。《说文解字》："娄，空也。"清段玉裁《说文解字注》："凡中空曰娄，今俗语尚如是。""漏"的意思和"空"有关联，所以有人把"捅娄子"写作"捅漏子"。

捅娄子，最初是与女娲补天一事有关。上古时期，共工与帝颛顼相争，怒而触不周山，天柱折，地维倾，于是天降大雨，洪水滔天。共工把天捅漏了，在这种情况下，女娲炼石补天。这是说，作为华夏始祖母的女娲，不管儿女闯了多大的祸，就是天大的窟窿她也能补上，极言女娲能力之强。儿女在外闯了祸，捅了娄子，考量着母亲的胆识和作为。女娲补天在牛河梁地十三地点，一说为《山海经》所说的“共工之台”。

228 万寿

万寿镇，在辽宁省建平县，《山海经》中称“不死国”和“不死民”。《山海经·大荒南经》：“有不死之国，阿姓，甘木是食。”不死之国，即万寿，地名占。《山海经·海外南经》：“不死民在其东，其为人黑色，寿，不死。一曰在穿匈国东。”《楚辞·天问》：“何所不死？长人何守？”

寿不死，即万寿，为地名占。万寿，即“不死”之意。“不死国”“不死民”和“万寿”，是中国所见最早的一条谜语：“不死”为谜面，“万寿”为谜底。这条谜语在中国至少已经有五千年的历史了。

229 五龙聚首

五龙聚首，比喻很多英雄人物聚会在一起。远古时期为地理名词，是牛河梁东部地象。牛河梁大遗址内有多条龙形的大山，是“五龙聚首”的发源地。《水经注·河水一》：“《遁甲开山图》：五龙见教，天皇被迹，望在无外柱州昆仑山上。荣氏注曰：五龙治在五方，为五方神。五龙降，天皇兄弟十二人，分五方为十二部，法五龙之迹，行无为之化，天下仙圣，治在柱州昆仑山上。”柱州昆仑山，即今牛河梁。柱州，中国早期的邦国，在牛河梁地区。天皇，指轩辕黄帝，牛河梁第五地点一号冢1号墓墓主。因此可见，《遁甲开山图》所述为牛河梁的历史地理。

牛河梁所在的大山有医巫闾山、努鲁儿虎山和七老图山，三座大山南北平行而立，在牛河梁地区相聚在一起。其间有“C”形巨龙在喀左、凌源和建平之间。还有一条小龙在牛河梁之南。这五条龙构成了“五龙聚首”的奇观。此为一说。

230 巫山云雨

巫山云雨，现通常隐指男女之事。巫山为火神祝融所居。火神祝融也为太阳神，其所在烈日炎炎，干旱无雨。巫山云雨，最初就是指很稀罕的事，或者不可能发生的事。如果巫山能下雨，除非祝融没在家。巫山，宿次分野在牛河梁第十六地点，此处为古之钟山，即“祝融山”“烛龙山”，是古时火神庙的所在。此处也称“朝云之国”，后来也称“朝云观”，即女神祝融所在。《山海经·海内经》：“流沙之东，黑水之西，有朝云之国、司彘之国。”流沙，古地名，今在辽宁省建平县沙海镇；黑水，今老哈河，建平县有黑水古镇；朝云之国，牛河梁第十六地点；司彘之国，牛河梁第十一地点。

传说火神祝融是一个老小姐，未嫁而死，是处子之身。她的名字据说叫“瑶姬”，是炎帝的女儿，她所葬的山崖因此叫“瑶崖”“姑媱之山”“瑶台”，是巫山的别称。正因瑶姬是个处子之身，还是位美女，到了春秋战国时期，“巫山云雨”便演化为隐指男女之事了。《文选》卷十九《高唐赋》唐李善注引《襄阳耆旧传》云：“赤帝（炎帝）女曰姚（瑶）姬，未行而卒，葬于巫山之阳，故曰巫山之女。楚怀王游于高唐，昼寝，梦见与神遇，王因幸之。遂为置观于巫山之前，号为朝云。后至襄王时，复游高唐。”意思是说，炎帝的女儿叫“瑶姬”，没有出嫁就死了，葬在了巫山的南坡，所以称她为“巫山之女”。楚怀王到高唐游玩，大白天睡觉，梦到了与神女相遇，便临幸了她。后来在巫山之前为她建立了庙宇，叫“朝云观”。楚襄王执政的时候，也游览了高唐。

《文选》卷十六《别赋》唐李善注引《高唐赋》：“我帝之季女，名曰瑶姬，未行而亡，封于巫山之台，惊魂为草，实曰灵芝。”意思是说，我是炎帝的三女儿，名叫“瑶姬”，没出嫁就死了，封地在巫山之台。我其实是一颗惊魂未定的小草，名字叫“灵芝”。火神祝融，原本性子泼辣，风风火火，至此已经变成了一个柔弱女子的形象。

巫山为太阳神和火神所居，本是阳光赫赫，但也可以阴天下雨。这是因为女神把自己的脸遮挡了起来，便是阴天，意味着可以下雨。相反，如果露出了脸，就是大晴天。《山海经》说，黄帝女魃衣青衣，用袖子遮面。这是阴天之意。黄帝女魃，一说为女神祝融，也称“赤水女子献”。献，即魃，形近而误。

古时男女交媾被称为“云雨”，这是求雨民俗的反映，目的是吓跑主管晴天的女神祝融。[①]传统文化中，出土可见有男女交媾的雕像，也可见有夸张的男性生殖器的形象，以前曾认为是古代生殖崇拜的表现。生殖崇拜是古时的求子习俗，但对性器官与性行为的刻画与求子之间没有必然的关系。这些器物应是龙王庙（或火神庙）中的物什，祈雨之用，因为女神祝融为太阳神也为火神，所以这些器物也称“辟火”。

①在女神祝融崇拜中，男性生殖器是禁忌之物，称“特怖”，与图腾相对。图腾，即崇拜物。

231 洗礼

洗礼，是古代民俗，是身逢大事时的沐浴仪式，以示郑重。《山海经》提到了“十日所浴”“舜之所浴”“昆吾之师所浴”“羲和所浴”“颛顼所浴”，是沐浴的场所。远古的沐浴，可以远离疾病、消灾祈福，或者浴后求子，是成年仪式或婚俗，也是一种卫生措施。

《山海经·海外东经》：“十日所浴，在黑齿北。”《山海经·大荒南经》：“从渊，舜之所浴也。”“有国曰颛顼……又有白水山，白水出焉，而生白渊，昆吾之师所浴也。”“有女子，名曰羲和，方浴日于甘渊。”《山海经·大荒西经》：“有女子方浴月。帝俊妻常羲生月十有二，此始浴之。”《山海经·大荒北经》：“丘西有沈渊，颛顼所浴。”《山海经》提到的这些浴所，应该在牛河梁大遗址之内。

232 夏州

《山海经》记载了夏州之国，是夏朝祖先的坟茔地，其封地为夏州，是早期的一处邦国。夏朝的祖先叫作“益”，一说他就是《山海经》的作者。《山海经》还记载了夏后启的所在。《山海经·大荒东经》：“有夏州之国。”《山海经·海外西经》：“大乐之野，夏后启于此儛九代，乘两龙，云盖三层。左手操翳，右手操环，佩玉璜。在大运山北。”两龙，地象在今内蒙古自治区宁城县二龙村，是一处夏代的帝陵，为夏启的陵园。

233 獬豸

獬豸，上古瑞兽之一，为独角兽，镇墓之用。《山海经·北山经》：“有兽焉，其状如马，一角有错，其名曰臛疏，可以辟火。”臛疏，为马生角的状态，可以辟火，地象在今河北省滦平县。角有错，是说角上有分叉，是独角神兽，后世称为“獬豸”。牛河梁有独角兽，如犀牛、乘黄，是后来獬豸的原型。

甘肃省博物馆藏汉代镇墓独角兽

獬豸到了汉代，演化成了看门的小狗，只是狗在天界长出了角；也可以说是长角的马，或是独角的神羊，皆通。甘肃省博物馆收藏了一件东汉独角兽，酒泉市下清河出土，高24.5厘米，长70.2厘米。兽头向前冲，角向前刺，扁尾上翘，四足跨立张开，作角斗状。全身铸有兽毛的纹饰。角和尾可拆卸。角上有分叉，古称“错”。

234 一言九鼎

一言九鼎，比喻说话算数，讲信用。九鼎，为轩辕黄帝所铸，后来成为国家政权的象征。黄帝铸九鼎，标志着中国青铜时代的开始，是一个重要的历史事件。鼎原为食具，供饮食之需，黄帝铸九鼎以后，鼎上升为礼器，成为王者身份地位的标志物。

牛河梁第五地点一号冢1号墓墓主为轩辕黄帝，是“一言九鼎”的主人公。牛河梁因此可看作是“一言九鼎”的历史发生地。《尚书中候握河纪》：“（黄帝）乃铸鼎荆山之下，成，有龙下迎。黄帝上龙，群臣后宫从上天者，桼秩余人。小臣悉持龙髯、拔坠、黄帝弓。”

235 叶柏寿

叶柏寿，在辽宁省建平县，是寿麻地象，是牛河梁小宇宙的黄道所在，为天地之中，是遗址区的核心地带。叶柏寿，应为“越百寿”之衍，意为“千岁”。“越”与“叶”古音同。

《山海经·海外西经》：“轩辕之国在此穷山之际，其不寿者八百岁。在女子国北。”轩辕之国，即昆仑丘，今牛河梁。不寿者乃八百岁，最短寿的人也能活到八百岁，即“叶柏寿”（“越百寿”）之占。穷山，一说为穷奇食人，是牛河梁北部地象；另一说即今富山，穷山因名字不吉，于春秋战国前后改称为“富山”。

穷山，即帝王山，黄帝之孙穷奇所在的大山。穷，“穷奇”“有穷氏”之简，孤穷也，帝者自谓之语。《老子》四十二章：“人之所恶，唯孤、寡、不谷，而王公以为称。”不谷，即不好，穷也。穷奇及有穷氏是轩辕黄帝的直系后裔，故以帝者的口吻自称“穷”。

236 鱼妇

鱼妇，即民间崇拜的鱼神，是一位女神，也是牛河梁北部大山龙鱼陵居的山神。大山的样态如同一只巨大的鱼，称为“龙鱼”。鱼妇是美人鱼的形象，是一位已婚的妇女，是轩辕黄帝之妻彤鱼氏在神仙世界的形象。鱼妈妈无论在什么样的情况下都会照顾好自己的孩子，是儿女们的依赖，深受古人爱戴。

《山海经·大荒西经》：“有互（氐）人之国，炎帝之孙名曰灵恝，灵恝生互（氐）人，是能上下于天。有鱼偏枯，名曰鱼妇，颛顼死即复苏。风道北来，天及大水泉，蛇乃化为鱼，是为鱼妇。颛顼死即复苏。”鱼妇，是羌氐的图腾，也是汉族人早期的图腾。颛顼死即复苏，指后世复以颛顼为名，示其不死也。

在河北省承德县上谷村南，是彤鱼氏所在的大山，陪祀于轩辕黄帝之旁。她的双脚之处是一条鱼的尾巴，故知彤鱼氏为美人鱼，为《山海经》中的“鱼妇”。牛河梁女神庙（蚕神庙）中出土了女性乳房的残块，应是来自彤鱼氏的乳房。在陪祀于黄帝之旁的众妻之山中，可以发现只有彤鱼氏有高耸的乳房，形态和比例都与神庙中出

鱼妇之神：彤鱼氏所在的大山

牛河梁蚕神庙出土的乳房残块

土的乳房残块相仿。

彤鱼氏的历史贡献是发明了筷子和烹调术（即煎、炒、烹、炸、炖之类）。上古女神弇兹发明了钻木取火，有了烧烤的熟食，结束了茹毛饮血的时代。到彤鱼氏时，烹调术发明，食品的制作多样化，有了现代意义的中餐，她也因此被奉为厨神。厨神，后世也称“灶神”。

237 狱神

狱神，主管狱事行刑的神灵，传说为上古皋陶。皋陶，舜时良臣，《尚书》有传。狱神右手捋须，神态慈祥，在旧时县衙中常有供奉。皋陶墓，应为牛河梁第五地点二号冢中心大墓。

皋陶被奉为司法之祖。远古时民风淳朴，犯罪的人很少，皋陶对有罪的人实行人身限制，方法很简单：在地上用树枝画一个圆圈，让有罪的人进入其中，在规定的时间内，不许其越出圆圈。这就是“画地为牢”。但是，随着犯罪的增加和罪行的加重，“画地为牢”便不管用，于是产生了监狱。人们怀念皋陶的宽宏，就尊奉他为狱神。

另一说法，颛顼之子卷章（老童）为狱神，后世称“狴犴”。狴犴形似虎，生平好讼，有威力，立于狱门，执掌狱事，又名“宪章”。此外，还有伯夷为狱神的说法。伯夷是一位制定刑典的神，执法严明。《尚书·吕刑》：“伯夷降典，折民惟刑。”再往早推，女娲也是一位刑典专家。《开元占经·甘氏外官·月星占七十四》：“《甘氏赞》曰：‘月明刑度，光生蟾蜍。’”月星为蟾蜍的形象，代表了华夏始祖女娲。女娲为上古圣王，善于杀伐决断，因此为虎齿豹尾的形象，又称“西王母”。

238 周

周，最初为田畴之意，后为周族和周王朝。甲骨文中的“周”字，只表示界划分明的农田。周文王冤侮雅逊，极其重视农业生产，故以“周”为国号。《山海经·大荒西经》：“西北海之外，赤水之东……有西周之国。”所述西周之国，即周族的发源地，在凌源之南。

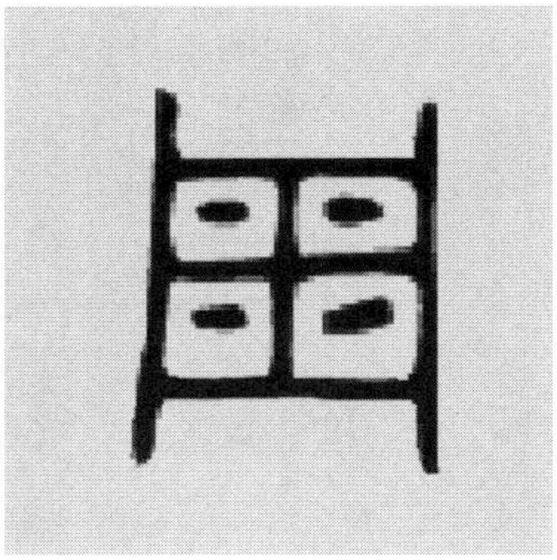

甲骨文中的“周”字

周，也为鸟名，即牛河梁的“比翼鸟”或“三青鸟”。《韩非子·说林下》：“鸟有周周者，重首而屈尾，将欲饮于河则必颠，乃衔其羽而饮之。”所述“周周鸟”即牛河梁南部的比翼鸟。重首，两只头；饮于河，第一只鸟在喝水的样子；衔羽，第三只鸟衔着羽毛的样子。

附录　牛河梁问答

一、中国古史是层累造成的观点可取吗?

民国时期,古史辨学派兴起,他们曾用西方整理古代资料的方法,重新梳理了中国古代文献,发现中国的古史传说是靠不住的。其代表人物顾颉刚认为:“古史是层累地造成的,发生的次序和排列的系统恰是一个反背。”也就是说,越早期的文献对“三皇”“五帝”记述得越少,越晚期的文献反而记载得越加清晰、详细。这一发现一度被认为否定了整个“三皇”“五帝”时代,上古文明的真实性也由此被广泛质疑和否定。

那么,事实真是如此吗?毋庸置疑,中华民族是一个有深厚历史意识的民族。上古时期,每一个历史人物都固化于大地的表面,有山川望祭的场所,这是一部用山川写就的立体的“人物史”。轩辕黄帝为了使自己的历史能够有效地传递给后世的子孙,设置了史官制度,并且史官制度作为一种社会建制一直被完整地保存。《汉书·艺文志》:“古之王者,世有史官。”但是,限于远古时期的技术条件,历史的传承主要靠一代又一代史官的口传心授,此即口述历史。春秋战国之际,简帛兴起,这些文学化了的口述的历史逐渐被整理成文字,记载到了文献之中。到了两汉时期,造纸术的发明使书写变得更加容易和便利,上古的历史因此才形成了更多的文字和文献。可见,晚期出现的文献比早期多,是技术进步的结果,并非是有人在不负责任地不断臆造上古的历史。毛泽东《贺新郎·读史》

曾说："三皇五帝神圣事，骗了无涯过客。"可知古史辨学派贻误之巨。

古史辨学派只抓住了现象，并未抓住现象背后的本质，他们不知道口述历史和历代史官的作用，也不知道山川望祭的传统和处所，因而错误地认为后期大量出现的文献是后人无知妄说和主观臆测的结果，武断地否认这些记载的真实性。因此，他们的结论完全背离了历史的真实，因而是不能被接受和认可的。牛河梁的发现，已经验证了古史传说，说明了口述历史的真实性。这些口述历史与文物、历史遗迹相结合，睹物思人，见贤思齐，远古的历史靠此得以传承。

二、轩辕之丘为什么叫牛河梁？

牛河梁，顾名思义，就是牤牛河边的山梁。但是，事实并不那样简单。牛河梁是牵牛星在地表的投射点，所以才有"牤牛河"和"牛河梁"的称呼。

牛河梁所处的山丘，恰似一只潜游于水中的巨龟，神态生动，呼之欲出。三国时期，魏文帝曹丕精通天文地理之术，也是一位文学家。建安十二年(207)，曹操远征乌桓，世子曹丕随行，曾在辽西地区考察，有《陌上桑》《燕歌行》等诗作存世。[①]《燕歌行》中有"牵牛织女遥相望，尔独何辜限河梁"之句，意思是说，牵牛和织女只能站在河边的山梁上相互遥望而不能相聚，真是无辜受罪。燕，即燕地，辽西所在，牛河梁南方地象。河梁，河边的山梁，"牛河梁"之简。这是"牛河梁"的地名第一次在文献中正式出现。

传统天文学中，牵牛星处于牛山之上，织女星处于女山之上，之间一水相隔，故此河边的山梁称"河梁"。《开元占经·北方七宿占二·牵牛占二》引《二十八宿山经》："牛山与女山相连，各法其星形，牵牛、须女星神常居其上。"河梁，一说为桥梁，误。此句诗文从未提到过桥梁，于文义亦不通，言为桥梁者显为解者主观所加。

牛河梁即昆仑之丘、轩辕之丘，也称"昆仑虚"。[②]后来颛顼大帝"绝地天通"，断绝天地之间的往来，神与人互不沟通往来，墓祭改成了山川望祭。牛河梁于是淹没在草莽之中，成为了《山海经》所说的"大荒之野"和"大荒之山"。《尔雅·释地》："觚竹(孤竹)、北户、西

①曹丕《陌上桑》有"登南山，奈何蹈盘石"之句，南山，为牛河梁大遗址内的地名，一说为凌源南部的大山，南方朱雀所在；一说即龙鱼陵居。

②"牛河梁"应是上古地名，与"昆仑虚"并用，只是一个是俗名，一个是正式名。此如东山嘴，为俗名，《山海经》作"东口之山"，是书面语，是正式的名称。又如"万寿"为俗名，《山海经》中作"不死国"，理同。这也可以看作是一种加密技术，俗称"障眼法"。

王母、日下，谓之四荒。”孤竹，即辽西之国。

三、“燕山”的名字与牛河梁有何关系？

牛河梁南部是朱雀地象，是鸟的形态。大地表面鸟的形态，就是古写的“燕”字，“燕山”之名便由此而来。与燕山伴出的，还有燕水。《山海经·北山经》：“北百二十里，曰燕山，多婴石。燕水出焉，东流注于河。”

燕山因为鸟的地象而得名，牛河梁大遗址出土了鸟形玉器，是燕山地象的反映，也是古写的“燕”字。远古燕山的所在被称为“沃野”“息壤”，适合耕植，人们的生活富庶而且安定，是一块乐土。所以，古时的“燕”字，有平安、舒适之意。《周易·中孚》：“初九：虞吉，有它不燕。”唐孔颖达疏：“燕，安也。”高亨注：“有意外之患，则不安矣。”北宋陈师道《二亭记》：“故宫室苑囿以燕其居，车马器服以效其用。”

东山嘴出土绿松石鸟与小篆“燕”字

四、牛河梁与燕国以及前燕、后燕、北燕有何关系？

历史上，燕山由牛河梁而得名，燕国也是由牛河梁而来。上古裂土分封，黄帝的一支分封于燕。最早的燕国在燕山，称“钜燕”，简称“燕”。《山海经·海内东经》：“钜燕在东北陬。”《山海经·海内北经》：“盖国在钜燕南，倭北。倭属燕。”

到了六朝时期，作为轩辕黄帝之后的鲜卑族统治者因处于燕山燕水，故名“燕”，史称“前燕”“后燕”和“北燕”。《北史·魏本纪》：“魏之先，出自黄帝轩辕氏。黄帝子曰昌意，昌意之少子受封北国，有大鲜卑山，因以为号。”《魏书·序纪》说：“昔黄帝有子二十五人，或内列诸华，或外分荒服。昌意少子，受封北土，国有大鲜卑山，因以为号。”《山海经》记载了黄帝之孙始均生北狄，为燕之先祖。《山海经·大荒西经》：“西北海之外……有北狄之国。黄帝之孙曰始均，始均生北狄。”实际上，不仅轩辕黄帝的儿子身在塞外，黄帝本人及其诸妻、诸子也葬在牛河梁大遗址之内。

五、轩辕黄帝的遗骨为什么能完整保存到现在?

牛河梁第五地点一号冢1号墓应为轩辕黄帝墓，已经发掘，墓主遗骨保存基本完好。轩辕黄帝坟冢和遗骨历经五千余年的漫长时间保存到现在实属不易。从技术上说，这是因使用了坟上积石的办法，有效抵御了岁月的剥蚀。从策略上说，也与颛顼大帝“绝地天通”有直接关系。“绝地天通”时，墓祭改为山川望祭，除冢宰有人留守管理之外，全部人员迁移兆域之外，这就排除了人为的干扰和破坏。裸露于地表之外的坟冢因此能够经历漫长的年代完整保存到现在。

六、轩辕黄帝时期有哪些发明传世?

距今两万五千年前，“天皇氏”教民种麻，人类从此拥有了衣装，步入了文明时代。“上三皇”祭祀区内的文化遗存，对人类文明进步的成果按时间顺序有系统的展示。那时，人类已经掌握了种麻，并且驯养过大象、猪、鸡、鸭、狗和鱼。轩辕黄帝之前，我国重要的发明，如钻木取火、渔网、轮子(齿轮)、窥管、历算、筑墙术、炼金术已经先行出现，人们已经驯服了牛、马、羊，学会了养蜂。天文学和地理学也很发达。

黄帝时期有了天干地支纪年法，养蚕、舟车、文字、音律、医学、算术、成衣、帷帐、制镜、凿井、煮盐、养鸡都已发明，农业、畜牧业、渔业、水利工程、建筑、冶金、手工业得到发展，玉器文化得到弘扬。黄帝设官职，举贤能，置礼乐，推历数，建屋宇，营殡葬，教民百谷，祭祀天地。黄帝时期发明了战鼓和指南车，驯服了虎、豹、熊、罴，在涿鹿之战中发挥了作用。原始的飞行器已经发明,冶铜达到了相当高的水平。黄帝铸九鼎,后来成为国家政权的象征。轩辕黄帝的功绩为后世所赞赏,被誉为中华民族的"人文初祖"。

黄帝的成就以各种形式记载于典籍之内。《史记·五帝本纪》说:"(黄帝)时播百谷草木,淳化鸟兽虫蛾,旁罗日月星辰水波土石金玉,劳勤心力耳目,节用水火材物。"明罗颀《物原·器原》说:"轩辕作镜。"《轩辕内传》也说:"帝会王母,铸镜十二,随月而用。"南朝梁任昉《述异记》:"饶州俗传轩辕氏铸镜于湖边,今有轩辕磨镜石。"《史记·五帝本纪》说黄帝"顺天地之纪,幽明之占,死生之说,存亡之难",这是历史学家对他的思想和成就的高度概括。

七、黄帝的大臣风后、仓颉、力牧、常先、大鸿葬在何处?

轩辕黄帝是远古时期杰出的科学家,领导远古人类取得了很多成就。在这过程中,他的大臣风后、仓颉、力牧、常先、大鸿发挥了重要作用。《史记·五帝本纪》:"(黄帝)举风后、力牧、常先、大鸿以治民。"

风后,后世也称"九天玄女""月母""西王母""王母娘娘",即古圣女娲,是轩辕黄帝的前辈祖先。仓颉是中国文字之祖,他总结了远古时期的文字,创立了文字,称为"定星""文昌星"。力牧,也称"力墨""力黑",他布制建极,设立规章制度,进行科学管理。大鸿,是智勇双全的武将,负责训练黄帝的军队。《汉书·艺文志》记载他著有《鬼容区兵法》三篇。常先,是战鼓的发明者。大鸿和常先,后世合称为"大常",即太常。

牛河梁为天都帝府,是远古时期的天文和地理中心。风后应葬于蛇头,为斗宿所在。仓颉为文官,应葬于定星,在牛河梁第十六地点。力牧、大鸿、常先是武将司法之职,属于煞星,地象在白虎座内,是牛河梁大遗址的西部;也可能在龙宿之内,司武将之职。

八、牛河梁的制陶的状况如何?

制陶在中国已经有两万年的历史了,到红山文化时期制陶已经十分发达。华夏始祖母女娲即是一个制陶和泥塑的专家。后来的帝尧善于制陶,被称为"陶唐氏"。帝舜也善于制陶,《墨子·尚贤下》

牛河梁出土的陶罍

“昔者舜耕于历山，陶于河滨，渔于雷泽，灰于常阳。”《史记·五帝本纪》：“舜耕历山，渔雷泽，陶河滨，作什器于寿丘，就时于负夏。”帝舜有制陶的经历，民间奉为窑神。

牛河梁蚕神庙出土的陶器有四种。一是大型彩陶镂孔器，泥质红陶，质地纯正而坚硬。壁厚度达2厘米，红地黑彩，图案为宽条带组成的几何形状，有长方形镂孔。规格特大，直径达1米以上，堪称彩陶之王。二为敛口盆，短圆唇，鼓肩，饰压条纹和“之”字纹，体形亦特大。还有两种是小型圆形盖式器和熏炉器盖等。陶器也是礼器，有显示墓主身份的作用。《礼记·郊特牲》：“器用陶匏，尚礼然也。三王作牢用陶匏。”陶匏，即陶器和匏器。匏，葫芦和瓢。古时随葬陶匏，来自生殖崇拜的观念，匏瓜多子，可多子孙，古人认为很吉利。但匏器不能保存长久，所以只有陶器保存了下来。而那些只有匏器随葬的墓，看起来就没有随葬品了。

九、《开元占经》与牛河梁大遗址有何关系？

《开元占经》是中国古代一部具有重要价值的天文地理文献，是唐代收集整理历代天书的一大成就。《开元占经》全本，《唐书·艺文志》载一百十卷，名《大唐开元占经》，成书时间在唐开元六年(718)至开元十四年(726)之间，主编为唐太史瞿昙悉达。书中征引古籍，经纬图谶，极为浩博。其中，《开元占经》中的《黄帝占》《黄帝》保存有黄帝时期遗留的著述。①

历史上，轩辕黄帝是科学大家，也是一个有深刻历史意识的帝王，他曾下设史官，并有著作流传于世，有《三坟》《书》《黄帝》《黄帝书》《黄帝占》之名。《三坟》，是“三皇”“五帝”时期叙述社稷宗庙的书，保存于《山海经》中。《荀子·劝学》：“《书》者，政事之纪

①《开元占经·石氏中官·天津星占二十八》引《元命包》：“天潢，主河梁，所以度神，通四方也。”河梁之名，恰好与牛河梁的地名相对应。

也。”《荀子·解蔽》:“好《书》者众矣,而仓颉独传者,壹也。”《史记·五帝本纪》:“《书》缺有间矣,其轶乃时时见于他说。”这里所说的《书》应指《黄帝书》,保存于《老子》之中。《史记·五帝本纪》还说黄帝“通幽冥之占”,即《黄帝占》,保存在《开元占经》里面。可见,轩辕黄帝的著作到后世虽然已经分散,但黄帝的思想已经流传于世,并没有失传。这些传世的著作为解答牛河梁的历史悬疑提供了文献保证。

十、积石冢大墓主人为“巫觋”之说为什么不可取?

古时通天事神者,女子称“巫”,男子称“觋”。巫觋在古代科学文化活动中发挥了重要作用,远古的科学家、历史学家、语言文字学家都有巫觋的身份,是正面人物。“巫觋”古时是褒扬之辞,但是世易时移,到现代“巫觋”一词已经演变为贬义。《国语·楚语下》:“在男曰觋,在女曰巫。”

伏羲、女娲、轩辕黄帝具有科学家的身份,有重要的科学发现和发明传世,他们的臣僚和子孙也有重要贡献。这样的人物,如果现仍以“巫觋”来定义有失公允,也不符合历史的实际。祝融氏在古史中也称为“巫觋”,为观象授时之官,为我国天文学和农业的发展做出了重要贡献。但是,因为历史环境已经变更,现在不应继续称其为“巫觋”,否则会有贬抑之嫌,因而有必要还原他们的古代科学家的身份。

牛河梁积石冢大墓墓主手中持有的玉器,有的是实用的器物,有的身份的象征,有的是权力的象征,有的是兵符,并非是祭祀的神器。《史记·五帝本纪》说:“官名皆以云命,为云师。”黄帝以吏为师,牛河梁出土的勾云形玉佩体现了远古时期官吏的等级,为“云师”的实物见证。“云师”的提法见于正史,比“巫觋”之说要恰当。

十一、《老子》与牛河梁大遗址有何关系?

《老子》是上古文献的遗存,依赖史官的保存得以传世。春秋时期,老子作为周王室的守藏室之史,将上古的文献整理而成《老子》。老子其人并没有著《老子》,《老子》一书是保存了古代圣王言

论的典籍。其与牛河梁有直接的联系,简而言之:

第一,是长生不死、生生不息的观念。这是传统的道家思想,在牛河梁可以找到直接渊源。

第二,是守柔处下、赤子婴儿的观念。牛河梁展示的女性生殖崇拜,在《老子》中有深刻的反映,有不少遗迹和遗物出土。

第三,重农的思想。牛河梁突出了重视农业的观念,牵牛为炎黄二帝的葬所,农神后稷及田祖叔均也葬于牛河梁大遗址之内。

第四,顺应自然、体道配天的思想。“三生万物”“人法地”的观念在祭坛之处得到了具体体现。

第五,《老子》“埏埴以为器”的制陶技术在牛河梁得到了具体呈现。

十二、为什么说红山文化的本质是中国传统文化?

红山文化,以其发现地内蒙古赤峰红山而得名。赤峰是中国历史上第一个邦国所在地,始称“始州国”“赤县州”“赤县”。红山,古称“丹山”“大比赤山”“双山”。红山文化的本质是中国传统文化,这是因为:

第一, 牛河梁的天文学和地理学是中国传统科学观的具体体现,展示了只有中国的远古祖先才具备的气度和胸襟。

第二,牛河梁大遗址的坛、庙、冢是中国传统思想的体现,古代道家的“贵食母”“三生万物”“人法地”的思想在牛河梁找到了渊源。

第三, 牛河梁积石冢的墓主是对中国传统科学和传统文化做出卓越贡献的历史人物。

第四,红山文化的玉文化是中国传统文化的一个重要方面。

第五, 牛河梁红山文化中显示的民族意识和整体观念是传统文化的一个重要方面。

第六,中国传统科学、传统民俗和传统技艺在红山文化中找到了渊源。

牛河梁展示的传统观念,《山海经》《老子》《尚书》《国语》《礼记》《吕氏春秋》《淮南子》《史记》《开元占经》中有相关的记载和叙述。这些著作是中国传统文化的承载,与此相关的红山文化,自然也就是中国传统文化。

十三、牛河梁大遗址为什么没有黄帝的重臣风后的墓?

在炎黄时代,人民最爱戴的是女娲。女娲是远古时期的一名科学家,她的成就曾领先于后世将近三千年,远远超越了她所处的那个年代。她奔忙了一生,要把人类带出荒蛮,她的精神长期为后世所激赏和尊崇。女娲所秉持的科学精神,是远古的一座灯塔,照亮了人们黑暗的内心。在她的精神感召下,一代又一代的古代科学家前赴后继,以卓越的牺牲精神和忘我的辛勤劳动,奠定了中国传统科学强大的根基。其中,中华始祖轩辕黄帝就是在女娲光耀下成长起来的一位科学家。

女娲,是中华民族的始祖母,为风姓,太皞伏羲的皇后,故史中也称"风后"。风后即女娲,是同一个人。黄帝之时,女娲已经逝世700余年。黄帝事死如生,任命风后为宰相,主管天下事物。但黄帝任命的风后,只是女娲的一尊塑像,并非是活着的女娲。古者敬神如神在,黄帝恭敬地祭祀女娲,极其重视女娲的作用。

黄帝行不言之教,恭敬地祭祀和怀念女娲,就是要人们以女娲为榜样,清楚知道自己的责任和使命。《淮南子·主术训》:"故不言之令,不视之见,此伏牺、神农之所以为师也。"《老子》十四章:"执古之道,以御今之有。"《老子》二十章:"我独异于人,而贵食母。"这是黄帝的话,完整地保存在《老子》中。食母,恭敬地奉养自己的母亲,指崇拜祭祀女娲一事。黄帝之时,女娲已经去世多年,但黄帝事死如生,仍任命风后为实职,以使远古的祖先为现实服务,充分显示了黄帝的智慧和才干。

黄帝崇奉的女娲埋在牛河梁的斗宿之内,女娲即风后,所以牛河梁大遗址中女娲的墓,也就是风后的墓,并没有另外一座独立的风后墓。

十四、对牛河梁女神的认识有哪些误区?

古时的女神,有各自的神职,行使不同的功能,没有专司女神的神。比如女神中,女娲为生育神、高媒之神、月神,嫘祖为蚕神。男神中,有皇天、后土、太阳神等,各有其神职。因此,单纯以性别定义天神并不符合古史。

牛河梁第一地点一度被称为“女神庙”，是对女神庙的性质认识不清。牛河梁女神庙为蚕神庙，是供奉蚕神嫘祖的场所，庙外的广场是祭祀和凭吊嫘祖的场所。史载，祭祀和凭吊的活动一度由黄帝的最次妃嫫母统管。嫫母去世以后，也一并供奉在蚕神庙内。蚕神庙内发现的女神头像即是嫫母像。

嫫母是轩辕黄帝之妻，是中华民族的人文初祖之一。对女神头像的认识目前有两点误区。

第一，是把嫫母当成了史前美女，这是不符合实际的。嫫母是历史上有名的丑女，《山海经》称之为“女丑”“女丑之尸”。但嫫母品德高尚，所以历史上也有人认为她是美女，但不是主流。

第二，嫫母被塑造成是不着衣衫的裸女形象，也不对。蚕神的贡献，是发明了养蚕和制作衣服的方法。蚕丝和成衣技术的发明，使中国人在五千多年以前就穿上了衣服，而且是华丽的绫罗。这是其他的文明所无法比及的，也是蚕神受到后世顶礼膜拜的原因。而且，丝绸不仅可以制作衣服，也可以制作帷帐。帷帐可以防止蚊虫的叮咬，有效减少疾病的发生和传播，是古时的一种卫生措施。帷帐的发明，重要性不亚于衣服的发明。

女神庙目前只是进行过试掘，没有进行系统完整的发掘，加之传世文献有限，获得资料必定是残缺零散的，这造成了人们对女神和女神庙认识的偏差。

十五、《山海经》与牛河梁大遗址有什么关系?

《山海经》是先秦时期一部古代地理全书，记录了上古时期的山水、天文、地象、神祀、风物、宗教、民俗之类的众多史迹。全书十八卷，其中《山经》五卷，《海经》八卷，《大荒经》四卷，《海内经》一卷，共约31000字。《山海经》是一部十分重要的古代科学文献，也是研究牛河梁大遗址必备的基础文献。

《山海经》成书的年代极其古远，其主要内容在夏代以前已经完成，赖西汉刘歆，东晋郭璞，明王崇庆，清吴任臣、汪绂、毕沅、郝懿行，现代袁珂诸家解读，得行于世。西汉刘歆《上山海经表》说：“《山海经》者，出于唐虞之际。……益等类物善恶，著《山海经》，皆圣贤之遗事，古文之著明者也。”这一说法道出了《山海经》的来历。《山海经》是前辈写给后代子孙看的书，书中仍保留着强烈的祖先崇拜的色彩。有人怀疑其出于周秦之际，为晚出，不确。《山海经》是天文与地理相互映射的完整体系，其山川、地象、物产、神祀的记录，为历代积累而成。这是一种国家行为，非个人能力所及。因此，《山海经》中的地理学，是王官之学、帝王之术，为古时社稷宗庙所系，所议非浅。

《山海经》提到的史前怪兽，是山海林泽的形象，是真实的地理存在。《山海经》是一部十分严肃的地理学著作，但因为历史上存在的训诂失当，内容被人曲解，变得玄奥离奇，匪夷所思，不知所云，以至于在相当长的时间内《山海经》的地理一直被称作是“神话地理”乃至“小说”或是“文学作品”，被斥为“怪诞不经”。这些都是需要纠正的错误观念。

牛河梁大遗址的地理发现，确认了《山海经》的真实性，也确定了《山海经》年代的久远。牛河梁地处燕山山脉，在周秦地域之外，直接排除了周秦之人著述《山海经》的可能性，其年代只能是更早。书中记述的史迹，如“三首国”“一手拘缨”“欧丝之野”，直接可在史前的牛河梁遗址找到依据。

十六、轩辕黄帝墓的西侧为什么要砌一座方形的祭坛?

牛河梁轩辕黄帝墓的西侧建有一座方形的祭坛，是一座地坛。《老子》二十五章：“人法地，地法天，天法道，道法自然。”方形祭坛体现了《老子》“人法地”的思想，就是说，人类的生产生活要与当地的自然地理条件相适应、相协调，不能破坏环境，竭取其物，否则人类自己也将深受其害。

据《山海经》记载，这座方形祭坛叫“轩辕台”。发掘表明，台下埋葬四具遗骨，均被打破，应是蚩尤的四位战将，称“魑魅魍魉”。民俗中，蚩尤为地神，称“太岁”，故轩辕台也称“太岁坛”。

十七、山西吉县的女娲遗骨与牛河梁有什么关系?

女娲所处的时代，是孔子所言“天下为公”的时代。后世多沿袭孔子的说法，将中国的史前文明统称为“上古文明”。女娲的史迹，

《山海经》《礼记》《淮南子》《史籀篇》《楚辞》《列子》《汉书》《风俗通》《帝王世纪》《独异志》《路史》《绎史》等书都有述及。女娲是古时公认的上古圣王，在相当长的历史时期之内，并没有人怀疑女娲的真实性。

现在我国多处有女娲遗迹和传说。但若言及女娲的葬地，其与辽宁牛河梁地区的关系最为密切。该地的地理调查已经发现了清晰完整的“四象”地象(指青龙、白虎、朱雀、玄武四种瑞兽的形态)，这是远古时期伏羲女、娲所做出的地理发现。“四象”既是地象也是天象，牛河梁地区大量出现的远古积石冢，说明史前时期人们是依据“四象”来进行墓冢的规划和建造的。

“四象”之中，龟蛇(即玄武)处于北方，是主宰北方的神灵。牛河梁是一处平缓的山梁，地象如同一只悬浮于水中的巨龟。神龟隐去了四足，符合女娲“断鳌足以立四极”①的记载。神龟的旁边，为神蛇地象，神蛇盘卷着神龟的身体，带着神龟正向天穹奔去，神态极为生动。神蛇总长约20千米，龟蛇的占地面积约为50平方千米。在古典神话中，神蛇是伏羲、女娲的坐骑，伏羲、女娲只有乘坐神蛇，才能飞天而去。牛河梁蛇头的位置，便是当初埋葬伏羲、女娲的地方。因为伏羲、女娲葬于大蛇的头部，所以在后世传为人首蛇身的形象。在人生的最后时刻，伏羲、女娲必定会出现在这里，在神蛇的帮助下一跃飞仙，去完成他们的旷世神话。

①《淮南子·览冥训》。

然而，令人沮丧的是，蛇头部位的山梁如今早已经崩塌，山脚下和半山腰散落着当初构建积石冢的石块。蛇头上仍保留着一部分远古积石冢和石护墙。但处于蛇头最前部女娲陵已经摔落到山下，女娲遗骨下落不明。地质灾害后，女娲遗骨应被转奉外地。2011年8月，山西吉县人祖山人祖庙女娲神像之下清理出来了一具远古人类遗骨，遗骨的眉弓不显，应是女性，碳-14测年距今约6300年，确定为上古女娲遗骨。吉县人祖庙发现的女娲遗骨恰好弥补了牛河梁女娲陵的历史断层，很大程度上回答了牛河梁女娲遗骨去向的疑问。

人祖，即人根之祖，伏羲、女娲肇基人伦，故谓“人祖”。山因而名为“人祖山”，庙因而名为“人祖庙”。遗骨发现于人祖庙女娲塑像之下，这是确定女娲遗骨真实性直接证据。神庙反映了古人事死如生的思想观念。一个人有很高的成就和品德,忽然间死去了,爱戴他(她)的人们主观上无法接受,不认可他(她)的死去。于是,就产生了神庙的丧葬样式。神庙是纪念和祭奠古代圣王的场所。以神庙的形式安葬,是十分严肃的事情。古时有严格的宫观管理制度,如果不是女娲本人,是不可能以女娲的名义直接安葬于女娲塑像之下的。

在先红山文化的兴隆洼遗址中,就发现了活人与死人共居一室的情况,是神庙的早期样态。到红山文化的鼎盛期,神庙已经成熟。从已发现的情况看,轩辕黄帝时期的重要人物,如嫘祖、嫫母、应龙,是以神庙安葬的。后世的圣王,尧、舜、禹也应是采用了神庙的形式安葬。牛河梁一号地点是女神庙遗址,是埋葬和祭祀轩辕黄帝之妻嫘祖的场所,性质是一座蚕神庙,其对应的天象是织女星,在北方玄武座内。汉晋时期,王朗、曹爽、邓飏、曹奂也采用了神庙的葬制形式。元代丘处机葬于邱祖殿邱祖塑像之下。这些历史人物的墓葬反映了神庙的葬制在古代社会的流行和普及。

从自然地理条件来看,人祖庙所处的山岭呈蛇形,如同一只长蛇伏于山岭之上。女娲遗骨葬于蛇头的位置,延续了女娲人首蛇身的经典形象。此与牛河梁的神蛇地象一脉相承。人祖庙处于高山之上,必须仰视才能得见,达到了"高山仰止"的效果,体现了领袖风范。这也表明了女娲遗骨的真实性。

出土木牌称女娲为"皇帝",这是上古遗留的语言现象,也是女娲遗骨真实性的重要佐证。木函墨书写道:"大明正德十五年(1520),天火烧了金山寺,皇帝遗骨流在此,十六年上梁立木。……皇帝遗骨先人流下。"对于女娲"皇帝"这个称呼,《淮南子·说林篇》说:"皇帝生阴阳,上骈生耳目,桑林生臂手,此女娲所以七十化也。"东汉高诱注:"皇帝,古天神也。始造人之时,化生阴阳。上骈、桑林,皆神明。女娲,王天下者也,七十变造化,此言造化治世非一人之功也。"此可证以"皇帝"称女娲不是明代人自创,而是于史有据。

女娲塑像之下找到人头骨、木函残片和牲骨。经碳-14同位素测年,人头骨距今6270年,牲骨距今2100~900年。这些测年资料显示了出土遗物的历史纵深,说明女娲崇拜的久远。人祖庙历代重修,最早可追溯到春秋战国时期，与牲骨的年代相对应。人祖山当地有“穿针梁”“滚磨沟”“烟合崖”的地名，演绎了史籍中伏羲、女娲制定婚姻、喜结良缘的典故。

人祖庙周围保留了一些可以考察的女娲遗迹，表明人祖庙的设计建造者知道神主为女娲，并且有意延续着女娲的文化。这些遗迹虽在女娲之后衍生而来，但在一定程度上也可以辅助女娲遗骨的判断。

一是“女娲补天石”。人祖庙门前有一大石，立在石台上，中有石柱支撑，反映了“女娲补天”之事。《论衡·谈天篇》：“天，乃玉石之类也。”“天，体也，非气也。”在远古时期，“天”是一块大石头，用柱子撑住，这是远古祖先所秉持的信念。下面的大石象征“地”，中间为“天柱”，上部大石为“天”，故称此为“女娲补天石”是可以说得通的。如甘肃武威出土汉代的天鸡木俑，下部的木板表示地，中间的木柱表示天柱，上部的木板表示天，两只鸡放在上部的木板上，所以称为“天鸡”。

二是“南天门”之名。南天门，是庙门正南方山崖的尽头处，是神主灵魂的出入口。牛河梁也有“南天门”的胜迹，是登高远眺牛河梁全景的场所。两处“南天门”之名，体现了一脉相承的内在关系。

三是与大山连为一体的石碑龟座。石龟有意隐去了四足，反映了女娲“断鳌足以立四极”的历史传说。

基于以上认识，人祖庙内出土的女娲遗骨应确定为真实无疑。这件人骨应是从辽宁牛河梁原葬地转运于人祖山的。人祖庙的初创年代应在春秋战国之际，此后历代重修。祭祀的牲骨的年代最早也在春秋战国之际。这与牛河梁蛇头崩塌的年代相对应。女娲历史上被视为华夏民族的始祖母，其后世子孙瓜瓞绵延，人祖山地区却没有发现从葬墓。山斧头位于人祖山下，是一处平缓的坡地，如龟背之形，地理位置极佳。如果蛇头处是女娲的原葬地，龟背处应有大量的从葬墓。牛河梁龟背处有大量远古积石冢，反映了后世对女娲的崇敬和追随。但同样为龟背的山斧头并没有任何远古墓冢出现。这也是女娲遗骨为改葬的佐证。

山西吉县是古人类活动的重要场所，至今保留着一万年前古人类的遗迹。因为有良好的自然地理条件和古人类生活的人文基础，在牛河梁蛇头崩塌之后，人们于是选择了吉县人祖山作为女娲遗骨的最终葬地。

十八、牛河梁的天坛的三级阶梯有什么象征意义？

牛河梁第二地点和东山嘴遗址有祭台，是天坛。祭台是三台式建筑，三层台逐层收缩。天坛的三级台阶，从下到上，是有序的成长和上升，体现出了古代道家“三生万物”的辩证法。《老子》四十二章：“道生一，一生二，二生三，三生万物。万物负阴而抱阳，冲气以为和。”

“三”在传统建筑中是礼制的最高等级。牛河梁的天坛，《诗经》中称为“灵台”，是古代帝王祭天的场所，体现了当时最高的礼节。《诗经·大雅·灵台》：“经始灵台，经之营之，庶民攻之，不日成之。”唐孔颖达疏：“天子有灵台以观天文……诸侯卑，不得观天文，无灵台。”

十九、美洲的奥尔梅克文化与红山文化有什么关系？

奥尔梅克文化(Olmec Culture)，是美洲的原始文明，发生在四千多年以前，是玛雅文明的先声。比较历史学的研究表明，美洲的奥尔梅克文化传递了红山文化的基因，应与红山文化有直接的亲缘关系。奥尔梅克文化的许多特征，如金字塔形建筑物和祭坛，与红山文化有相同的思想根源；奥尔梅克的美洲虎图腾与红山大玉龙一样拥有长鬣；奥尔梅克文化与红山文化入葬时都使用面具，都有蛇神崇拜和崇尚玉器的现象。[①]两种史前文化的比较研究有必要深入进行下去。

①王仲殊：《墨西哥古代文化简述》，载《考古》1973年第4期。

二十、牛河梁的积石冢有二次葬的现象，如何区别原葬和二次葬？

牛河梁积石冢的墓主有原葬和改葬两种。原葬，即遗体在入葬时的原地，遗骨仍处在解剖位置。二次葬，即死后先安葬于他处，事后又改葬。牛河梁是华夏部族的社稷宗庙所在，挖掘可见很多遗骨是二次葬。这是不远千里从外地改葬过来的，从而归葬于祖茔。

区别原葬和二次葬的方法很简单。原葬的遗骨处在其解剖位置，头、躯干、四肢的骨骼都在各自的位置。而移葬、改葬的遗骨解剖顺序是扰乱的。牛河梁的二次葬显得很正式，遗骨被码放得整整齐齐，上面还安放了表达礼仪等级的玉器，但骨骼显然已不在原位，是移葬而来的。比如牛河梁第二地点的三身冢，就是移葬而来的，也就是二次葬。

二十一、第二地点一号冢21号墓墓主为什么要携带一件只有一半的残璧？

第二地点一号冢21号墓墓主的门齿被打掉了两颗，是豁牙者。这是一项远古民俗，称“凿齿”，牙齿凿去后呈现出一个黑洞，所以也称“黑齿”。也有将牙齿涂黑的，称“黑齿者”。因为墓主在黄帝子孙的葬位上，又有凿齿的现象，因而墓主有可能是黄帝曾孙帝喾。此为一说。喾，为凿齿之意。

墓中有一块半块玉璧。淡青色，残径约4.8厘米，孔径约2.4厘米，厚0.25厘米。出土于左小臂内侧。这并不是在挖掘的过程中弄断了，而是最初就只有半块玉璧随葬。这是远古的葬俗。玉璧的一半存于丈夫的墓，另半存于妻子墓。后世以断璧为合，可以确定死者的夫妻关系，此即“团圆”之意。后世人们折断铜镜，夫妻各执一半，以铜镜为合，称“破镜重圆”。

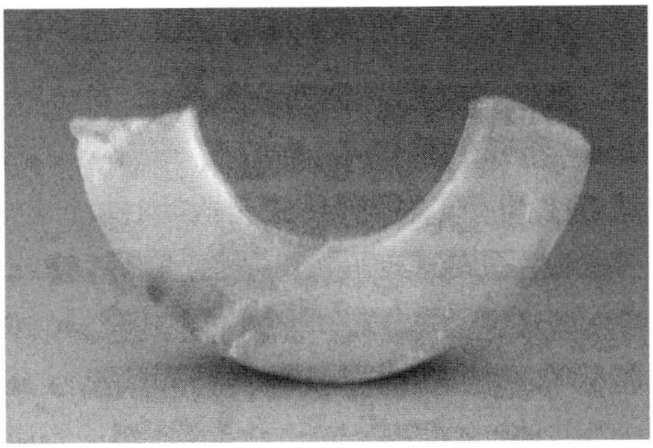

出土的玉环残件

征集的半块石璧（直径14厘米）

二十二、全国各地的黄帝陵是怎么一回事？

黄帝轩辕是少典之子，姓公孙，一生有二十五子，得其姓者十四人。他统一了黄河中下游各部落，奠定了中华民族的文化基础，是人文初祖。后人为铭记黄帝的恩德，在陕西、河南、河北、甘肃等地建有纪念性的陵墓，最为著名在陕西省黄陵县北1千米的桥山。①

①黄景略、叶学明：《中国历代帝王陵寝》，中央党校出版社1991年版，第24~26页。

关于黄帝的死葬，史书上的记载不一。《史记·五帝本纪》："黄帝崩，葬桥山。"《史记·封禅书》记载汉武帝于元封六年（前105）冬北巡朔方后，曾到桥山祭奠黄帝陵。可见，桥山的黄帝陵已经有两千多年的历史。此后，历代帝王在清明节期间经常派员前往祭扫，以示不忘祖宗。黄帝陵在桥山之上，现高3.6米，周长48米，有砖墙维护。《列仙传》卷上说："（黄帝）自择亡日，与群臣辞，至于卒，还葬桥山。山崩，柩空无尸，唯剑舄在焉。"此处是说桥山的黄帝陵只是埋葬了宝剑和鞋，并不是轩辕黄帝的实冢。随着牛河梁大遗址的发掘，人们确定了轩辕黄帝的遗骨和遗物，揭示了轩辕黄帝的最终归宿。

二十三、牛河梁出土的陶俑多是没有头的残件，体现了古人怎样的风俗？

牛河梁出土的陶俑多是没有头的残件，如东山嘴出土的陶俑、牛河梁第五地点出土的陶俑，都是打破的，没有发现头部。这反映了古时祭祀的风俗。陶俑是祭祀者自行打破，是祭祀的一部分，意味着祭祀的结束。1986年，四川广汉三星堆遗址二号祭祀坑内出土了大量青铜礼器，是祭祀的神像和神树。神像和神树也多是打碎的。这反映了与牛河梁一脉相承的祭祀风俗。

神像和祭祀用具在祭祀之后被打破，起源于颛顼大帝的"绝地天通"。绝地天通，即"执无鬼"，是一种无神论的思想。古代的祭祀活动是违背无神论的思想和原则的，只是临时性的活动，所以祭祀用品不能长留，在祭祀结束后就被打破损毁了。

二十四、牛河梁第二地点一号冢4号墓为什么是两腿交叉的状态？

牛河梁第二地点4号墓墓主两腿呈交叉的状态。这是一个精心设计的动作，意为“交”，是墓主的名字，即黄帝之孙蟜极。这种方式称因形设占，就是通过某种造型表达原始的文字意义。《山海经·海外南经》：“交胫国在其东，人为交胫。一曰在穿匈东。”这一交胫状态组成了一个古汉字“交”字，是一项古代葬俗。典故出于《老子》六十一章：“天下之交，天下之牝也。”这是上古时期的政治思想。蟜极是上古圣王帝喾的父亲，也称“蛟”，后世传为蛟龙的形象。蟜极的后裔被封于交趾，后来称“交州”。

交胫，也称“玄股”“交趾”“跂踵”“反踵”“玄趾”。两腿交叉的状态构成了一个“玄”字，所以也称“玄股”。《山海经·大荒东经》：“有国曰玄股，黍食，使四鸟。”“交”字是一个人两腿相交的整体形态，“玄”只是表示两条腿的状态。所以，“交胫”和“玄股”为同一事物的不同表达。

二十五、第十六地点出土玉人额头上为什么有一只眼睛？

俗话说“马王爷三只眼”，是说马明王长着三只眼睛。这是一个很古老的说法，起源一直可以追溯到史前时期。玉人额头上的装饰，古称“雕题”。雕，刻也；题，前额之谓。《山海经》记载有“雕题国”。《楚辞·招魂》：“雕题黑齿，得人肉以祀，以其骨为醢些。”

牛河梁第十六地点出土的玉人额头上有第三只眼睛，古时称“天目”，也称“一目”，起着标定身份出处的作用。《山海经·大荒北经》：“有人一目，当面中生。一曰是威姓，少昊之子，食黍。”也就是说，一目者为少昊之子，威姓。一目，是今河北省平泉县东部的一座大山，样子是一只人的眼睛，所以称“一目”。《山海经·海外北经》：“一目国在其东，一目中其面而居。一曰有手足。”“深目国在其东，为人举一手一目，在共工台东。”《山海经·海外西经》：“一臂国在其北，一臂一目一鼻孔。有黄马虎文，一目而一手。”《淮南子·墬形训》：“西北方曰一目，曰沙所。”

二十六、牛河梁蚕神庙中为什么会有熊和鸟的雕塑？

黄帝部落史称“有熊氏”，是一个熊崇拜的部族。熊崇拜的对象起初并不是自然界中的熊，而是黄帝的出生地熊山。所谓“熊山”，是因形而名，是一座如熊的大山，在黄帝的南方老家。后来，黄帝迁居于北方，在北方的牛河梁也找到了一座熊形的大山，也称“熊山”，山神称“猎猎”。《山海经·大荒北经》：“有黑虫如熊状，名曰猎猎。”猎猎，音昔昔。

牛河梁是轩辕黄帝的葬地，对面有熊形的大山，即熊山，当地称“木兰山”，民间传说是花木兰替父从军之处，故名。黄帝部族佩戴熊形的玉饰，表达了有熊氏的身份。玉熊是熊山的地象图，是熊山地貌的客观描述。因为有地图的作用，佩戴着这件玉器在山里行走就不会迷路。

牛河梁不仅有熊形的大山，也有鸟形的大山，整个大山呈现出鸟的形状，也就是比翼鸟的第一只鸟。熊和鸟体现了古人的自然崇拜，熊山和鸟山就被人格化和神化。在牛河梁的蚕神庙中，见有残存的熊的塑像，还有鸟的塑像，就是体现了黄帝时期的山川地理崇拜。

黄帝对熊和鸟的崇拜，也因为熊和鸟在古人的生产生活中发挥了重要作用。黄帝曾训练熊罴，作为与蚩尤对抗的战争工具。牛河梁蚕神庙中出土了熊的下颚骨，是被泥土封包的陶像，说明驯化的熊已经走进了古人日常生活。这只熊应是蚕神嫘祖生前的坐骑，而且有名字，称“猎猎”。

二十七、黄帝为什么要把炎帝和蚩尤的坟墓建在自己的坟墓之下？

牛河梁第五地点中层7号墓，是早期的红山文化积石冢，被轩辕黄帝墓叠压在下。墓主一说为炎帝。第五地点中层5号墓为上层的黄帝冢叠压在下，出土头骨1件，别无他物。头骨颜面朝下，并被打破。墓主应为战神蚩尤。蚩尤战败而死，被传示其首，后被脸面朝下埋于黄帝冢下。这是厌胜之意，说明轩辕黄帝对炎帝和蚩尤部族始终保持着高度的警惕。

历史上，炎帝和蚩尤是轩辕黄帝的劲敌。《史记·五帝本纪》载，黄帝与炎帝战于阪泉之野，“三战，然后得其志”。蚩尤“好兵而喜乱”“铜头啖石，飞空走险”[1]，他是一位远古时期的军事家，以大象为兵，势不可挡，遂与黄帝战于涿鹿。《史记·五帝本纪》：“（黄帝）教熊罴、貔貅、貙虎。”黄帝以虎、豹、熊、罴应战，仍九战九败，不能与蚩

① 《日下旧闻考》卷二。

尤抗争。但是,在这极其艰难的情况下,黄帝抓住了战机,遂诛杀蚩尤,传示其首,完成了中国战争史的传奇。

轩辕黄帝虽然在与炎帝、蚩尤的战争中获胜,但只是侥幸取胜,炎帝、蚩尤的部族盘踞南方,势力依然很大。所以,黄帝将炎帝和蚩尤的坟冢建在了自己的坟冢之下,以此作为厌胜,防止其死灰复燃,再度得势。

二十八、蚕神庙中的壁画为什么有方形的几何纹饰?

蚕神庙倒塌的墙壁上发现了方形的几何纹样,是中国所见最早的壁画。方形的纹样称为“雷纹”或“云雷纹”,象征着轩辕黄帝之妻方雷氏。蚕神庙是祭祀黄帝元妃嫘祖的场所,但雷纹壁画表明,方雷氏作为黄帝次妃一并供奉于蚕神庙内。

蚕神庙内的几何纹壁画残件

轩辕黄帝之妻方雷氏,名“女节”,是轩辕黄帝次妃。方雷氏为元妃嫘祖之妹。以古时的婚俗,娶媳妇要搭一个小姨子,嫘祖嫁给轩辕黄帝时,其妹女节一并嫁给了他,嫘祖和女节分别为元妃和次妃。《国语·晋语四》:“黄帝之子二十五人,其同姓者二人而已,唯青阳与夷鼓皆为己姓。青阳,方雷氏之甥也。夷鼓,彤鱼氏之甥也。其同生而异姓者,四母之子别为十二姓。”三国吴韦昭注:“方雷,西陵氏之姓。彤鱼,国名。《帝系》曰:‘黄帝娶于西陵氏之子,曰嫘祖,实生青阳。’姊妹之子曰甥。声,雷、嫘同也。”西晋皇甫谧《帝王世纪》:“元妃西陵氏女,曰嫘祖,生昌意;次妃方雷氏女,曰女节,生青阳;

雷神之山:方雷氏陪祀的大山

次妃彤鱼氏女，生夷鼓，一名苍林；次妃嫫母，班在三人之下。”方雷氏，后来形成了方姓和雷姓。

方雷氏是上古时期的雷神，主降子和祈雨，今河北省承德县上谷村南有方雷氏望祭之所。

二十九、牛河梁第十六地点发掘了8座房址中包括了哪些史前神庙？

第十六地点是北极星在地表的投射点，是牛河梁大遗址的核心地区，发掘了夏家店下层文化房址8座。其中包括了数座史前神庙，是夏代祭祀和凭吊民族祖先的场所。这座史前神庙建筑群中，有三官殿、火神庙(太阳神庙)、朝云观，可能还有一座文昌殿和海神庙。《山海经·海外南经》：“狄山，帝尧葬于阳，帝喾葬于阴。”《山海经·海外北经》：“务隅之山，帝颛顼葬于阳，九嫔葬于阴。”狄山、务隅之山均为第十六地点，此处因而也可能有颛顼和帝喾的神庙。

三官殿，是祭祀天、地、水官的场所，天、地、水官，即三官，是上古时期的尧、舜、禹。三官殿置于是尧、舜、禹的埋骨之处，是凭吊尧、舜、禹的场所。第十六地点7号房址由三个祭祀单元组成，应明确为三官殿遗址。

火神庙，是祭祀火神的场所。火神主管火历，观象授时，是远古时期的天文学家和农业学家。火神，也是太阳神，后世称“火德星君”，是上古时期的祝融氏。

朝云观，是祭祀女神祝融的场所，也应是女神祝融的葬地。女神祝融管火，也是太阳神，原名“瑶姬”，是炎帝之女，俗中唤作“朝云”，故女神祝融所在也称“朝云之山”“朝云之国”，庙宇称“朝云观”。

文昌殿，是祭祀文字始祖仓颉的场所。第十六地点是定星、文昌星的投射点，应是黄帝时期仓颉的葬地。但此处早期没有祭祀的庙宇，但晚期可能会建文昌殿作为纪念场所。

红山文化晚期和夏家店下层文化房址8处，均为半地穴式，分深穴和浅穴两种。

N16F1，平面圆形，直径4.4米，距地表0.4~0.5米，穴壁挖在生土基岩上，壁高1米。门道朝向正西，呈阶梯状斜坡沿西南壁环绕，渐低渐深，与地面相接，高出地面1.1米。门道呈长方形，长0.8米，宽0.7米，北、西、南三面用长方形石块平砌，围出门道界框。阶梯状斜坡上见有烧土面。房内不见柱洞和灶址，出土有陶器、石器、骨器。房址外有一圈黄泥墙，现存宽0.26~0.36米，存高0.16米，推测为房址的地上部分。

N16F3，平面椭圆形，长径2.9米，短径2.36米，距地表0.5米。穴壁挖筑在基岩上，略经修整，壁残高0.8米。门道长0.8米，最宽1米。居住面利用开凿的基岩面，略经修整，用黄土铺垫，其上和穴壁有火烧的痕迹。柱洞发现2个，平面圆形。不见灶址。出土陶器、石器、骨器。

N16F5，平面椭圆形。长径2.4米，短径2米，距地表0.08~0.2米，距坑底0.3~0.46米。壁残高0.48米。门道建在西砦墙上，内宽外窄，高出地面0.14米。门道长0.5米，最宽0.8米，底面利用西砦墙石块。居住面用黄土铺就，东高西低，东南部地面见有火烧痕迹，西部地面埋有狗的头骨。在穴壁和居住面之间砌有一周石墙，北部残，现存石墙高0.4米，宽0.2~0.9米。不见柱洞和灶址。出土陶器和石器。

N16F6，平面椭圆形，长径2.5米，短径2.2米，距地表0.6米。穴壁挖筑在生土基岩上，残壁高0.22~0.28米。不见门道。居住面有烧烤痕。发现柱洞3个。出土石铲1件。

N16F4，平面椭圆形，长径3.2米，短径2.8米，距地表0.12~0.16米。穴壁挖筑在生土基岩上，稍经修整，壁残高0.38米。门道朝向正南，内宽外窄，高出地面0.06~0.1米。门道长0.7米，最宽0.86米。居住面黄土铺就，面上和墙壁均经火烤。在西壁中部见有壁台，长0.8米，宽0.09米，高0.32米，其上亦见火烧痕迹。发现5个柱洞。居住面西部接近壁台处有2个穴坑，推测为穴式灶。出土陶器和石器。庙中有明显的用火痕迹，此处应为祭祀火神的火神庙。

N16F7，分内外两个部分。内部为3个不规则近于圆形的半地穴式建筑，分别位于东北、东南和西部。它们分布较为对称，且三者下部相连，中间围绕一柱洞，形成一个整体，如三环相套，形状近椭圆。三个建筑直径分别为1.4米、1.3米、2.1米，深度分别是11厘米、14厘米、12厘米，整体建筑址东西长径3.2米，南北短径3.1米。1号柱洞

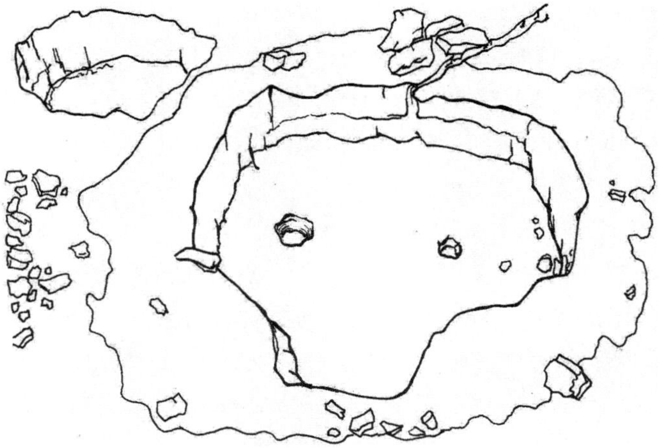

第十六地点3号房址复原图

(D1)直径26厘米。外部发现柱洞27个，环绕于建筑四周，平面近椭圆形，范围在南北长径4.7米、南北短径4.2米之间，应为地面建筑。出土石器、陶器。此处为三官殿遗址，内奉尧、舜、禹为天、地、水三官。

N16F2，平面椭圆形，长径3.28米，短径2.92米，距地表0.1~0.12米。穴壁稍经修整，残高0.26米。不见门道。室内地面用黄土铺垫、压实，较为坚硬，不见灶址。地面东北部见一柱洞，平面圆形，弧壁，圜底，口径28厘米，底径10厘米，深30厘米。出土陶器、石器、骨器。

三十、轩辕黄帝通“幽明之占”，牛河梁因形设占之处有哪些？

《史记·五帝本纪》说黄帝“顺天地之纪，幽明之占，死生之说，存亡之难”。轩辕黄帝的“幽明之占”，是古代的一种文体，相当于今日的谜语，就是通过一定的形象表达文字的意义，是早期的文字。此即因形设占。牛河梁有人名之占、地名占、星名占，也就是通过具体的形象表示人名、地名或者星名。如黄帝之子玄嚣、黄帝之孙蟜极就是采用了人名占的方式显示身份。

(1)玄器，黄帝长子。牛河梁多处出现了成排的筒形器，此为人名占，即黄帝长子玄器[①]。成排的陶器，即“玄器”之占。

①“玄器”，一作“玄嚣”。

(2)颛顼和帝喾。颛顼为长头长脸之状，古俗中把头骨人为拉长，表示为颛顼的后裔。一说长头者为驩头(讙兜)后裔。喾为凿齿之状，古俗中把门牙打掉以示为帝喾后裔。

(3)十日，黄帝之子，俗称“九头鸟”。《山海经》说，黑齿国之北有汤谷，汤谷之上有棵高大的扶桑树，是天上十个太阳洗澡的地方。这棵高大的扶桑树下半截在水中，树枝在水上，九个太阳在下面枝上，一个太阳在上面枝上。十个太阳的表示方法是十只鸟。古时鸟是太阳神，代表太阳。

(4)三身。一个墓中埋三个人，为“三身”之占，为一人名，黄帝之子。《山海经·海外西经》：“三身国在夏后启北，一首而三身。”

(5)蟜极。墓主两腿交叉的状态，表示“交”，即“蟜”或“蛟”，是一个人名占，表示黄帝之孙蟜极。蟜极为帝喾之父，是民间崇奉的蛟。

(6)倭。黄帝有一孙为侏儒，身材矮小，以“倭”为名，其后世子孙也称“倭”，即倭族。第五地点二号冢9号墓应为倭的墓。

(7)摇光。臂章绑在胳臂上，作为装饰，以示肩膀很有力量，与众不同，故而为摇光，是古时因形设占的一种情况，为星名占。摇光所葬，应为尧时大臣伯夷，也称“伯夷父”。

(8)一手拘缨。第二地点一号冢17号墓只葬了头和一只手。此寓意为“一手拘缨”。

(9)三首国。第二地点四号冢7号墓在墓主头顶两侧的填土中，又各出土两个头骨。此寓意为“三首”。墓主应为黄帝之子雄常。

(10)长股国。第二地点一号冢27号墓骨架的下肢大部被砌在石棺之外，此寓意为“长股”。

(11)日者。第二地点五号冢，为日坛。日坛外观呈现“日”字的造型，这是为了表示墓主身份和用途的一种做法。此为因形设占，表示墓主是以观天测日为职业的，古称“日者”。

三十一、牛河梁上有镇墓兽吗？

据《山海经》记载，钟山上有蛇身人面像，是古代的镇墓兽。钟山，即牛河梁第十六地点，也称“祝融山”“鄣山”“巫山”等，有很多的名字。《山海经·海外北经》：“钟山之神，名曰烛阴，视为昼，瞑为夜，吹为冬，呼为夏。不饮，不食，不息，息为风。身长千里，在无䏿之东。其为物，人面蛇身，赤色，居钟山下。”

《山海经·海内经》：“北海之内，有山名曰幽都之山，黑水出焉。

其上有玄鸟、玄蛇、玄豹、玄虎，玄狐蓬尾。”其中的“玄鸟”“玄蛇”“玄豹”“玄虎”“玄狐”是大山的形状，也是镇墓兽的所在。红山文化的镇墓兽不单纯是镇墓之用，也有地理标志物的功能。

三十二、牛河梁大遗址有哪些瑞兽地象？

牛河梁的瑞兽地象是天然形成的大地美图，每一幅兽象都神态活泼，动中得趣。这些瑞兽在大遗址的北部依次排列，《山海经》记载了瑞兽地象的排列顺序，从东向西依次分布有“九尾狐”“并封”“鳖鱼”“龟蛇”“窫窳”“天狗”“穷奇食人”“二龙戏珠”“夸父逐日”“猩猩知人语”“犀牛”“巴蛇吞象”“猼訑”“驺吾”。东部自北而南依次分布着三只凤鸟。一说是六只鸟。远古地理名胜“精卫填海”即位列其中。

除瑞兽之外，牛河梁西部自北而南，依次分布着“朧疏”“一手”“一目”“一鼻孔”的地象。遗址内还分布有“桂林八树”“视肉”“璇瑰”等奇珍异宝。

三十三、牛河梁西南一目和一鼻孔的地象是如何形成的呢？

红山文化的红土层形成于一亿年前的中生代，山脉也是在燕山运动历次的地质中活动形成的，已经十分古远。牛河梁大遗址西南有一目和一鼻孔的地象，其形成年代距今大约只有一万年，是一次天体的撞击形成的，与中生代的造山运动并没有关系。

红山文化时期，灾难与文明并行。距今约一万年，一次小行星的撞击事件发生在牛河梁红山文化区内，那正是中华文明发端起始的年代。那时，一颗小行星冲向了地球，在撞击之前分裂成了若干碎块，并以一定的切角撞击到大地表面，形成了一次巨大的史前灾难。这次撞击给先民留下了鲜明的记忆。在古老的岩画和史前神话中，这场灾难是常见的题材。在古典神话中，女娲补天、大禹治水也与天体撞击事件有关。

三十四、轩辕黄帝的父亲少典是否葬在了牛河梁？

少典，是轩辕黄帝的父亲，为太皞伏羲氏的后代。少典的部落后衍为炎帝、黄帝两支。俗说少典之妃附宝生黄帝。《纲鉴易知录》卷一："少典国君之妃曰附宝者，感电光绕斗而有娠，生帝于轩辕之台，因名轩辕，姓公孙。"

轩辕黄帝葬于牛河梁，其父少典也可能葬于牛河梁。牛河梁的龟背上有一处无名大冢，旁边有陪葬的积石冢，显示墓主在古史中的显赫地位，墓主应为轩辕黄帝之父少典。

三十五、古人如何观测到牛河梁的地象并记录到《山海经》中？

上古时期，地理调查采用的是登高望远和实地踏勘相结合的方式。到黄帝之时，技术已经比较发达。有关资料显示，那时飞行器已经发明。黄帝的陶正宁封子，遇神人授五色烟火法，后积薪自焚，身形随烟气上下。[①]说明那时中国人已经掌握了载人飞行技术，有了原始的飞行器。

这种载人飞行器可以作为地理调查的手段，这与现代的飞机航拍和卫星地图有异曲同工之处。所以，《山海经》中的记述能够与牛河梁的地形地貌高度契合。飞行器的发明，使中国人拥有了先进的察地手段，中国古代地理学因而达到了很高的水平，取得了很高的成就。

远古时期的飞行表现有两种方式：一是早期的探空热气球，如宁封子积薪自焚之法；二是滑翔技术，古称"乘蹻"，有"龙蹻""虎蹻""鹿卢蹻"之分。

三十六、牛河梁体现了中国人的祖先崇拜，为什么要崇拜祖先？

中国传统科学和传统文化之中，有非常浓厚的祖先崇拜的色彩。任何一个有远古知识背景的人，都不可避免地生发出对远古祖先的崇拜和热爱之情。简而言之，有以下五个原因：

第一，从生物学属性上看，中国人直接继承了祖先的基因，也承袭祖先的物质和精神财富，所以中国人对祖先怀有深厚的感情。

第二，中国的远古祖先襟怀坦荡，意志坚强，目光深远，绝不唯利是图。他们拥有无边的宇宙、广阔的天地和亿万生民，是中国人

①《搜神记》卷一记有宁封子之事："宁封子，黄帝时人也，世传为黄帝陶正。有异人过之，为其掌火。能出入五色烟，久则以教封子。封子积火自烧，而随烟气上下。视其灰烬，犹有其骨。时人共葬之宁北山中，故谓之宁封子。"

的心灵依托。中国人坚韧顽强、吃苦耐劳、勇敢正直的人格体系就是在那时炼铸而成的。

第三，他们每个人都是战斗英雄，是历次战争中的胜利者。对祖先的崇拜，满足了人们对胜利、对成功的渴望。

第四，他们有科学家的身份，有很多发明创造传世，造福于后世。

第五，崇奉祖先，是“孝”的表现，侮蔑祖先，便是“不孝”，此与后世的儒家观念一脉相承。

基于以上几点，牛河梁所以有浓厚的祖先崇拜的色彩。

三十七、世界上最古老的文字与牛河梁有什么关系?

中国早期的文字起源于牛河梁，所见最古老的文字也与牛河梁有直接的关系。

牛河梁大遗址中的大山是在中生代的造山运动中形成，距今大约已经存在了一亿年。到了五千多年以前，中国人通过地理调查掌握了这些大山的基本形态，据此设计了“龙”“鸟”“燕”“龟”“蜀”“虹”“女”等文字。牛河梁的地象，就是中国早期文字的反映，其存在大约已有一亿年之久了，被古人赋予文字意义至少有五千年了。

中国目前所见最古老的文字，在山西省吉县卦甲山一处断崖下，是一处远古时期的摩崖石刻，上刻“凤歌鸾舞”四字。经科学测试，年代距今约一万年。这处古文字比苏美尔人的楔形文字早四千年以上，因而也应该是世界上最古老的文字。“凤歌鸾舞”一词见于《山海经》，是对牛河梁大遗址南方比翼鸟地象的描述。吉县卦甲山的远古文字，说明中国人在大约一万年前就已经科学认识了牛河梁。

三十八、牛河梁上有轩辕黄帝的宗庙吗 ?

牛河梁上有祭祀伏羲、女娲的庙宇，在牛河梁蛇头之下，称“大庙”，即现在的大庙村所在。大庙，即太庙，后世也称“人祖庙”，是伏羲、女娲的神庙，里面有伏羲、女娲的塑像或牌位。大庙村旧时有古庙，在“文革”浩劫中被彻底摧毁了。

牛河梁上同样有祭祀炎黄二帝的宗庙，即轩辕黄帝庙，内奉炎黄二帝的神像或牌位。这也是一处太庙，或称“大庙”。牛河梁第五地点以北有庙后村，以南有庙前村。此处地名显示，这附近应该有祭祀炎黄二帝的宗庙。庙，即轩辕黄帝庙。庙后，即大庙以北或以西的区域。庙前，即大庙以南或以东的区域。因此，轩辕黄帝庙的历史位置应该在牛河梁第五地点和庙前村、庙后村之间的区域内。轩辕黄帝庙的位置如今有铁路和公路横穿而过，其遗址和遗迹或许已被破坏，或者被压在路面之下了。

2009年7月，考古人员在第一地点女神庙（蚕神庙）东山台以北20米处发现一处建筑址。从分布的柱洞和烧土面的位置看，此建筑址有按中轴线分布的规律，应非一般居住址，而是与庙台有关的建筑物，或许是一处早期祭祀轩辕黄帝的场所，也可能是祭祀其父母的场所。

三十九、牛河梁上有尚未发现的远古历史遗迹吗？

牛河梁是远古时期华夏各部族祖先的埋骨之地，现已发现远古时期的祭坛、神庙、积石冢多座，有些已有编号。地理调查和地脉盘查显示，牛河梁大遗址的兆域极其广阔，核心区的面积约2万平方千米，占我国国土面积的千分之二。

《山海经》记录了很多上古时期的地名，如“小人国”“阘非国”“枭阳国”“长臂国”“帝之二女”等。这里的“国”，通“域”，即茔域。牛河梁的瑞兽地象，在上古时期被发现和利用，成为祖先的埋骨之地。因此，在牛河梁的“犬封”“夸父逐日”“猩猩知人语”“巴蛇吞象”“龙鱼陵居”“精卫填海”“丹凤朝阳”“二龙戏珠”等处，仍有大量的夏代和夏代之前的古墓淹没于草莽。墓葬的形式有封土冢、积石冢，也可能有无地面标识的土冢。墓冢之中，在墓主头顶或身体的一侧一般有山石作为“挡风石”。

四十、牛河梁哪些文物可以标志中国古代科技的水平？

中国冶铜的历史源远流长，上古女娲炼石补天，开启了冶铜的序幕。金属冶炼，即炼金术的出现，是科学史中的重要事件。牛河梁出土了1件铜耳饰，是中国所见最早的铜制品之一，反映了中国冶铜的历史。

黄帝时期，中国人发明了蚕桑之术。牛河梁女神庙为蚕神庙，

第十六地点 76 号灰坑出土的陶齿轮

是纪念桑麻之神的场所。牛河梁出土了纺轮和玉蚕。第十六地点76号灰坑出土了陶齿轮,是纺织的用具,是所见最早的齿轮之一。敖汉萨力巴乡七道湾子村红山文化遗址出土了1件碧玉齿轮,扁平状,直径11厘米,厚3.2厘米,孔径2.5~3厘米,有8个齿,齿呈菱形圆头。齿轮的发明是科技史的重要事件。

牛河梁出土石镞多件,反映了古代中国弓箭的发明。弓箭的发明和普及,标志着人类结束了依靠野兽的牙齿和利爪从事战争的阶段,人类社会从此进入了冷兵器时代。弓箭也是狩猎工具,改善了人们的生活条件。古兵器中还有石殳,是带有圆形穿孔的石球,使用时拴绳抛掷,平时可用于驱赶牛羊,也可用来作战。甲骨文的“殳”字,即是一个人抛掷石球的样子。

养蜂是中国人的发明,重要性不亚于养蚕。牛河梁出土了玉蜂2件,见证了养蜂的历史。《史记·五帝本纪》:“(黄帝)淳化鸟兽虫蛾。”虫,指养殖蜜蜂而言;蛾,蚕蛾,指养蚕。

牛河梁大遗址内除了玉石器,还有煤精石器,反映了古人对煤炭的发掘和利用。

第十六地点 82 号灰坑出土的石镞与甲骨文中的“殳”字

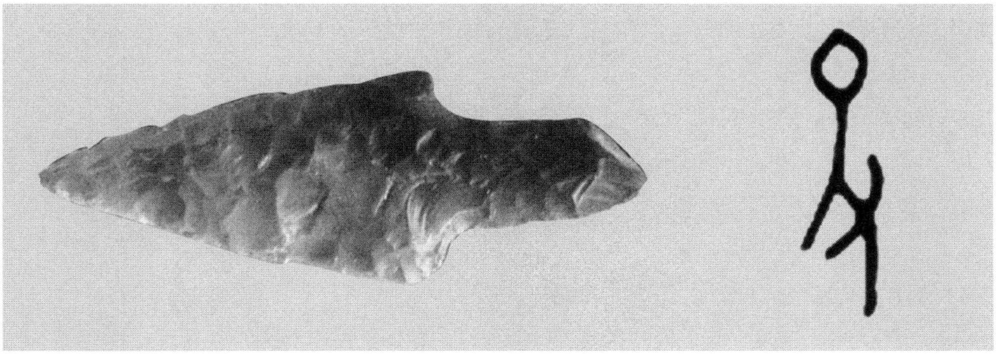

四十一、牛河梁上发现的多处灰坑有什么用途?

牛河梁上发现了很多的灰坑,内有陶器、石器、骨器等。第十六地点发现灰坑96座,第五地点下层遗存有灰坑29座,第二地点四号冢发现灰坑1座,五号冢发现灰坑2座,周边清理出4座,第一地点女神庙发现灰坑或窖穴3座。

灰坑是古代祭祀时用以填埋牲血、毛发、内脏的场所。祭祀的类型有三岁祭、岁祭、春秋祭和四时祭。墓主的身份级别越高,祭祀的频率也就越高。上古时期已经有了祭祀活动,但频率并不固定。牛河梁上的灰坑,就是历次祭祀杀殉的遗迹。

四十二、牛河梁出土了很多兽骨,反映了怎样的民俗?

动物骨骼主要分布在牛河梁遗址的第一地点、第二地点和第五地点,其他地点的数量很少。其中第一点337件,1号灰坑仅有1件。337件骨骼中有135片能鉴定种类,有202片是肢骨片或碎骨,不能确定动物种类。第二地点278件,其中172件是肢骨片,能鉴定种类的有106件。第五地点发现717件,分布在16个灰坑、1条探沟和一号冢中。骨骼仅有175件可以鉴定属种。

牛河梁的兽骨有梅花鹿、狍、獐、猪、黑熊、狗、獾、鼢鼠、兔,还有鸟和蚌类,是古时候人们生产生活的一部分。这些动物一方面是饲养的家畜,如猪、狗、牛等,另一方面是打猎而来的动物,如鹿、獐、野猪等,反映了先民的饮食习俗。除肉可以食用外,骨骼还可以制作成器物使用,皮毛可以制成衣物。

食兽是远古民俗。《山海经》记载的“中容之国”“君子国”“司幽之国”等是以肉为主食的部落。《山海经·大荒东经》:“中容人食兽、木实。”《山海经·海外东经》:“君子国在其北,衣冠带剑,食兽。”食兽的含义,一说为吃肉,另一说为神兽崇拜。食,音嗣,崇拜、奉养之意。

四十三、黄帝之妻嫘祖有哪些贡献存世?

轩辕黄帝有多位妻子,有长幼而无尊卑之分。轩辕黄帝有很多发明, 他的妻子也是发明家。元妃嫘祖发明了养蚕和缫丝成衣之

嫘祖之山

法，贡献最大。俗说方雷氏发明了骨针和梳子，彤鱼氏发明了筷子和烹调术，嫫母发明了制镜之术，也各有所长。嫘祖，是她去世后黄帝给的尊号，生前叫“嬴母”或“雷母”。嫘祖为蚕神，方雷氏为雷神，彤鱼氏为鱼妇，嫫母为驱鬼之神，她们在神仙世界各享其位。

衣服和帷帐，是中国古代十分重要的发明。嫘祖发明了养蚕之后，红山人穿上了华丽的绫罗。帷帐的制作，使中国人有了舒适的居所，减少了蚊虫的叮咬和疾病的传播，改善了卫生的状况，大幅提高了文明程度。帷帐的发明，重要性不亚于衣服。

嫘祖为织女，开始了男耕女织的时代，是她决定了中国五千多年的生产方式。人们热爱这位女神，对她的祭祀和崇拜从远古一直持续到了今天。

河北省承德县上谷村西，为蚕神嫘祖的望祭之所，为《山海经》所述的“嬴母之山”。

四十四、“二龙戏珠”地象是怎样形成的？

“二龙戏珠”是牛河梁北部地象，在辽宁省和内蒙古自治区交界之处，是两条龙争抢火珠的形态。据《山海经》的记载，此处是夏启的陵园。

地球表层环境包括大气圈、水圈、岩石圈和生物圈，四种元素可以转换成民俗学的语言，分别称为“风伯”①、“龙王”、“山神”和“众生”，是四位神灵的称谓。地表环境是四个圈层相互作用的结果，也是四位古代神灵相互制约和转化的结果。牛河梁“二龙戏珠”地象也是如此。

①一说为“雨师”。

“二龙戏珠”的所在，远古时期曾有冰川覆盖。冰川是常年不化的积雪的叠压，来自风伯、雨师的作用；冰川形成的固体流，即固态的水龙王。龙王与山神打架，也就是水圈与岩石圈的相互作用，塑造了山体的面貌，形成了特征性的冰碛湖、侧碛堤、终碛垄、角峰、刃脊和冰斗的地貌。这也就是龙头、火珠、骊珠的结构。在此基础上，加之植被的作用，坡度大的山坡覆盖针叶林，平缓的地区为农田，从而形成了不同的生态区。这些因素先后作用，共同构成了“二龙戏珠”的地象。

远古时期，牛河梁不止“二龙戏珠”一处有冰川，“熊山”（木兰山）、“猼訑之兽”等处也曾有冰川发育，因此也有冰川遗迹存在。《山海经》提到的“昆仑南渊”“从极之渊”“甘渊”“颛顼所浴”“舜之所浴”“十日所浴”，可能是古代冰川作用留下的冰斗或冰碛湖。在冰川固体流的作用下，陡坡面的冰川向下移动，缓坡面的冰川被迫向上移动，形成了“水往高处流”的奇观。“熊山”（木兰山）应该就是在冰川固体流的作用下形成的冰川地貌。

四十五、牛河梁的地象十分活泼，地象、地望、地貌有何区别？

从卫星地图上观察，牛河梁的大山有“龙虎”“龟蛇”“神鸟”“神树”“鳖鱼”“九头蛇”“天狗”“二龙戏珠”“穷奇食人”“夸父逐日”“精卫填海”“猩猩知人语”“犀牛”“驺虞”以及人手、人眼、鼻孔的形象，生动有趣，呼之欲出。这些形象为地象，也是天象，在浩渺的长空中有相应的位置。

地象，指星宿在大地表面的投影，与“天象”相对应。地象代表了星神的存在，是古代社会的图腾，所以也称“星垂地象”，是一个天文地理学名词。地望，指地面建筑曾经存在的位置，是一个历史地理学名词。地貌，指大地表面的自然形态，是一个自然地理学名词。可见，地象、地望、地貌三个地理名词虽有相通之处，但科学本质是完全不同的。

四十六、轩辕黄帝为道教“三清”主神之一，“三清”是怎么回事？

牛河梁第五地点一号冢1号墓墓主为轩辕黄帝，在道教中称“太上大道君”，为“三清”中的灵宝天尊。

道教的“三清”，是指玉清元始天尊、上清灵宝天尊、太清道德天尊(即太上老君)。元始天尊的历史人物原型是道教系师张鲁,为东汉时期人,他也是汉传佛教的创立者。张鲁墓,今河北省邯郸市张庄桥一号汉墓。灵宝天尊为上古轩辕黄帝,是中华民族的人文初祖,牛河梁第五地点一号冢1号墓为轩辕黄帝墓,隶属于辽宁省凌源市。道德天尊,即太上老君。太上老君为道教学者的集体称谓,即老子的神格所在。汉末道教嗣师张衡为新出太上老君,张衡墓,为今甘肃省武威市雷台汉墓二号墓。至此,道教"三清"主神的墓葬已经全部找到。

道教嗣师张衡提出了"老子天下第一"的思想,成为了太上老君,张鲁继而提出"天地上下,唯我独尊",是"老子天下第一"的发展,成为了汉传佛教的如来佛祖和道教的元始天尊。[①]如今,"顶天立地""我的世界我做主""舍我其谁"已经成为中华民族的基本信念,充分反映了古代道教和佛教思想的深入人心和流行普及。

①尹国兴:《天师井文化索隐》,载《龙虎山道教》2012年第1期。

四十七、牛河梁上显示有多个祝融,如何解释?

牛河梁为上古圣王的埋骨之所,伏羲、女娲、黄帝、蚩尤、祝融、尧、舜、禹各择地势,葬在了牛河梁的不同的地点。研究显示,以"仓颉""祝融""颛顼""共工""鲧"为名字的人可能有多位,这应是一种上古民俗。《山海经·大荒西经》:"有鱼偏枯,名曰鱼妇,颛顼死即复苏。"颛顼死即复苏,指后世复以颛顼为名,示其不死也。

远古时期,后辈有以先辈的名字命名的现象,以示祖先的不死和重生。因此,以古代圣王命名的人古时很可能有多位,这也许代表了一个氏族的传统。这也是牛河梁上有多个祝融的原因。

四十八、"断发文身"的古俗在牛河梁有何表现?

"断发文身"为古代吴越的风俗,应该起源于牛河梁地区。断发,即披散着的短发。文身,身上刻有龙鳞状的花纹,也称"鳞身"。断发文身,象征着龙的传人,是伏羲、女娲的后裔。《左传·哀公七年》:"大伯端委以治周礼,仲雍嗣之,断发文身,裸以为饰,岂礼也哉。"

断发,应是《山海经》中所说的"披发",也作"被发"。《山海经·海内北经》:"据比之尸,其为人折颈披发,无一手。""穷奇状如虎,有翼，食人从首始，所食被发，在蜪犬北。一曰从足。”《山海经·海外西经》：“长股之国在雄常北，被发。一曰长脚。”“白民之国在龙鱼北，白身被发。有乘黄，其状如狐，其背上有角，乘之寿二千岁。”被发，应为短发，即断发。束发应为长发。“据比之尸”“穷奇”“长股之国”“白民之国”应是断发的。

山西吉县卦甲山史前岩画中的人物是文身的状态，称“鳞身”。文献记载伏羲、韩流（颛顼之父）是“鳞身”，象征着龙的传人。牛河梁第二地点一号冢4号墓墓主为黄帝之孙蛴极。墓主两腿交叉的状态，表示“交”，通“蛟”，是民间崇奉的蛟龙。他交叉的两腿上应是画满了龙鳞，象征着蛟龙，只是龙纹随着皮肉已经腐烂不存了。

四十九、关于红山文化都发生了哪些大事？

1.清光绪三十二年至三十四年（1906~1908），日本人类学家鸟居龙藏三次到热河省调查，在内蒙古东部的赤峰采集文物，于1911年和1914年撰写了《蒙古旅行》和《东蒙的原始居民》。其中描述了红山周围的历史遗迹和采集到的文物标本，并指出了这一地域在史前时代的重要性。

2.从1919年起，法国神甫桑志华多次到热河省调研。1924年，他与法国生物学家德日进到赤峰红山前进行了文物调查，采集了细石器、石耜等。

3. 1921年6月，瑞典地质学家安特生在南票沙锅屯东南1.5千米处发现了古人类活动的洞穴遗址。洞口海拔216米，洞口方向35度，洞口宽1.8米，高1.5米，进深约5米。洞内堆积分五层。发掘出的遗物主要属于新石器时代，有石刀、细石器、饰压“之”字纹和绳纹的夹砂灰陶筒形罐、彩陶折腹盖盆、红陶双耳壶、骨锥、骨针、石环、石兽纹饰等，还出土了24个个体的人骨，并于1923年发表了《奉天锦西沙锅屯洞穴层》的发掘报告。20世纪80年代，研究人员对该遗址又做了进一步的调查发掘，认为这是一处以墓葬为主、兼具祭祀性质的后红山文化遗址。卫星地图显示，该地为神树地象，应为《山海经》中“桂林八树”之一的“琅玕树”（一说为“玗琪树”），洞穴应为“熊之穴”（有熊之穴）。

4.1930年冬，梁思永到热河等地进行调查，1935年发表《热河查不干庙等处所采集之新石器时代石器与陶片》。

5.1933年，日本学者德永重康为首的“第一次满蒙学术调查研究团”成员八幡一郎到赤峰红山前调查，并在红山后发掘青铜时代石棺墓，发表了《热河省北部先史遗迹及遗物》。

6.1935年，日本“东亚考古学会”的滨田耕作、水野清一来到赤峰红山调查，在红山后（北侧东坡）发现了新石器时代遗存，随即进行了发掘，出土了大量的打制石器、磨制石器、细石器、完整可复原的陶器以及蚌、贝、骨、角、牙器，特别是出土了一批泥质红陶和彩陶器。1938年发表了详细的发掘报告《赤峰红山后——热河省赤峰红山后先史遗迹》。

7.1948年，裴文中通过对彩陶的研究，提出长城附近存在一种以“之”字形陶罐为特征的史前文化，即后来命名的红山文化。

8.1955年，尹达在《新石器时代》一书中，建议将长城南北新石器时代文化相互影响形成的新型文化遗存称为“红山文化”。

9.1956年7月，裴文中、吕遵谔率北京大学历史系考古专业学生在赤峰红山后遗址进行发掘，发表了《内蒙古赤峰红山考古调查报告》，报告中第一次使用了“红山文化”的名称。

10.1960年，刘观民、徐光冀对赤峰北郊蜘蛛山遗址进行了发掘。第一次明确了红山文化地层之上一次叠压的早期青铜时代夏家店下层文化、西周到春秋战国之际的夏家店上层文化和战国燕、秦文化的原生地层关系。

11.1963年，刘晋祥在赤峰北郊西水泉发现并发掘了较单纯的红山文化西水泉遗址。首次发掘到红山文化的房址3座。

12.1971年春，研究人员在翁牛特旗赛沁塔拉村北红山文化遗址中发现了1件特大“C”形玉龙。

13.1973年，辽宁省阜新市文化局、辽宁省博物馆文物队对阜新胡头沟红山文化玉器墓进行清理发掘。后来认为，墓主应为轩辕黄帝之子昌意，即少昊氏。

14.1974年6~8月，李恭笃在赤峰市敖汉旗小河沿乡发现了一组红山文化遗址。其中，在三道弯子遗址发现了窖穴，在四棱山遗址发现了6座陶窑。

15.1979年7月，辽宁凌源文物普查时发现城子山遗址，后编号为牛河梁第十六地点。同年10月试掘，揭露3座红山文化墓。此处古时是天极的投射点，是一处极其重要的历史文化遗存。

16.1979年5月，郭大顺、孙守道等在辽宁省喀左县兴隆庄乡东山嘴村发现了东山嘴遗址，同年秋发掘，1982年继续发掘。这是一处大型的史前祭祀遗址，有房址和圆形的祭坛，出土了大量的石器、陶器和2件玉器，墓葬内发现了1件遗骨，年代距今5500~5000年。东山嘴遗址是牛河梁大遗址的龙头所在，这是一处神庙（龙王庙）遗址，神主应为轩辕黄帝的战将应龙。

17.1980年秋，内蒙古自治区赤峰市巴林右旗博物馆在文物普查时发现那斯台红山文化遗址，第二年春发掘，出土了大量陶器、石器、玉器，以及石雕人像。

18.1981年，郭大顺、孙守道在辽宁凌源发现了以坛、庙、冢为特征的牛河梁红山文化遗址，出土了大量的石器、陶器、玉器。同时，考古人员发现了女神庙（蚕神庙）、积石冢群和祭坛。

19.1982年5月，辽宁省阜新市文物普查在阜新县沙拉乡发现查海遗址，1986年7月试掘。查海遗址年代距今8000年，是前红山文化遗址，是一处以房址群组成的聚落遗址，已发现房址50余座。

20.1982年冬，敖汉旗文物普查时发现宝国吐乡兴隆洼遗址，年代距今8000~7000年，遗址上揭露房址80余处。

21.1982年冬，研究人员在敖汉旗高家窝铺乡赵宝沟村西北2千米处发现了赵宝沟遗址，年代距今6800~6200年。

22.1983年秋，牛河梁第二地点试掘。

23.1984年，《文物》发表孙守道、郭大顺《论辽河流域的原始文明与龙的起源》一文。

24.1985年，苏秉琦在兴城做《辽西古文化古城古国》的学术报告，认为牛河梁红山文化时期中国已经进入了古国阶段，即中华文明初曙。

25.1986年8月，《人民画报》以《中华五千年文明曙光》为标题报道了牛河梁女神庙（蚕神庙）的挖掘，盛况空前。

26.2001年7月，敖汉旗四家子镇北1千米的山梁上发现梯形的小山包，是三层石砌的塔形建筑，最底层长约30米，宽约15米，往上逐层变小。此处可能为俊坛，是一处祭祀帝舜的场所。

27.2002年9月16~22日，辽宁省文物考古研究所牛河梁考古工作站在牛河梁第十六地点红山文化积石冢的发掘中，发现了积石冢中心大墓。墓主是一位通神独占的“大巫”，可能是古圣祝融，一说是少皞挚。2004年第十六地点的发掘被评为2003年度“全国十大考古新发现”。

28.2006年，雷广臻通过对《山海经》的研究提出，地处北方的红山文化区是黄帝、颛顼部落的活动区，首次指出《山海经》与牛河梁大遗址有关系。

29.2010年，凌源三家子乡田家沟遗址发掘。此处为红山文化和夏家店下层文化，发现墓葬、祭坛，出土多件重要文物。此处为稷星的地表投射点，是农神后稷和田祖叔均的墓园。附近的大山应为后稷的山川望祭之所。

30.2012年5月，敖汉旗兴隆沟整理出土了一尊半身陶人，经修复后基本完整，高55厘米。神主是史前历史人物应龙，其所在的神庙为龙王庙，是先民求雨的场所。

31.2012年6月，山西吉县人祖山人祖庙女娲塑像下发现6300年前人骨，确定为上古娲皇遗骨。女娲原葬于牛河梁蛇头之上，西周末年蛇头地震后坍塌，女娲遗骨于是转奉外地。吉县发现的女娲遗骨恰好弥补了这一历史断层。

32.2012年9月底，牛河梁遗址保护展示馆主体工程竣工开放。

33.2012年11月，辽宁省文物考古研究所编著的《牛河梁红山文化遗址发掘报告(1983~2003年度)》一书出版，报告了30年来牛河梁遗址的发掘成果。

参考文献

〔清〕阮元校刻:《十三经注疏》,中华书局1980年版。

《十三经注疏》整理委员会:《十三经注疏》,北京大学出版社2000年版。

〔春秋〕左丘明著,鲍思陶点校:《国语》,齐鲁书社2005年版。

〔西汉〕司马迁:《史记》,中华书局1959年版。

〔东汉〕王充:《论衡》,《诸子集成》本,中华书局1954年版。

〔东汉〕袁康、吴平辑录:《越绝书》,上海古籍出版社1985年版。

〔西晋〕张华:《博物志》,中华书局1985年版。

〔东晋〕王嘉:《拾遗记》,中华书局1981年版。

〔南朝梁〕任昉:《述异记》,中华书局1991年版。

〔唐〕瞿昙悉达编,李克和校点:《开元占经》,岳麓书社1994年版。

〔唐〕杜佑:《通典》,中华书局1984年版。

〔北宋〕欧阳修、宋祁:《新唐书》,中华书局1975年版。

〔北宋〕刘恕:《资治通鉴外纪》,上海古籍出版社1987年版。

〔南宋〕罗泌:《路史》,《四部备要》本,中华书局1989年版。

〔元〕马端临:《文献通考》,中华书局1986年版。

〔清〕马骕著,王利器整理:《绎史》,中华书局2002年版。

〔清〕严可均:《全上古三代秦汉三国六朝文》,中华书局1965年版。

〔清〕郝懿行:《山海经笺疏》,中国书店出版社1991年版。

〔清〕段玉裁:《说文解字注》,浙江古籍出版社1998年版。

〔清〕毕沅校:《山海经》,《二十二子》本,上海古籍出版社1986年版。

〔清〕王先谦:《合校水经注》,中华书局2009年版。

〔清〕王先谦:《荀子集解》,中华书局1988年版。

顾颉刚:《古史辨》第一册,上海古籍出版社1981年版。

杨伯峻:《列子集释》,中华书局1985年版。

陈鼓应:《庄子今注今译》,中华书局1983年版。

许维遹:《吕氏春秋集释》,中华书局2009年版。

刘文典:《淮南鸿烈集解》,中华书局1989年版。

王利器:《风俗通校释》,中华书局1981年版。

杨树达:《淮南子证闻、盐铁论要释》,上海古籍出版社2006年版。

袁珂:《山海经校注》,上海古籍出版社1980年版。

王明:《抱朴子内篇校释》,中华书局1985年版。

史礼心、李军注:《山海经》,华夏出版社2006年版。

任孚先、于友发译注:《白话插图山海经》,山东教育出版社1986年版。

江晓原:《天学外史》,上海人民出版社1999年版。

尹国兴:《揭秘雷台汉墓》,齐鲁书社2009年版。

马书田:《中国民间诸神》,团结出版社1997年版。

尹国兴:《雷台汉墓民俗典故》,齐鲁书社2010年版。

尹达:《新石器时代》,生活·读书·新知三联书店1955年版。

辽宁省文物考古研究所、朝阳市文化局编:《牛河梁遗址》,学苑出版社2004年版。

陈星灿:《中国史前考古学史研究(1985~1949)》,生活·读书·新知三联书店1997年版。

辽宁省文物考古研究所编:《牛河梁红山文化遗址与玉器精粹》,文物出版社1997版。

苏秉琦:《中国文明起源新探》, 生活·读书·新知三联书店1997年版。

李学勤:《走出疑古时代》,辽宁大学出版社1994版。

雷广臻:《走近牛河梁》,世界知识出版社2007年版。

王增永:《神话学概论》,中国社会科学出版社2007年版。

尹国兴:《老子秘语》,齐鲁书社2006年版。

孟昭凯、金瑞清编著:《五千年前的文明——牛河梁遗址》,中国文联出版社2009年版。

吕学明、朱达:《重现女神——牛河梁遗址》,天津古籍出版社2008年版。

郭大顺、洪殿旭主编:《红山文化玉器鉴赏》,文物出版社2011年版。

赤峰市红山区地方志办公室、赤峰市红山区文化局:《红山文化》,中国文史出版社1993年版。

中国《山海经》学术讨论会:《〈山海经〉新探》,四川省社会科学院出版社1986年版。

陈显丹:《广汉三星堆》,生活·读书·新知三联书店2010年版。

冯时:《中国天文考古学》,中国社会科学出版社2010年版。

尹国兴:《西高穴密码》,齐鲁书社2013年版。

甘肃省博物馆编,俄军主编:《甘肃省博物馆文物精品图集》,三秦出版社2006年版。

河北省博物馆编:《河北省博物馆文物精品集》,文物出版社1999年版。

朱达、王来柱:《牛河梁红山文化遗址群》,见国家文物局主编《2003年中国重要考古发现》,文物出版社2004年版。

辽宁省文物考古研究所编著:《牛河梁红山文化遗址发掘报告(1983~2003年度)》,文物出版社2012年版。

辽宁省文物考古研究所:《牛河梁红山文化遗址与玉器精粹》,文物出版社2007年版。

杨伯达、郭大顺、雷广臻主编:《古玉今韵——朝阳牛河梁红山玉文化国际论坛文集》,中国文史出版社2008年版。

郭大顺:《追寻五帝——揭幕中国历史纪元的开篇》,辽宁人民出版社2010年版。

冯永谦:《红山文化玉器与新品鉴考》,辽宁人民出版社2009年版。

胡朴安等编:《俗语典》,上海书店出版社1983年版。

李叔还编纂:《道教大辞典》,浙江古籍出版社1987年版。

陆思贤:《神话考古》,文物出版社1995年版。

叶舒宪、萧兵、〔韩〕郑在书:《山海经的文化寻踪——"想象地理学"与东西文化的碰触》,湖北人民出版社2004年版。

雷广臻:《红山文化及其影响》,沈阳出版社2009年版。

内蒙古自治区文物考古研究所编著:《白音长汗——新石器时代遗址发掘报告(上、下)》,科学出版社2004年版。

潘伟斌:《打开北朝之门》,中国国际广播出版社2010年版。

张星德:《红山文化研究》,中国社会科学出版社2005年版。

戴炜、侯文海、郑耿杰:《真赏红山》,内蒙古人民出版社2007年版。

辽宁省博物馆编:《走进辽河文明》,辽宁人民出版社2009年版。

辽宁省文物考古研究所编:《辽宁省文物考古研究所藏文物精华》,科学出版社2012年版。

魏长虹:《红山文化与凌家滩文化玉器的比较研究》,吉林大学考古学及博物馆学2009年硕士学位论文。

孙守道、郭大顺:《论辽河流域的原始文明与龙的起源》,载《文物》1984年第6期。

俞伟超、严文明等:《座谈东山嘴遗址》,载《文物》1984年第11期。

李勇:《〈开元占经〉中的巫咸占辞研究》,载《自然科学史研究》1994年第3期。

苏秉琦:《燕山南北地区考古——在辽宁朝阳召开的“燕山南北、长城地带考古座谈会”上的讲话》,载《文物》1983年第12期。

苏秉琦:《中华文明的新曙光》,载《东南文化》1988年第5期。

郭大顺、张克举:《辽宁省喀左县东山嘴红山文化建筑群址发掘简报》,载《文物》1984年第11期。

方殿春、刘葆华:《辽宁阜新县胡头沟红山文化玉器墓的发现》,载《文物》1984年第6期。

方殿春、魏凡:《辽宁牛河梁红山文化“女神庙”与积石冢群发掘简报》,载《文物》1986年第8期。

孙守道、郭大顺:《牛河梁红山文化女神头像的发现与研究》,载《文物》1986年第8期。

甸村:《辽宁牛河梁第五地点一号冢中心大墓(M1)发掘简报》,载《文物》1997年第8期。

孙守道、郭大顺:《中华五千年文明的曙光》,载《人民画报》1986年第8期。

李延祥、韩汝玢、宝文博、陈铁梅:《牛河梁冶铜炉壁残片研究》,载《文物》1999年第12期。

魏凡:《牛河梁红山文化第三地点积石冢石棺墓》,载《辽海文物学刊》1994年第1期。

华玉冰:《牛河梁女神庙平台东坡筒形器群遗存发掘简报》,载《文物》1994年第5期。

朱达:《辽宁牛河梁第二地点一号冢21号墓发掘简报》,载《文物》1997年第8期。

朱达、吕学明:《辽宁牛河梁第二地点四号冢筒形器墓的发掘》,载《文物》1997年第8期。

朱达、吕学明:《辽宁凌源市牛河梁遗址第五地点1998~1999年度的发掘》,载《考古》2001年第8期。

郭大顺:《牛河梁遗址》,见宿白主编《中华人民共和国重大考古发现》,文物出版社1999年版。

郭大顺:《红山文化的"唯玉为葬"与辽河文明起源特征再认识》,载《文物》1997年第8期。

冯时:《红山文化三环石坛的天文学研究——兼论中国最早的圜丘与方丘》,载《北方文物》1993年第1期。

殷志强:《也谈东山嘴红山文化神祀遗址》,载《北方文物》1986年第3期。

陆思贤:《红山文化裸体女神为女娲考》,载《北方文物》1993年第3期。

辽宁省文物考古研究所:《辽宁省考古工作五十年》,见文物出版社主编《新中国考古五十年》,文物出版社1999年版。

安志敏:《论"文明的曙光"和牛河梁遗址的考古实证》,载《北方文物》2002年第1期。

朱达等:《牛河梁第十六地点红山文化积石冢中心大墓发掘简报》,载《文物》2008年第10期。

孙守道等:《牛河梁红山文化第二地点一号冢石棺墓的发掘》,载《文物》2008年第10期。

李恭笃:《辽宁凌源县三官甸子城子山遗址试掘报告》,载《考古》1986年第6期。

张跃辉、孟应凡:《牛河梁三重圆祭坛中的方与圆》,载《辽宁师专学报(自然科学版)》2008年第4期。

孙守道:《红山文化玉熊神考》,载香港《中国文物世界》1997年4月号总140期。

孙守道、郭大顺:《牛河梁红山文化女神头像的发现与研究》,载《文物》1986年第8期。

严文明:《略论中国文明的起源》,载《文物》1992年第1期。

严文明:《文明起源研究的回顾与思考》,载《文物》1999年第10期。

索秀芬、李少兵:《牛河梁遗址红山文化遗存分期初探》,载《考古》2007年第10期。

徐子峰:《牛河梁红山文化积石冢探析》,载《中央民族大学学报》(哲学社会科学版)2005年第2期。

刘国祥:《牛河梁玉器初步研究》,载《文物》2000年第6期。

莫多闻、杨晓燕、王辉、李水城、郭大顺、朱达:《红山文化牛河梁遗址形成的环境背景与人地关系研究》,载《第四纪研究》2002年2期。

包和平、黄士吉:《中国女始祖神——牛河梁女神头像研究》,载《大连民族学院学报》2007年第6期。

李延祥、朱延平、贾海新、韩汝玢、宝文博、陈铁梅:《辽西地区早期冶铜技术》,载《广西民族学院学报》(自然科学版)2004年第2期。

孙小淳、何驽、徐凤先、高江涛、黎耕:《中国古代遗址的天文考古调查报告——蒙辽黑鲁豫部分》,载《中国科技史杂志》2010年第4期。

李书敏:《黄帝与红山文化初探》,载《理论界》2008年第7期。

郭丽:《牛河梁遗址的上古祭祀文化观察》,载《草原文物》2011年第2期。

韩梅、孙福轩:《"望祭"、"望祀"议》,载《中国史研究》2006年第4期。

阎雅枚:《山西吉县卦甲山岩画试析》,载《文物世界》2008年第2期。

冯文学:《对牛河梁红山遗址第十六地点的考古发掘与认识》,载《辽宁师专学报》(社会科学版)2007年第5期。

孙柏楠:《黄帝文化在朝阳研究》,载《辽宁师专学报》(社会科学版)2012年第2期。

王子今:《龙与远古虹崇拜》,载《文物天地》1989年第4期。

高炜、李健民:《1988~1980年山西襄汾陶寺墓地发掘简报》,载《考古》1983年第1期。

雷广臻:《红山文化新论》,载《理论界》2010年第7期。

后 记

牛河梁大遗址，是中国北方一处极为广袤的原野。此处山峦起伏，如同怪兽各具神态。这些极富动感的兽象构成了几十处地理单元，是史前人类建造陵寝的地理标志。因此，牛河梁大遗址之内出现了许多红山文化（包括夏家店下层文化）的历史遗迹和遗存。红山文化是中国传统文化的根基和命脉，代表了中华民族的精神和品格，曾是中国人民内心深处无法掩抑的骄傲和荣耀。本书提供了中国上古时期的丰富史料，一个重大的历史地理发现正等待着每一个有历史责任感的人一起去参与和完成。

中国上古时期的帝王，即所谓的上古圣王，曾经对宇宙和自然、社会和人生极尽追求，缔造了让无数后人举首仰视的上古文明。神农、燧人、伏羲、女娲、炎帝、黄帝、颛顼、帝喾、尧、舜、禹……人们至今仍然怀念他们的存在，他们的长眠之地也常常被提及。通过天文、地理、民俗、文献等的综合考察和研究，尤其是辽宁省凌源市东营子上古时期"三皇"祭祀区、河北省承德县上谷村轩辕黄帝祭祀区以及平泉县"五帝"祭祀区的发现，牛河梁作为史前圣地的所在已经清晰明确。

牛河梁大遗址的地理调查，是应用历史地理学和天文地理学的方法系统解决中国古代历史文化问题的一个重要案例，由此建立的科学理论体系即"四重证据法"。历史上，王国维建立了"二重证据法"，是要通过文献和地下文物的对照获取真实的历史信息。但有"二重证据法"还不够，还要与当地的民俗资料配合佐证，也就是"三重证据法"。在此基础上，与当地的天文地理信息进行对照分析，是为"四重证据法”。“四重证据法”是研究古代墓葬、遗址的新手段，无疑将在中国的历史文化研究中发挥重要作用。

本书首先要感谢辽宁省文物考古研究所牛河梁工作站30多年来的辛勤守望和劳作；在编辑和出版过程中，得到了辽宁省朝阳市文化广电新闻出版局的经费支持；牛河梁遗址管理处以及何俊江处长提供了考察期间的食宿和办公场所，在此一并深表谢意。另外，感谢牛河梁工作站朱达先生的有益讨论和提示，孟昭凯先生为本书提供了资料图片，牛河梁遗址博物馆王轩龙馆长提出了不少有价值的修改建议；还要感谢山西省临汾市的耿世文先生、冯彦山先生、阎金铸先生在考察吉县人祖山、卦甲山和柿子滩时给予的协助和照顾；感谢河北省平泉县的崔秋檀先生在调查轩辕黄帝和“五帝”祭祀区时的协助；感谢魏茹绘制的考古复原图和地象线描图；感谢牛河梁遗址管理处郝建旭先生题写的书名。

地理调查是人世间艰苦卓绝的劳动：白天的时候，寻找历史现场，游走于山水自然之间；夜晚的时候，奋笔疾书，整理文献和写作，我这样度过了一个又一个白天黑夜。没有书案，膝盖就是桌板；没有经费，就节衣缩食，一切从简。哪怕是风雨交加、天寒地冻，抑或是天高路远、奇峰险滩，也不敢懈怠和间断。时光荏苒，此经数年。不断向自身索取生产力的结果，是书稿的最终完成。

《荀子·劝学》说：“不登高山，不知天之高也；不临深溪，不知地之厚也；不闻先王之遗言，不知学问之大也。”祖先的遗泽，有如天高地厚，而知人力之微渺。

《红山密码》内容庞杂多端，但终归是一本小书，管锥之见，错漏难免，还祈望贤者指教。

《红山密码》印行已十年。其间，国家和社会对古代历史文化的关注与重视与日俱增。赖冯淑祎、崔洛凡、黄博鑫、李秋敏、马莉、袁志刚、刘倞竹、菅红杰、时立丽、王丽梅、朴永男、杨中意、李理宇诸君之德，该书得以重印，谨此深致谢忱！

尹国兴

二〇二四年六月三日